教育部人文社会科学重点研究基地厦门大学高等教育发展研究中心资助项目

普及化

高等教育专论

别敦荣 ◎ 著

中国海洋大学出版社

·青岛·

图书在版编目（CIP）数据

普及化高等教育专论 / 别敦荣著. —青岛：中国
海洋大学出版社，2022.8
（高等教育普及化与人才培养改革丛书）
ISBN 978-7-5670-3252-1

Ⅰ.①普…　Ⅱ.①别…　Ⅲ.①高等教育—研究—中国
Ⅳ.①G649.2

中国版本图书馆CIP数据核字（2022）第162668号

On Popularization of Higher Education

普及化高等教育专论

出版发行	中国海洋大学出版社		
社　　址	青岛市香港东路23号	邮政编码	266071
网　　址	http：//pub.ouc.edu.cn		
出 版 人	刘文菁		
责任编辑	滕俊平	电　　话	0532-85902342
电子信箱	appletjp@163.com		
印　　制	日照报业印刷有限公司		
版　　次	2022年9月第1版		
印　　次	2022年9月第1次印刷		
成品尺寸	185 mm×260 mm		
印　　张	15		
字　　数	379 千		
印　　数	1—3000		
定　　价	79.00 元		
订购电话	0532-82032573（传真）		

发现印装质量问题，请致电0633-8221365，由印刷厂负责调换。

序

　　普及化是21世纪我国高等教育发展的大趋势。20世纪70年代中期，世界上首次有国家高等教育毛入学率超过了50%，世界高等教育发展由此进入了一个新阶段，普及化成为很多国家衡量高等教育发展程度的重要指标。普及化的数量标准是以高等教育适龄人口就学率来统计的，不论是毛入学率还是净入学率，都与适龄人口直接相关。也就是说，适龄人口是普及化高等教育关注的主要对象。尽管世界各国和相关国际组织对高等教育适龄人口的定义存在一定差别，但18岁及以后一定年龄区间，即高中后一定时间段是各种定义的共同之处。明确这一点对于理解普及化高等教育具有关键意义。

　　解决适龄人口接受高等教育的问题，既是教育问题，又是社会问题。就教育本身而言，能否达到普及化发展水平，取决于教育体系和教育模式是否能够支持数量庞大的适龄人口入学，并能保证其持续学习且完成学业，这要求教育理念、教育政策、教育体制、学校数量、教育模式、教育内容与方法等各方面能够适应高等教育发展的要求。显然，这不只是高等教育的问题，还是整个教育的问题。比如，基础教育普及化水平和质量对普及化高等教育的生源有重要影响。就社会而言，经济社会发展有发展普及化高等教育的需要是前提条件，同时，经济社会发展能够提供普及化高等教育发展所需要的物质条件，包括能够承受数量庞大的适龄人口接受高等教育的经济负担。所以，研究普及化高等教育不能就教育谈教育，应当将普及化高等教育置于整个教育体系和经济社会发展的大环境中来考虑。

在普及化高等教育发展的初级阶段，适龄人口的教育机会无疑最受关注。适龄人口不仅数量庞大，而且构成复杂多样。不仅有城乡、性别方面的差异，还有家庭、文化以及教育本身等各方面的差异。为这样一个多样化的人群提供高等教育机会，满足他们发展的需要，不是一个简单的任务。与此同时，随着普及化的推进，高中毕业后本该接受但因各种主客观原因未能接受高等教育人群的教育机会问题会越来越受到关注，成为普及化高等教育不能忽视的问题。显然，这个被称为"非传统生源"的群体比适龄人口群体更复杂，尽管他们并非普及化高等教育发展水平的直接统计人群，却是普及化概念内涵可以延伸覆盖的人群。

以上两类人如果是首次接受高等教育，也可以说他们是第一次接受高等教育的人群。实际上，普及化的概念不仅涵盖了第一次接受高等教育的人群，而且包括了第二次、第三次接受高等教育的人群。第二次、第三次接受高等教育的人群既可以是为了获得硕士和博士学位而接受研究生教育的人群，也可以是第二次接受本专科教育的人群。在普及化的概念中，相比较而言，分母是一个定数，各年龄段的适龄人口数是确定的，所以，适龄人口总数是确定的；但分子却是变化的，它既包括了适龄人口中接受高等教育的人口数，还包括了非传统生源中其他年龄段的人口数，而且每年的数据可能发生很大变化。从这个意义上讲，研究普及化高等教育不能只是研究适龄人口的教育，还要研究其他年龄段人口的教育。也就是说，普及化高等教育研究的范围很广，既要研究常规的本专科教育、研究生教育，还要研究成人和继续教育。

普及化高等教育发展既表现在规模和数量上，也表现在结构和质量上。与精英化和大众化阶段相比，为了满足数量众多的求学人群的新要求和经济社会发展的新需要，普及化高等教育的组织结构、系统构成和质量标准也会发生改变，以增强适应性。普及化高等教育结构层面的变化既表现在具体构成要素上，也表现在宏观的或整体的系统特征上；质量上的变化主要表现为更加多样化的质量标准、更加个性化的质量特性以及与之相适应的人才培养体系与机制。所以，普及化高等教育研究既要研究宏观的结构及其构成要素的变化与发展，又要研究微观的质量及其生成过程与机制。

教育，包括高等教育都是为了培养人而存在的社会活动。人是具体的存在，教育就是要解决具体的人的成长与发展问题，离开了具体的个人，教育是不存在的。普及化高等教育的对象是数量庞大且构成复杂的社会人群，不论其数量有多少，不论其构成有多么复杂，他们都是由具体的个人组成的。所以，从根本上说，普及化高等教育发展的好与差，其检验标准在于具体个人受教育的质量，也就是个人在高等教育过程中得到发展和成长的水平。因此，普及化高等教育研究离不开对受教育者个人的教育过程及其发展质量的研究，这也是普及化高等教育研究的核心之所在。

客观地讲，我国高等教育发展只是在最近几年才从规模上迈过了普及化的门槛，未来的发展任务非常重、发展空间非常大，普及化高等教育研究是一个前景广阔的学术领域。这套"高等教育普及化与人才培养改革丛书"是厦门大学教育学一流学科建设主攻方向之———"高等教育理论与政策"的主要研究成果，丛书的写作和出版得到了相关建设项目的支持，在此一并表示感谢。

别敦荣

2022年3月5日

CONTENTS
目录

第一编 普及化高等教育发展原理

普及化是高等教育的一种发展状态，也是一个发展阶段，还是一个发展过程。就状态而言，它表明高等教育达到了一种新的发展程度，表现出新的特点。我国曾在20世纪50年代末提出，用15年时间赶英超美，实现高等教育普及化。这是一个富有远见的战略愿景，也提出了一种新的高等教育发展理念。客观上，当时我国还不具备发展普及化高等教育的条件，事实上，当时世界上还没有任何一个国家的高等教育实现了普及化，也没有学者提出普及化高等教育理论。

普及化已经成为世界高等教育发展的一种实然状态，从统计数据看，在世界高等教育发展大势中，三分天下有其一。21世纪以来，我国高等教育发展非常迅速，成就巨大，举世瞩目。2019年，我国高等教育毛入学率首次突破50％，达到51.6％，2021年更上升到57.8％，普及化发展势头强劲。普及化发展需要理论，不仅需要解释性理论，而且需要原理性理论，还需要发展性理论。这样看来，普及化高等教育研究是一个新的学术研究领域。

第一章
普及化高等教育的基本逻辑

　　高等教育发展与国家经济社会发展相辅相成，有什么样的经济发展水平，就有什么样的高等教育发展水平。改革开放以来，经过30多年的持续高速发展，我国经济社会进入了一个新的发展阶段，不仅总体规模十分庞大，而且经济社会结构和质量有了显著改善，因此，国民接受高等教育的热情高涨，刺激了高等教育大众化的发展。与此同时，大众化高等教育发展也为国家经济社会发展积聚了巨大的人力资本，人力资本的红利将支持我国经济社会全面进入小康时代。我国高等教育发展与国家小康建设的进程是一致的，大众化已经进入中后期，普及化的时代即将到来。这是国家经济社会发展和高等教育发展相互作用的必然结果，是不以人的意志为转移的客观趋势。认清普及化高等教育的发展趋势，有助于未雨绸缪，从理论和实践两方面提出因应之策，促使高等教育由大众化阶段向普及化阶段顺利过渡。

一、普及化高等教育的标准

　　探讨普及化高等教育，首先面临的是标准问题。有人可能认为这个问题很简单，因为马丁·特罗在20世纪六七十年代就提出了高等教育发展阶段理论。马丁·特罗认为，就数量而言，高等教育毛入学率超过15%时，即进入大众化阶段；当毛入学率超过50%时，即进入普及化阶段。[①]所以，高等教育毛入学率超过50%，便是普及化的标准。但这个标准是否适用于我国，是否能够解释我国高等教育发展的阶段性特征及其变化，却还有待进一步论证。除了毛入学率外，数量标准还有高等教育净入学率、每10万人口接受高等教育的人数、劳动人口中接受了高等教育人数的比例等。这些数量标准都可以反映高等教育发展水平，但侧重点各有不同。高等教育发展不只是数量的增减，还包括高等教育地位和结构的变化、作用的发挥以及与相关社会事业关系的调整等。因此，分析我国高等教育普及化发展不能简单地用一个标准来衡量，应当进行综合评判。

---

　　① Trow Martin. Problems in the Transition from Elite to Mass Higher Education［R］. Carnegie Commission on Higher Education, 1973:57.

（一）高等教育迈入普及化阶段的数量标准

衡量高等教育发展水平的标准首先是数量标准。自马丁·特罗提出毛入学率15%和50%这两个具体的标准后，国际上形成了关于评价高等教育发展水平的基本共识。尽管马丁·特罗还提出了一些质性标准，但与数量标准相比，受到的关注度要低得多。

毛入学率无疑是衡量高等教育发展阶段的关键标准。据统计，2002年，我国高等教育毛入学率超过15%。[①]这一年被很多学者看成我国高等教育精英化阶段与大众化阶段的分水岭。虽然也有学者提出，鉴于我国高等教育发展过程及其对国家经济社会发展所发挥的实际影响，当毛入学率达到20%的时候，我国高等教育实际发展水平才可能达到部分发达国家的大众化水平[②]，但人们主要还是以毛入学率超过15%作为进入大众化阶段的标志。关于高等教育普及化，尽管我国学界讨论的还不多，但已有的讨论大多以毛入学率超过50%为主要标准。

从理论上讲，毛入学率是指高等教育全部在学人口占适龄人口的比例，主要反映高等教育适龄人口的受教育状况。这里有两个数据需要特别注意：一是高等教育全部在学人口；二是高等教育适龄人口。根据我国高等教育发展统计口径，高等教育全部在学人口包括接受普通高等教育、成人高等教育以及接受高等教育自学考试等的全部人口。其中，高等教育自学考试人口在统计时进行了折算处理。这个统计口径是比较宽泛的，它不考虑高等教育受众的年龄，只要在高等教育的范畴内都计算在内。高等教育适龄人口一般只统计18～22周岁年龄段的人口，包括了5个年龄段的人口。两个数据的统计口径存在差别，前者统计口径较宽，以是否在所指的范畴内接受高等教育为尺度，因此，高等教育的受众可能是适龄人口，也可能不是适龄人口；后者以年龄为尺度，将统计人口限定在适龄范围内。

毛入学率反映的是适龄人口接受高等教育的大致状况。毛入学率高，说明高等教育受众占适龄人口的比例高；毛入学率低，说明高等教育受众占适龄人口的比例低。毛入学率越高，高等教育越发达。由于高等教育受众可能包括了非适龄人口，所以毛入学率并不能真实地反映适龄人口接受高等教育的状况。非适龄的高等教育受众越多，毛入学率越不能准确反映适龄人口接受高等教育的状况。为此，净入学率被引入以衡量高等教育发展水平。所谓净入学率，就是高等教育受众中的适龄人口数与适龄人口总数的比例。这个指标可以准确地显示适龄人口接受高等教育的状况，但在统计学上，要准确地统计高等教育受众中适龄人口的数量却并不是一件容易的事情。所以，在统计实践中，高等教育净入学率这个指标用得较少，主要还是采用毛入学率。针对高等教育受众包括了非适龄人口的问题，毛入学率在适龄人口的计量上并没有依据本科四年、高职和高专

① 教育部. 2002年全国教育事业发展统计公报［EB/OL］.（2003-5-14）［2015-11-26］. http://www.edu.cn/20030514/3084774.shtml.

② 朱晓刚, 别敦荣. 毛入学率20%将意味着我国高等教育进入大众化阶段［J］. 辽宁教育研究, 2006（6）：14-17.

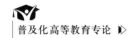

三年将统计人口数限定在四年或三年,而是采用了五年的人口数,以减小统计误差。

除毛入学率和净入学率外,每10万人口中高等教育在校生人数、每10万人口中接受了高等教育的人数和总劳动年龄人口(也称"劳动人口")中接受了高等教育人数的比例等指标也常常被用来衡量高等教育发展水平。每10万人口中高等教育在校生人数反映的是高等教育总规模在总人口中的体量,尽管从中可以看出高等教育对未来人口受教育水平的贡献程度,但它本身是一个衡量高等教育现实发展水平的指标。每10万人口中接受了高等教育的人数和劳动人口中接受了高等教育的人数的比例,均用来反映高等教育对人口受教育程度的贡献,前者以总人口为基数,后者以劳动人口为基数。这两个指标能够实际反映一个国家(地区)社会人口中高等教育的普及程度,尤其是总劳动人口中接受了高等教育人数的比例,直接反映高等教育对从业人员教育程度的贡献,由此可显示一个国家(地区)社会劳动力的整体水平,进而推测其经济社会发展能力。由于高等教育研究主要关注的是高等教育的现实发展状况,因此后面两个指标往往在研究人口和劳动力问题的时候用得比较多。

鉴于各项指标之间的关联性,这里主要通过分析毛入学率、净入学率和劳动人口中接受了高等教育人数的比例三个指标的状况,来评判和预测我国高等教育普及化发展进程。为便于分析,本文主要选取近五年的相关统计数据。

1. 毛入学率

据统计,2010—2014年,我国高等教育毛入学率分别为26.5%、26.9%、30%、34.5%和37.5%[1],年均增长2.75%,后两年年均增长3.75%。如果以这两个年均增长率预测未来高等教育发展走势,得出的结果是:如果保持年均增长2.75%的发展速度,约需4.5年实现高等教育毛入学率50%;如果保持年均增长3.75%的发展速度,约需3.4年达到毛入学率50%。如果未来高等教育年均增长速度低于2.75%,则需要超过5年实现毛入学率50%;如果年均增长速度高于3.75%,实现50%的毛入学率所需时间将少于3年。尽管后两种情况并非完全没有可能出现,但从我国高等教育发展的内外需求看,毛入学率维持在年均增长2.75%~3.75%的可能性更大。如果将适龄人口数逐渐减少的因素考虑进去,不论以哪一个比例增长,毛入学率达到50%所需要的时间都会更短一些。因此,预计未来4~5年中,我国高等教育发展将迈入普及化阶段。

2. 净入学率

我国高等教育发展统计没有采用净入学率这个指标,尽管研究起来有些不便,但还是可以从相关统计数据进行比较近似的考察。2001年,我国高校本专科招生取消了年龄限制,一些"大龄"考生获得了参加高考的权利,不过,从实际招生情况看,普通高校本专科招生依然以适龄人口为主,"大龄"考生被录取者所占比例极小。如果忽略普通本专科高校录取生源的年龄差异,便能得出近似的适龄人口录取状况。除普通高校

---

① 统计数据来源于教育部历年《全国教育事业发展统计公报》。

外，其他形式和层次的高等教育，包括成人高等教育、研究生教育等都是高等教育的重要组成部分。尽管这些形式和层次的高等教育人群中有部分适龄人口，但属于极少数，绝大多数超出了适龄人口范围。为便于统计，净入学率的计算将不考虑普通高校本专科以外的高等教育受众。这样一来，高等教育适龄人口净入学率就采用每年普通高校本专科招生录取人数占适龄人口数之比来显示。据统计，2010—2014年，我国18周岁人口数分别为2075.52万、2077.53万、1879.05万、1802.44万和1589.38万[①]，普通高校招生录取人数分别为661.76万、681.50万、688.83万、699.83万和721.40万[②]，净入学率分别为31.88%、32.80%、36.65%、38.82%和45.38%。尽管这些统计数据反映的是近似值，但能说明问题：其一，高等教育净入学率比毛入学率更高，但每年高出幅度大致平衡，表明二者具有高度的关联性，基本能够反映高等教育实际发展状况。其二，净入学率可准确地反映高等教育发展的实际情况。就趋势而言，很快将有超过50%的适龄人口获得接受高等教育的机会，普及化阶段很快就会到来。

3. 劳动人口中接受了高等教育人数的比例

国际上一般将15～64周岁的人口称为劳动年龄人口，我国以16～60周岁的人口为劳动年龄人口。另外，主要劳动年龄人口这个概念也常常被用于人口统计分析。国际上一般将25～64周岁的人口统计为主要劳动年龄人口，我国通常将20～60周岁的人口作为相应的比较指标。由于数据获得的原因，这里不以严格意义上的劳动年龄人口作为研究对象，而采用可获得的相关数据展开分析。据报道，我国大专以上文化程度人口占总人口的比例已经从2010年的8.75%提高至2014年的11.01%。[③]另外，据国家人力资源和社会保障部统计，2014年城镇新增就业1322万人，应届大学毕业生713万人[④]，占新增劳动力的比例为55%；2015年预计新增城镇就业人口1500万人，应届大学毕业生749万人，约占50%[⑤]。这表明我国劳动力供给实现了高层次化，新增劳动人口中接受高等教育的人数已经接近或达到普及化程度。这是单纯就我国劳动人口接受高等教育情况的变化而言的，如果进行国际比较，可能有新的启发。据世界银行统计，2014年我国有劳动年龄人口80649.85万人，美国有劳动年龄人口16104.89万人[⑥]；劳动年龄人口占

① 统计数据来源于教育部历年《全国教育事业发展统计公报》。

② 统计数据来源于教育部历年《全国教育事业发展统计公报》。

③ 刘奕湛，吴晶. 评估报告：我国教育发展水平进入世界中上行列［EB/OL］. (2015-12-10)［2015-12-15］. http://news.xinhuanet.com/2015-12/10/c_1117422037.htm.

④ 李琳，杨敬. 2014公报解读：城镇新增就业1322万人［N］. 中国信息报，2015-3-4 (3).

⑤ 陈志文. 中国高等教育毛入学率达37.5%因适龄人口量减少［N］. 中国青年报，2015-8-17 (9).

⑥ Labor Force, Total［EB/OL］.［2015-12-15］. http://data.worldbank.org/indicator/SL.TLF.TOTL.IN.

总人口的比例，我国为74%，美国为67%[①]；劳动年龄人口参与率我国为77.6%，美国为71.8%。[②]由此可见，我国劳动年龄人口是美国的5倍多，劳动年龄人口占总人口的比例和劳动年龄人口参与率两国差别不大。但另有统计表明，2015年我国劳动年龄人口接受高等教育的比例达到15.83%[③]，2014年美国25岁及以上年龄人口有20928.7万人，接受了高等教育人口的比例达到58.57%。[④]这说明与美国相比，我国劳动年龄人口接受高等教育水平的差距还很大。尽管从毛入学率、净入学率和新增劳动人口的受教育水平等主要反映当下高等教育发展程度的指标看，我国高等教育发展已经接近普及化水平，但由于基础薄弱、历史积累较少、存量不足，所以，与较早实现高等教育普及化的国家相比，我国劳动年龄人口接受高等教育的比例仍显得很低，我国劳动年龄人口的整体素质仍存在较大差距，人口素质的提高有赖于高等教育毕业生人数的长期积累。[⑤]

综上，以数量标准评判我国高等教育普及化趋势所呈现的是一种复杂的结果，也可以说是一种令人感到尴尬的结果。如果就毛入学率、净入学率、新增劳动人口接受高等教育的比例等指标而言，我国已经离普及化的及格线不远，这是非常令人期待的结果，也是足以令人感到欢欣鼓舞的发展成就。但是，如果从全部劳动年龄人口中接受高等教育人数的比例看，我国高等教育发展离普及化还有相当的距离，还需要较长时间的努力才能实现。当然，这种状况也是可以理解的，毕竟我国高等教育迈入大众化阶段的时间不长，毕业生的社会积累总量虽然不小，但与庞大的人口基数和劳动年龄人口数相比，所占比例还不高。

（二）我国高等教育迈入普及化阶段的质性标准

我国高等教育发展模式在国际上尚无先例。我国高等教育在100多年的现代化进程中，只有在改革开放以后才有了比较稳定的社会环境，保持了持续不断的发展。即便在最近30多年里，前20余年的发展也是缓慢的，10多年来才实现了快速的大规模发展。就发展趋势而言，尽管如前所述，我国高等教育发展具有复杂性，但迈入普及化的趋势却是必然的，是不可逆转的。量与质是事物的两个方面，既相互联系又相互区别，任何发展都是量与质的有机统一。因此，除了数量标准外，普及化发展还将伴随我国高等教育质性的变化。它不仅将改变高等教育的形态，而且将丰富高等教育的性质与内涵，提升高等教育的作用和辐射力。换句话说，高等教育普及化过程不只是数量的增长，还会有

---

① Population, Ages15-64（% of total）［EB/OL］.［2015-12-15］. http://data.worldbank.org/indicator/SP.POP.1564.TO.ZS.

② Labor Force Participation Rate, Total（% of Total Population Ages 15-64）（Modeled ILO Estimate）［EB/OL］.［2015-12-15］. http://data.worldbank.org/indicator/SL.TLF.ACTI.ZS.

③ 教育部. 中国教育总体水平进入世界中上行列［EB/OL］.（2015-12-10）［2015-12-20］. http://edu.people.com.cn/n/2015/1210/c1053-27911520.html.

④ Educational Attainment［EB/OL］.［2016-1-24］. http://www.census.gov/hhes/socdemo/education/data/cps/historical/index.html.

⑤ 别敦荣. 大众化与高等教育组织变革［J］. 清华大学教育研究, 2006（1）: 26-32.

质性的变化,是量与质的统一体。

1. 建立更具包容性的全球超大系统的高等教育

21世纪以来,我国高等教育进入了大规模发展阶段,随着毛入学率的不断攀升,2005年我国高等教育总规模超过2300万人[①],成为全球高等教育第一大国。根据预测,在普及化阶段,我国高等教育的总规模应当达到4359万人,也就是说,要在2014年规模的基础上净增800万人。显然,这一规模在世界上是无与伦比的,届时将建成一个超大的高等教育系统。美国是全球第一个实现高等教育普及化的国家,1975年高等教育毛入学率达到51.01%,当年全美总人口为21597.31万人[②];25周岁及以上年龄人口中接受了高等教育的人口为3025.20万人,占该年龄段总人口的比例为26.30%[③],但在校生只有810.8万人[④]。在跨过普及化的门槛之时,没有任何一个国家可能有我国如此庞大的高等教育规模。作为一个超大系统,我国高等教育的包容性和复杂程度将是少有的,那些百年老校仍然在探索高水平发展的路径,新建院校不但要建立和完善自身的办学条件,而且要摸索转型发展之路,建立新的办学体系,创立新的发展模式。我国2529所普通高校,大多处于由初创期向中兴期过渡的阶段,部分高校还处于初创期,进入成熟期的高校几乎没有。即使是顶尖高校,也还在进行综合改革,甚至连章程也才刚刚发布不久,即它们还都在完成初创期的任务,向中兴期过渡。这就是说,我国的高校基本处于两个阶段:初创期和初创期向中兴期过渡的阶段。[⑤]

2. 创造平稳过渡的范例

高等教育普及化的实现远远不是单纯地增加学生规模和新建高校那么简单,还包括了人才培养模式的深刻变革。在国际上,不少国家,包括美国、法国、日本等在高等教育走向大众化和普及化的进程中,都曾经爆发了大规模的学生运动。大学生通过一些激进的方式表达了对当时高等教育模式的不满,国家为此调整和修改高等教育政策和法律,高校为此改革教育教学模式,变革教育教学资源配置方式,以满足高等教育大发展的新需要。我国高等教育自1999年大扩招以来,保持了平稳发展的态势,新的高等教育理念为政府和高校所接受,高等教育改革不断深入。尤其是政府在调控高等教育发展速度的同时,不放松对质量的追求,适时提出内涵发展政策,引导高校改善办学条件,改革教育教学方式,建立内部质量保障体系,加强质量评估和审核,确保高等教育

① 教育部. 2005年全国教育事业发展统计公报 [EB/OL]. (2006-07-05) [2015-12-20] http://www.moe.edu.cn/publicfiles/business/htmlfiles/moe/moe_633/200607/15809.html.

② Historical National Population Estimates: July 1, 1900 to July 1, 1999 [EB/OL]. [2015-12-28] http://www.census.gov/popest/data/national/totals/pre-1980/tables/popclockest.txt.

③ Educational Attainment [EB/OL]. [2015-12-28]. http://www.census.gov/hhes/socdemo/education/data/cps/historical/index.html.

④ School Enrollment [EB/OL]. [2016-1-24]. http://www.census.gov/hhes/school/data/cps/historical/index.html.

⑤ 别敦荣. 高校发展战略规划的理论与实践 [J]. 现代教育管理, 2015(5):1-9.

在向大众化和普及化发展的过程中实现平稳过渡。虽然根据2014年高等教育总规模预测我国高等教育进入普及化阶段还需要增加800万人的受众规模，但考虑到高等教育适龄人口呈减少趋势，我国高等教育实现普及化的压力比预测的要小，这将更有利于平稳过渡。据统计，2015年我国高等教育适龄人口为9872.79万人，到2020年适龄人口为8437.17万人，减少了1435.62万人。[①]

3. 接受高等教育成为民众应尽的义务

通常，在高等教育发展的不同阶段，因为受众的覆盖面不同，对于民众而言，高等教育的性质存在质的差别。在精英化阶段，高等教育的受众只是极少数人，且这部分人主要来源于社会权贵阶层和富裕阶层；对于绝大多数民众而言，高等教育是可望而不可即的。因此，接受高等教育成为极少数民众的特权。在大众化阶段，高等教育受众人口越来越多，不再局限于极少数人，接受高等教育成为民众与生俱来的权利，只要具备必要的知识基础条件，国家法律就保护民众的受教育权利。在普及化阶段，高等教育发展趋于饱和状态，接受高等教育成为社会民众的基本素质条件，大多数社会职业更是将接受过高等教育作为入职必备资格，所以，接受高等教育便成为民众的一种义务。我国的情况有所不同，自1949年以来，在社会主义民主革命的影响下，尽管数十年里高等教育一直是小规模的，但接受高等教育却并不限于哪一个阶级或阶层，相反，在其他国家难以得到保证的工人和农民子弟接受高等教育的机会，在我国得到了政策的支持和鼓励，取得了积极的效果。[②]在大众化阶段，高等教育的受众越来越多，民众接受高等教育权利的保障度不断提高。随着普及化阶段的到来，社会对国民素质的要求将进一步提高，各类社会职业门槛对任职者受教育水平的基本要求也将进一步提高，高等教育规模满足民众接受高等教育意愿的能力将进一步增强，对民众而言，接受高等教育将由权利转变成为义务。

4. 质量与结构的意义更加凸显

质量是高等教育永恒的主题[③]，在不同的发展阶段，质量的意义是不同的。在高等教育精英化阶段，质量的意义主要表现为培养社会的极少数精英，在我国这些人曾经被誉为"国家栋梁"。在大众化阶段，高等教育受众面显著扩大，家庭中的第一代大学生成为高等教育受众的主要构成，社会家庭文化水平因为有了大学生而得到提升，高等教育开始为社会大众所亲近，高等教育质量成为衡量社会文明进步水平的标志。与此同时，高等教育受众成为社会各行各业的从业人员，不但提高了社会各行各业生产和工作

① 易梦春. 我国高等教育生源供给与需求关系研究——基于人口学的视角［D］. 厦门：厦门大学，2015：63.

② 别敦荣，朱晓刚. 我国高等教育大众化道路上的公平问题研究［J］. 北京大学教育评论，2003（3）：54-59.

③ 别敦荣. 质量：21世纪高等教育发展的主题［C］//两岸大学教育学术研讨会论文集，厦门：厦门大学出版社，1998：133.

的知识化程度,而且增进了高等教育与社会生产和生活之间普遍的有机联系。因此,有人将高等教育质量的这个意义喻为"大学进入了社会的中心"[①]。在普及化阶段,接受高等教育成为民众自身发展和社会生活不可缺少的一部分,高等教育成为社会文明进步的基石,高等教育公平的重点不再只是保证受众应有的平等权利,而是转到了每一个人个性化发展要求的满足上。为此,高等教育结构应当进行适应性调整,尤其是高校内部的教育教学结构,应当建立起以学生为中心的教育教学体系,最大程度地满足高等教育受众复杂而多样的学习需求。

5. 高等教育成为国家经济社会转型发展的动力源

高等教育发展水平不同,对国家经济社会发展所发挥的作用不同。在精英化阶段,高等教育发展与国家经济社会发展的联系较少,作用非常有限。到了大众化阶段,高等教育与社会的融合度加深,对国家经济社会发展所发挥的作用显著增强,高等教育成为经济社会发展的核心竞争力,在一定程度上甚至可以说,有什么水平的高等教育,就有什么样的经济社会发展水平。在普及化阶段,为适应社会、环境、科学与技术发展的挑战,国家经济社会转型发展周期缩短,转型发展的原动力往往来源于高等教育。我国高等教育正在由大众化阶段向普及化阶段过渡,建设创新型国家的任务已经提上议事日程,普及化高等教育的发展将为国家转型发展注入新的动力,保障转型发展取得成功。与此同时,随着普及化的推进,高等教育将推动我国成为世界先进国家。

6. 高等教育发挥广泛而强大的国际影响力

在精英化和大众化阶段,高等教育的国际影响力往往是历史积淀的结果。在普及化阶段,高等教育的国际影响力不仅取决于国家的国际地位和影响力,而且取决于高等教育的质量和水平。我国高等教育将以超大规模进入普及化阶段,其吸纳国际学生和资源输出的能力将进一步得到提高。不仅如此,随着我国经济全球化战略的推进,我国企业在全球的投资将不断增多,影响范围越来越广,"一带一路"的形成将勾画出我国对全球影响的重点地区。毫无疑问,我国高等教育将随着经济全球化的脚步而抵达世界各个角落,对国际化发挥重要影响,在全球各地释放强大的影响力。

二、普及化高等教育的功能

高等教育是历史的产物,其发展与社会演进息息相关。一方面,不同的社会形态对高等教育发展有不同的要求,农业社会、工业社会和知识经济社会对高等教育量与质的发展要求存在巨大差异;另一方面,不同发展阶段的高等教育不仅自身展现出不同的能力,而且对社会所发挥的作用也是不同的。精英化、大众化和普及化阶段是高等教育发展的三个具有递进关系的阶段,与前一阶段相比,后一阶段高等教育的功能既有历史的延续性,又有发展性,所以,后一阶段具有进步性。这正是世界各国在高等教育发展上

[①] 潘懋元,刘振天.发挥大学中心作用促进知识经济发展 [J].教育研究,1999(6):65-67.

不断追求进入新阶段的根本原因之所在。与精英化和大众化高等教育一样，普及化高等教育同样具有个人功能和社会功能，而且这些功能是通过特定的结构发挥出来的。与精英化和大众化高等教育不同，普及化高等教育的个人功能和社会功能具有新的内涵，且这些新功能是通过新的结构实现的。

（一）普及化高等教育的结构

功能是事物发挥的积极作用，作用的性质、范围、大小等既受制于事物的规模，也受制于事物的结构。系统论认为，事物有什么样的结构便有什么样的功能。普及化高等教育新功能实现的基础就是有与之相匹配的结构。

1. 高等教育整体结构更加和谐

在精英化和大众化阶段，高等教育往往通过聚焦发展、非均衡发展和差异化发展来满足部分民众接受高等教育的需求。因此，在这两个阶段，高等教育发展不足，大多数适龄人口没有接受高等教育的机会。在普及化阶段，高等教育开始趋于饱和，并走向成熟。当民众接受高等教育权利的保障度基本达到饱和之后，高等教育体系将更加完善，整体结构将更加和谐，主要表现在以下方面。

第一，地区结构均衡。现代高等教育是城市化发展的要求，因此，越是大城市、中心城市，高校数量越多，大学生人数越多，高等教育发展也越好。在精英化阶段，高校主要集中在大城市；到了大众化阶段，一些亚中心开始形成。北京、上海、南京、武汉、西安、成都、沈阳等大城市集中了大批高校，且高校层次较高，高等教育水平往往全国领先。20多年来，大连、青岛、宁波、厦门、珠海等城市高等教育发展迅速[①]，有的甚至超过了省会城市。另外，更多的地级市建立了高等教育体系，不仅发展了高职教育，而且发展了普通本科教育。少数县级市也建立了高职院校和本科学院，发展了高职教育和普通本科教育。随着普及化阶段的到来，高等教育的地区分布将更加均衡。中西部地区、经济欠发达地区的高等教育发展将受到国家政策倾斜，新建院校将主要分布在这些地区，更多的招生指标将投放到这些地区，这些地区的高等教育毛入学率将大幅提高，适龄人口接受高等教育的机会将得到显著增加。因此，发展普及化高等教育，就是要解决好地区差别、城乡差别，实现不同地区高等教育均衡发展，普及化的重点在中西部地区和经济欠发达地区。

第二，层次结构有序。高等教育的层次变化受现代社会发展对高级专门人才需求的驱动，不仅表现为有本专科教育和研究生教育层次之分，还表现为同一层次的高等教育有水平之分。在大众化阶段，高等教育发展往往会带来一场关于质量标准的争论，对非学士学位高等教育的合理性和有效性会出现截然不同的看法，对扩大的研究生教育，包括专业学位教育的发展也颇多歧见。经过大众化阶段的沉淀，高等教育的层次结构更加清晰，各层次高等教育的认可度不断提高。在普及化阶段，各层次高等教育分布定

---

① 别敦荣，郑利霞.我国高等教育亚中心及其发展逻辑［J］.高等工程教育研究，2008（5）：57-63.

型，本专科教育和研究生教育之间建立起有序的结构，相互之间保持合理的张力，以保证高等教育体系能够发挥应有的功能。因此，进入普及化阶段之前，高等教育往往适度扩大本专科教育规模和研究生教育规模，并对两个层次的教育进行必要调整，建立分布有序的层次结构，以满足经济社会发展对不同层次专门人才的需求。层次分布有序还有赖于高校办学层次定位明确，所以，发展普及化高等教育需要明确规范所有高校的办学层次，以促进高校有序发展。

第三，科类结构合理。高等教育是通过学科、专业的办学得到实施的，在精英化阶段，高等教育的学科、专业数量有限，结构比较单纯；在大众化阶段，高等教育的服务面被拓宽，一些过去不需要接受高等教育的人，其从事的职业进入了高等教育的服务范围，为此，学科、专业数量得到增加，科类结构不断得到完善。改革开放以后，我国高校一直在拓展学科、专业类别，各种新兴学科、专业得到开办。在研究生教育层次，专业学位得到发展，成为与学术学位并行的、包含不同类型的研究生教育学位。到了普及化阶段，高等教育非理性的扩张不太可能再现，科类结构更趋合理，不同层次的高等教育科类之间的比例关系趋于稳定。在这样的背景下，高校的类型将更加清晰，同类型高校的办学特点将凸显出来且得到保持。

第四，形式结构有效。高等教育总是通过一定的组织形式实施的，形式的多样化是一个发展趋势。新形式的出现是高等教育发展需求增长的结果，也受到了高等教育技术手段创新的支持，函授高等教育、广播电视高等教育、大规模在线高等教育的发展过程就反映了技术手段进步的影响。不同形式高等教育的服务对象有所不同，教育要求也存在差异。在精英化阶段，高等教育的形式是比较单一的，但也开始出现一些新的形式。在大众化阶段，高等教育的形式越来越多样，各种形式的发展表现出不可替代性，且相互补充。到了普及化阶段，高等教育形式结构逐步趋于稳定，各种形式对实现普及化高等教育都是不可或缺的。

2. 非传统生源成为高等教育增长点

生源结构既能反映高等教育的性质，又能体现高等教育的功能。尽管生源结构的变化是多种因素促成的，但高等教育发展的阶段性却是不可忽视的，高等教育发展到什么阶段，便有什么样的生源结构。高等教育历来重视传统生源，也就是18～22周岁年龄段的人口，而对"大龄"生源，即25周岁以上年龄人口是不关心的，甚至还是限制的。高考制度在恢复之初，对考生的年龄就有明确要求，国务院批转的《关于1977年高等学校招生工作的意见》规定："凡是工人、农民、上山下乡和回乡知识青年（包括按政策留城而尚未分配工作的）、复员军人、干部和应届高中毕业生，年龄20岁左右，不超过25周岁，未婚。对实践经验比较丰富并钻研有成绩或确有专长的，年龄可放宽到30岁，婚否不限（要注意招收1966、1967两届高中毕业生）。"[①]这个规定修改后更为严格，已

---

① 国务院批转的《关于1977年高等学校招生工作的意见》[EB/OL].（2014-10-16）[2016-01-26]. http://www.zgdazxw.com.cn/dagb/2014-10/16/content_70181.htm.

婚青年被挡在了普通高校之外："未婚；年龄不超过25周岁（1956年9月1日后生）。工作表现好、学习优秀的青年，经所在单位证明，可放宽到28周岁（从1982年起，报考年龄最大不超过25周岁）。报考外语院校和专业的考生，年龄不超过23周岁（1958年9月1日后生）；报考师范院校外语系（科）的，可放宽到25周岁（1956年9月1日后生）。"①这样的要求在高等教育精英化阶段是不奇怪的。到了大众化阶段，接受高等教育成为国民的一项权利，凡合法公民都可以依法争取接受高等教育的权利。为此，相关政策规定也应做出调整。在高等教育进入大众化阶段之前，我国修订了相关政策规定，以适应高等教育发展的新要求。自2001年开始，普通高校招生关于考生报考条件的要求取消了对年龄的限制。如2001年普通高校招生报名条件的基本要求是："符合下列条件的中国公民，可以报名：（1）遵守宪法和法律；（2）高级中等教育毕业或具有同等学力；（3）身体健康。"②政策的松动为高等教育发展进入大众化和普及化阶段创造了可能。尽管我国高等教育进入大众化阶段以后，普通高校招生仍然以适龄人口为主，年龄限制放松的效果并没有得到明显的体现，但是，在已经实现高等教育普及化的国家，非传统生源的意义却不容小觑。有关研究表明，美国高等教育实现普及化以后，25周岁及以上年龄人口在高校的注册人数与18～24周岁人口（美国统计的高等教育适龄人口）的增长率是相同的。但随着普及化的深化，25周岁以上人口在高校注册人数的增长率将高于适龄人口。如2000年和2012年，两个年龄段的人口在高校的注册增长率都达到35%，但预计从2012—2023年，25周岁以下大学生的增长率为12%，而25周岁及以上年龄的大学生将增长20%。③

我国发展普及化高等教育，非传统生源将成为主要增长点。高等教育迈向普及化过程中，高等教育受众中的适龄人口仍将保持一定的增长率，甚至在初期还是增长的主要人群，但随着普及化的深入，非传统生源中接受高等教育的人数将逐渐增加。我国劳动年龄人口规模十分庞大，潜藏着巨大的高等教育需求。据统计，2014年我国高等教育总规模为3559万人，普通高校本专科在校生为2547.70万人。④如果将普通高校本专科学生看作传统生源，那么，非传统生源则为1011.30万人，占高等教育总规模的28.41%。考虑到成人高等院校和高等教育自学考试生源中有不少适龄人口，所以，高等教育中非传统生源的比例要更低一些。发展普及化高等教育，将为非传统生源创造更多机会，使他们能够不断提高文化水平，以适应当代社会快速多变的要求。

---

① 国务院批转教育部关于1981年全国高等学校招生工作会议的报告［EB/OL］.［2016-1-26］. http://law.wkinfo.com.cn/document/show?collection=legislation&aid=MTAwMDAxODkxNzU=.

② 教育部关于做好2001年普通高等学校招生工作的通知［EB/OL］.［2016-1-26］. http://www.moe.edu.cn/publicfiles/business/htmlfiles/moe/moe_13/200502/5496.html.

③ Fast Facts［EB/OL］.［2016-1-26］. http://nces.ed.gov/fastfacts/display.asp?id=98.

④ 教育部. 2014年全国教育事业发展统计公报［EB/OL］.（2015-7-30）［2016-1-26］. http://www.moe.edu.cn/jyb_xwfb/gzdt_gzdt/s5987/201507/t20150730_196698.html.

3. 高等教育系统内部更富有弹性

普及化高等教育是一个复杂的系统,有本专科教育与研究生教育层次之分,有学科门类与专业之分,有公办与民办之分,有老校与新校之分,有中央所属与地方所属之分,有普通与成人之分,还有重点院校与一般院校之分,等等。高等教育系统的不同组成部分之间有联系也有壁垒,有些壁垒有合理性,但很多壁垒过去可能有合理性,现在在向普及化阶段过渡时发挥的则是消极的阻碍作用。因此,高校和政府应通过综合改革试点,摸索突破某些制度壁垒,在高等教育内部建立更富有弹性的制度和机制,使普及化高等教育具有更大的适应性,达到提高办学水平的目的。

发展普及化高等教育,高等教育系统内部将更富有弹性,其内部组成部分之间的相互联系、协同互动将得到加强,尤其是不同类型、不同形式、不同地区以及不同性质、不同隶属关系高校的教育将更具有包容性、辐射性和融通性。普及化高等教育是成熟的,系统内部弹性的增强有助于普及化高等教育办学效益的最大化,有利于培养个性化的高素质人才。

4. 协同合作的高等教育外部关系得到建立

应该说,高等教育的办学是从封闭开始的,由封闭到开放经过了长期的努力。20世纪50年代,我国高等教育还处在精英化阶段之时,开放办学政策使高校对改善与社会的关系进行了初步尝试。在高等教育向大众化阶段发展的过程中,校企合作、产教融合受到重视,产学研相结合的高等教育得到发展。尽管如此,高等教育的封闭性依然很严重,与社会的关系未能实现有效的突破。在普及化阶段,高等教育的外部关系得到加强,对社会的依赖性增强,与社会的互动更便捷易行,高校与社会企事业组织的协同合作关系得到发展。

发展普及化高等教育,必须建立协同合作的外部关系。这是国际经验,更是我国高等教育向普及化阶段过渡的必由之路。普及化高等教育是普遍的、普惠的,社会公众只要有意愿、有能力,就能获得接受高等教育的机会。从根本上讲,发展普及化高等教育是对普通民众普及高等教育,普通民众接受高等教育的主要目的在于更好地就业,提升生活质量。因此,高校只有与社会企事业组织建立密切的有机联系,在教育上协同合作,人才培养的社会适应性才能得到保证,高等教育的普及化才可能有最可靠的社会基础。

(二)普及化高等教育的个人功能

发展普及化高等教育的动力源于社会的进步,但直接动因则源于民众接受高等教育的需求。满足受教育者个人的需要是高等教育的基本功能。在高等教育的发展过程中,民众接受高等教育的需求不断扩大,而且需求的内涵不断丰富,高等教育便有了从精英化向大众化再向普及化发展的必要。

1. 普及化高等教育能够满足受教育者个人职业发展的需要

高等教育普及化的过程是受教育者的范围不断扩大的过程。与精英化阶段相比,大众化高等教育将受教育者的范围进行了拓展,使传统上不具有接受高等教育资格的一部分民众获得了机会,而这部分民众的社会地位、教育水平、职业期望等与精英化人才有着重大差别,他们接受高等教育后所从事的社会职业往往也比不上精英人才。与大众化阶段相比,普及化高等教育更是以人人享有接受高等教育权利的思想观念为基础,进一步扩大受众范围,将受众的覆盖面扩大至全体民众。在一定意义上,可以说,普及化高等教育是平民教育。在庞大的普及化高等教育规模中,一般民众占绝大多数。对他们而言,不论接受什么性质、层次、类别和形式的高等教育,促进个人职业发展都是放在第一位的。所以,普及化高等教育的个人功能首先是满足受教育者职业发展的需要。普及化高等教育如果不能为受教育者的就业提供帮助,不能增强其就业能力、提高其就业质量、改善其职业生活,就不可能受到普通民众的欢迎。

2. 普及化高等教育能够满足受教育者个性发展的需要

普及化高等教育扩大了受众范围,这就意味着受教育者之间的差别越来越大,他们接受高等教育的要求各不相同,因此,不能用一把尺子或几把尺子来要求受教育者,而要有多种多样的标准,甚至要有很多针对受教育者个人的标准。也就是说,普及化高等教育要从受教育者个性发展需求出发,采取富有极大包容性和弹性的教育教学模式,充分考虑他们各自不同的基础条件、兴趣爱好和理想追求,使他们人人成才、人人有为。

3. 普及化高等教育能够满足受教育者全面发展的需要

除了满足受教育者职业和个性发展的需要外,不论在什么发展阶段,高等教育都应对人的精神世界发挥积极影响。在普及化阶段,高等教育影响人的精神世界更多地表现为在经济和科技发达时代,能够整合多元价值,塑造人与社会、自然和谐发展的人格,促进受教育者自由而充分的全面发展。在相关理论研究中,有人将个性发展与全面发展一同看待,这不是没有道理。因为人的全面发展需要尊重个性,并以个性发展为前提。普及化高等教育的全面发展更强调科技教育与人文教育的统一、功利教育与非功利教育的统一、知识能力发展与素质修养发展的统一、学会做事与学会做人的统一。

普及化高等教育的三大个人功能不是互相割裂、自我实现的,而是相互关联、相辅相成的统一体。职业发展、个性发展和全面发展是在同一个教育过程中实现的,并非由三个拼盘式的教育部分所达成。不仅如此,个人功能的实现还是普及化高等教育社会功能实现的基础,社会功能经由个人功能才能实现。

(三)普及化高等教育的社会功能

社会发展促进了普及化高等教育的发展,反过来,高等教育的普及化又成为社会持续进步发展的核心动力源。当然,普及化高等教育并不必然带来高水平的经济社会发展,这里还有普及化高等教育的质量问题。只有量与质相统一的普及化高等教育,才能发挥更大的社会功能。

1. 普及化高等教育能够普遍提高社会人力资本价值

社会人力资本是各行各业从业人员通过教育所获得的劳动生产力,高等教育的普及化必然带来社会人力资本的普遍增值,不仅如此,它还为人力资本的升值打下了最有利的基础。在精英化阶段,高等教育受众有限,高等教育对社会各行业和产业发展的影响不大,社会人力资本整体水平较低;在大众化阶段,受众范围扩大,高等教育对社会资本价值的提高发挥显著影响,各行各业都从高等教育所带来的高水平人力资源中获益;在普及化阶段,高等教育的受众面进一步扩大,接受高等教育成为国民的重要义务,具有高等教育学历水平的各行各业从业人员的数量大幅增加,社会人力资本整体水平上升到一个新层次。社会人力资本的普遍增值不仅使大多数从业人员具有更好的职业发展前景,而且为各行各业生产上水平、上台阶创造了基础条件。

2. 普及化高等教育能够促进经济转型升级

经济转型升级是经济发展的必然要求,经济转型取决于多种因素,现代经济发展越来越受制于国民受教育程度,即社会人力资本的价值水平。我国经济处于转型升级的重要时期,农业经济、工业经济和知识经济并存,经济结构和经济发展方式都需要进行转变。经济转型升级的影响因素有经济因素和非经济因素之分,在非经济因素中,教育发展不足,尤其是高等教育长期发展不足,严重制约了我国经济转型升级。普及化高等教育的发展将培养大批受教育程度高、专业技术能力强的高级专门人才,这类人才将极大地提高生产技术研发能力、先进技术消化能力、高新产品制造能力以及先进装备操作与维护能力,从而促进企业生产水平提高,促进经济结构转型和生产方式创新。

3. 普及化高等教育能够推动文化、科技和社会现代化

文化、科技和社会现代化是社会文明进化的要求,在教育普及化程度不高的社会中,文化、科技和社会现代化水平也难以提高。普及化高等教育的发展将在全社会普及文化、科技,扩大文化、科技的传播范围,提高文化、科技活动的参与率,从而推动文化、科技和社会现代化。改革开放以来,我国文化、科技水平不断提高,社会现代化程度不断提高,但与欧美发达国家相比,我国文化、科技和社会发展整体水平还有较大差距。据统计,2013年,在美国21315.8万25周岁及以上人口中,接受了高等教育的人口达41.5%,其中,接受了两年制高等教育者占9.8%,获得学士学位者占20.1%,获得硕士学位者占9.9%,获得博士学位者占1.7%。[1]正是因为美国高等教育普及化程度高,社会人口中积累的接受了高等教育的人口所占比例高,才有了美国文化、科技和社会的现代化。我国发展普及化高等教育,就是要为文化、科技和社会现代化奠定牢固的人力基础。

三、普及化高等教育的制度架构

高等教育的功能取决于其结构,但结构本身是静态的,不可能自动发挥高等教育的

---

① Educational Attainment of the Population Aged 25 Years and Older/Latest Year Available ［EB/OL］.［2016-1-27］. http://data.uis.unesco.org/Index.aspx?DataSetCode=EDULIT_DS&popupcustomise=true&lang=en.

功能。高等教育的功能和结构都受到制度的规范和约束,制度及其运行是使高等教育结构发挥功能的必要条件。在不同的发展阶段,高等教育制度是存在差别的,当然,在不同的社会背景下,高等教育制度也是各不相同的。就普及化高等教育发展而言,一系列严峻的挑战有待破解,包括陈旧的思想观念、办学经费与资源不足、办学效率低下、教育质量和水平缺乏可靠保障等,所有这些问题都与制度有关。改革开放以来,我国进行了持续不断的高等教育制度改革与建设,试图建立与高等教育发展阶段相适应的制度,取得了一定的成就,但与发展普及化高等教育的要求相比,仍存在较大差距,不论是宏观制度还是微观制度建设,都还有待进一步完善。深化体制机制改革,加强制度供给,完善中国特色现代大学制度,建立大学治理结构,推进高等教育治理体系和治理能力现代化,营造优良的办学环境和条件,建立健全以高等教育组织机构自主办学为基础的普及化高等教育制度架构,是促进高等教育发展的重要保证。

(一)普及化高等教育的宏观制度

宏观制度是处理高等教育机构、政府和社会之间关系的相关制度,在我国还包括处理高等教育机构与各级党组织之间关系的制度。宏观制度是高等教育的外部制度,对高等教育功能的发挥具有重要的影响,在我国,这种影响是实质性的。我国普及化高等教育的发展,有赖于建立更有效的宏观制度,以解决生源问题、办学经费问题以及高校自主办学问题等制约高等教育发展的一些关键问题。

1. 建立质量更高、弹性更大的国民教育制度

我国普及化高等教育是全球超大规模的,必须有超大规模的生源。如前所述,我国不会出现生源问题,因为我国不仅有充分的适龄人口,而且有十分庞大的"大龄"人口群。[①]让潜在生源成为显性生源取决于多种因素,既有经济因素,又有文化因素,还有政治因素。但就国民教育制度而言,其需要解决两个问题:一是要能激发潜在生源接受高等教育的意愿,让他们主观上想接受高等教育,提出自己的要求;二是要让他们具备接受高等教育所要求的学力水平,使他们具有高中毕业或更高的知识水平和学习能力,能够完成高等教育的学习。改革和完善国民教育制度,应当紧紧抓住质量和弹性两大关键要素,不断提高初等和中等教育水平,提高教育质量,使更多的适龄人口具有接受高等教育所要求的学力水平;打通中等职业教育与中等普通教育之间的壁垒,加强两类教育之间的交流与融合,扩大高等教育的生源来源;完善中等和高等教育制度,为"大龄"人口接受中等和高等教育创造更便利的条件,使他们能够工学兼顾,从而获得接受高等教育的机会。提高初等和中等教育质量,有利于激发学生继续接受高等教育的意愿;增强各级教育制度的弹性,有利于各年龄阶段人口进入各级各类学校,扩大各级各类教育的生源,从而打破各类潜在生源通向高等教育的制度屏障,保障普及化高等教育

---

① 别敦荣. 高等教育发展的形势与大学生管理改革 [J]. 河北工程大学学报(社会科学版),2012(4):1-7.

拥有源源不断的高质量生源。只要建立了更完善、更具弹性的高等教育制度，我国就不会出现部分国家高等教育进入普及化阶段后很快就面临的生源不足问题。

2. 建立更积极的有利于公共财政与社会资本共同投资高等教育的制度

发展超大规模的普及化高等教育，必须积聚巨量的办学资源。在精英化阶段，我国曾经单纯地依靠公共财政投资举办高等教育，限制了高等教育的发展。在高等教育从精英化向大众化阶段发展的过程中，思想观念得到了解放，多渠道投资举办高等教育的制度得到建立，在公共财政之外，民间组织办学、企业办学、私人办学和捐资助学等在一定程度上满足了大众化高等教育发展的需要。据统计，2014年，在全国2529所普通高校中，民办高校有728所（含独立学院283所），占28.78%；全国普通高校本专科在校生为2547.70万人，民办高校在校生为587.11万人，占23.04%。另有自考助学班学生、预科生、进修及培训学生31.73万人。其他民办高等教育机构有799所，各类注册学生有88.30万人。[①]就公办与民办两条腿走路、多渠道办学而言，这是历史性的进步。但是，从发展普及化高等教育的要求来看，民办这条腿还不够强壮，还需要在相关制度建设上有重要突破，尤其是要建立完善的社会资本投资高等教育的制度。与欧美发达国家相比，我国高等教育办学的整体条件是非常简陋的，教育部关于本科教学合格评估指标所要求的办学条件主要还是基于维持高校的常规运行。从发展普及化高等教育的要求来看，应当改革和完善相关投资制度，建立公共财政投资逐步增长体制，大幅度增加公共财政投资高等教育的份额，以保证公办高校在高等教育普及化阶段不断提高办学水平和质量；建立激励性的社会资本投资高等教育制度，与国家经济结构相适应，大力发展民办高等教育，大幅度扩大民办高等教育所占比例，使民办高等教育占到50%以上。只有建立了更积极的公共财政和社会资本投资高等教育的制度，我国发展普及化高等教育才可能具有牢固的物质基础，才可能确保普及化高等教育的质量。

3. 建立管、办、评分离的高等教育宏观治理制度

发展普及化高等教育需要建立健全宏观治理制度。我国高等教育宏观治理主要涉及党、政、社、学四个方面，党委领导、政府行政管理、社会支持、高校办学的观念已被社会认可，但是，对各方职责权利的划分却有重大分歧。发展普及化高等教育，必须解决好宏观治理问题，否则，高等教育组织机构受到约束和限制太多，办学条件得不到保证，办学水平和质量得不到提高，达不到发展普及化高等教育的目的。宏观治理制度建设要求根据各方性质和职能，明确各方对高等教育的职责权利范围，建立党委和政府宏观领导高等教育事业的制度，改变党委和政府对高校统得过多、管得过死的做法，杜绝长期存在的管不好的问题；建立高校自主办学制度，保证高校办学权利的完整性，使高校能够根据高等教育规律和社会需求，聚精会神办高等教育，形成自主办学、自主发展

---

① 教育部. 2014年全国教育事业发展统计公报［EB/OL］.（2015-7-30）［2016-1-26］. http://www.moe.edu.cn/jyb_xwfb/gzdt_gzdt/s5987/201507/t20150730_196698.html.

的良性运行机制；建立社会问责和监督制度，从一定意义上讲，党委、政府和高校在高等教育发展中都没有自身利益，三方发展高等教育的目的都是为了促进社会发展与进步，因此，三方都需要接受社会的问责与监督。加强社会问责与监督制度，需要在社会组织和公民个人两个方面开展，党委和政府应当解放思想，扩大社会问责与监督权限，允许社会组织和公民个人对高等教育政策、高校办学及其成效等进行评估和批判，构建系统化的社会问责和监督体系。应建立高校自主办学为基础的宏观治理机制，管、办、评分离，党、政、社、学各负其责，最大限度地调动各方的积极性，保证普及化高等教育的顺利发展。

（二）普及化高等教育的微观制度

微观制度是高等教育组织机构的内部制度，微观制度的有效性对普及化高等教育发展有着重要影响。高等教育组织机构形式多样，高校是最基本的形式。普及化高等教育的微观制度建设，不仅要求发展各种形式的高等教育组织机构，而且要求完善各种组织机构的内部办学制度。其中，高校制度建设有着特别重要的意义。发展普及化高等教育，高校制度必须进行重大改革，以适应高等教育内外关系的深刻变革。

1. 建立以受教育者为中心的人才培养制度

人才培养制度是高校的基本制度。在高等教育的历史演进中，曾经出现过以教师为中心和以知识为中心的人才培养制度，受教育者在这些制度中只是适应者，受教育者的学习往往具有被动性，他们的教育需求得不到满足，他们的个性得不到尊重，他们的权利得不到保障。在高等教育普及化阶段，受教育者的构成复杂而多样，知识基础、能力水平、学习习惯、教育需求存在广泛的差异，为此，必须改革人才培养制度，将受教育者置于中心位置，从他们的个性特点出发，根据他们的受教育需求和发展性向与志愿，树立普及化高等教育理念，修订人才培养方案，改革教学模式，更新教学方法，完善教学标准和评价手段，改善人才培养环境和条件，创新人才培养过程，全面增强人才培养的弹性与灵活性。与此同时，应调整和完善学科专业结构，改革专业教育模式，大力促进学科专业交叉与融合，丰富教育教学资源，为受教育者提供充分的可选择的高等教育资源。人才培养制度具有重要意义，普及化高等教育能否真正实现，最终就看高校的人才培养是否能够满足受教育者的需要。过去，我国高校人才培养制度过于刚性，对学生缺乏亲近感，教学过程枯燥而单调，专业教育模式机械呆板，学生往往被动参与教育教学活动，"满堂灌""填鸭式"大行其道。[①]这样的人才培养制度完全不能适应普及化高等教育发展要求，所以，在普及化高等教育的微观制度建设中，人才培养制度应当受到高度重视。

2. 建立党、政、学共同治理制度

我国高校实行党委领导下的校长负责制，教师通过教职工代表大会行使民主参与

① 别敦荣.论高等学校人才培养模式及其改革［J］.中国大学教学，2011（11）：20-22.

管理权利；在学术委员会、学位委员会等学术组织中，党、政领导发挥主导作用，教师的作用非常有限；在学校决策中，党委会、常委会、行政办公会、校长办公会等集中了决策权力，教师在这些会中没有代表，不能发挥作用，对决策不具有影响力。在现代大学制度建设中，教师的作用受到关注，学术委员会等组织的性质为人们所承认，教授治学的要求开始落实到制度建设上。加强教授治学，扩大教师参与学校治理的权利，尤其是发挥学术委员会等学术组织在学校决策中的作用，建立健全党、政、学共同治理制度，是发展普及化高等教育的重要保证。高校是社会的学术组织，与社会上的党、政组织性质不同，完全采取社会党、政组织的管理方式办学，非但不能实现发展高等教育的根本目的，还会造成学术组织性质异化、本质迷失、价值错位①，高等教育应有的目的也不可能得到实现。因此，发展普及化高等教育，必须强化教授治学理念，积极大胆地探索教授治学的组织制度，全面构建党、政、学共同治理制度，使高校像高校，能够尊重教育规律办学，为实现普及化高等教育的个人功能和社会功能奠定基础。

3. 健全基层单位自主办学制度

我国高校大多实行校、院（系）两级管理，部分高校实行校、院、系三级管理。不论是两级管理还是三级管理，院、系大都缺乏必要的决策权，办学权主要集中在学校层次。也就是说，基层单位不享有自主办学地位，缺乏自主办学的权利。自主办学制度的缺失导致高校基层缺乏办学积极性，院、系主要扮演上传下达的角色，不论是学科专业建设，还是人才培养方案制定和课程开设，院、系都缺乏自主权；在人事、财务、分配、干部工作方面，院、系主要发挥执行作用，很少能根据实际需要自主决策。高校党委书记、校长、副书记、副校长以及各部处长都能直接向院、系领导下达指令，院、系领导只能照章办事、服从领导。在这样的制度下，高校办学不可避免地会产生统一要求有余及院、系自主性不足的问题。普及化高等教育是个性化教育，是基于受教育者个人的需要而实施的。这样的教育应当以院、系为基础，整合全校教育资源，并以更富有弹性和包容性的方式提供给受教育者。显然，大一统的办学、过于刚性的统一教育要求是难以满足受教育者个性发展要求的。高校应当不断扩大院、系办学自主权，建立基层单位自主办学制度，完善校、院、系治理体系，调动院、系办学的积极性②，从而保证普及化高等教育能够真正实现。

4. 完善外部参与高校治理制度

普及化高等教育与社会的联系是普遍的，从受众的覆盖面到受教育者的教育需要，都与社会生产和生活有着不可分割的联系，再加上普及化高等教育所需要的巨量的办学资源，没有社会的深度参与不可能得到保证。因此，高校必须加强与社会的联系，采取主动走出去和请进来的方式，在制度建设上下功夫，建立社会企事业组织参与学校治

---

① 别敦荣，徐梅. 去行政化改革与回归现代大学本质［J］. 中国高教研究，2011（11）：13-16.

② 别敦荣，冯昭昭. 论大学行政权力改革——关于"去行政化"的思考［J］. 清华大学教育研究，2011（6）：22-27.

理的制度。改革开放以来,部分高校建立了董事会和理事会制度,在一定程度上发挥了企事业单位参与学校治理的作用。但从总体上看,外部参与高校治理的范围和程度、发挥作用的方式、作用的可持续性等,都还有待进一步完善。发展普及化高等教育,高校必须充分认识到社会参与办学的重大意义,建立健全社会参与治理制度,提高社会参与治理能力,在学校各个层面和各种事业领域推进联合办学与协同创新,为普及化高等教育发展创造有利的环境。

（原载于《中国高教研究》2016年第3期,署名:别敦荣）

第二章
高等教育普及化发展标准、进程与路径选择

普及化进程是时间与高等教育发展水平的函数。显然,当一个国家(地区)高等教育毛入学率达到50%以后,它不会停下来,而是会继续随时间的推移发生变化。从世界范围来看,普及化发展是21世纪以来高等教育发展的普遍趋势。据统计,目前全球有76个国家(地区)已进入高等教育普及化发展阶段,有26个国家(地区)的高等教育毛入学率超过了80%,高收入国家(地区)高等教育平均毛入学率在2018年已达75%。[①]过去几十年里,有关国家(地区)的实践经验表明,高等教育普及化发展是一个漫长而充满挑战的过程,其复杂性绝非一个"规模指标"可以说得清楚。本文将借鉴有关国家(地区)高等教育发展的经验,前瞻我国高等教育普及化进程,探讨我国高等教育普及化面临的任务,提出未来一段时间内我国高等教育发展的战略方向。

一、高等教育普及化发展标准

就数量而言,毛入学率超过50%是高等教育普及化的门槛,跨过门槛后,高等教育普及化还有相当大的多方面发展空间。根据马丁·特罗的大众化发展理论,毛入学率只是衡量高等教育发展水平的一个标准。根据他的观察,高等教育规模发展到一定程度的时候,其性质也会发生相应的改变。在他看来,一些国家高等教育规模扩大到能为15%左右的适龄青年提供学习机会之前,高等教育的精英性质基本上不会改变;当达到15%时,高等教育系统的性质开始转向大众型;在大众化阶段,高等教育达到能为50%的适龄人口提供就学机会之前不改变其性质;当超过50%时,高等教育开始快速迈向普及化阶段,必然再创新的高等教育模式。[②]这说明,高等教育发展从量的积累到质的变

---

① 此数据为笔者根据联合国教科文组织数据统计所(UIS)2018年11月和2020年1月公布的相关数据统计而得,确切数据为75.02%。据统计,有高等教育毛入学率数据的国家(地区)共197个,其中,76个国家(地区)该项指标已突破50%。

② Trow M. Problems in the Translation from Elite to Mass Higher Education [C]. Conference on Future Structure of Post-Secondary Education. Paris: OECD, 1973: 55-101.

化是一个循序渐进的过程。

（一）高等教育普及化的规模标准

数字是最直观且简单明了的标准。在高等教育评价中，只要可以用数字来衡量的，就可以追求数据的精准化。即便一些不能用数字来显示的特性，也可以通过二次量化、三次量化来间接地反映。马丁·特罗提出用50%的数字标准来衡量一个国家的高等教育发展水平，认为毛入学率突破50%以后高等教育的发展不会停止而是会加快推进。[①]这是非常有见地的思想。在马丁·特罗提出50%这个数量标准时，世界上还没有一个国家的高等教育毛入学率达到50%。即使到20世纪末，超过50%的国家也只有20个[②]，且其中大部分国家没有超过60%。也许是由于这个原因，长期以来，人们对于高等教育普及化的规模标准的界定便停留在了50%上，至于如何看待毛入学率突破50%之后的发展，少有人涉及。

21世纪以来，世界高等教育发展进入了普及化的快车道。根据联合国教科文组织公布的数据，2005年，世界上有约1/4国家的高等教育毛入学率达到50%以上[③]，目前该比例已增长至2/5。但国家和地区间表现出显著的差异性，有的国家高等教育毛入学率到60%左右便稳定下来，如英国、意大利、日本；有的国家高等教育毛入学率则一路飙升至80%以上，如美国、加拿大、瑞典、俄罗斯；有的国家甚至超过100%，如澳大利亚、希腊、土耳其。显然，毛入学率60%和80%的高等教育发展水平不能一概而论，普及化发展水平的数字标准需要更精细化。

毛入学率是高等教育全部在学人口与适龄人口的比值。一般认为，高等教育适龄人口为18～22周岁年龄段的人口，该年龄段人口接受高等教育者被称为传统大学生。从理论上讲，毛入学率越高代表高等教育受众的规模越大、范围越广，普及化水平越高。根据受众的规模大小，可将普及化水平划分为三个阶段：初级阶段，毛入学率超过50%，但未达到65%；中级阶段，毛入学率达到65%，但未达到80%；高级阶段，毛入学率达到80%及以上。根据联合国教科文组织公布的数据，高等教育毛入学率超过50%的国家（地区）共有76个，其中，处于初级阶段的有21个，进入中级阶段的有29个，达到高级阶段的有26个。设置高等教育普及化的规模标准，不仅有助于研究者比较、分析不同国家（地区）高等教育发展状况，更重要的是，有助于国家（地区）统筹安排与合理布局高等教育普及化目标和任务，规划高等教育普及化发展进程。

（二）高等教育普及化的公平标准

除毛入学率外，还有哪些指标可作为衡量高等教育普及化水平的标准？这不是

---

① 谢作栩. 马丁·特罗高等教育大众化理论述评［J］. 现代大学教育, 2001（3）: 15-18.

② 别敦荣, 易梦春. 普及化趋势与世界高等教育发展格局——基于联合国教科文组织统计研究所相关数据的分析［J］. 教育研究, 2018（4）: 135-143.

③ 别敦荣, 易梦春. 普及化趋势与世界高等教育发展格局——基于联合国教科文组织统计研究所相关数据的分析［J］. 教育研究, 2018（4）: 135-143.

一个简单的问题。高等教育发展从来不只是高等教育内部的事情,而是整个社会的事情。高等教育与社会的关系,归根结底是通过人即受教育者来反映的。从历史与现实的视角出发,可以看出谁拥有接受高等教育的权利,谁在接受高等教育,谁是高等教育的受益者。不论从哪方面讲,高等教育受众的社会分布越广,尤其是社会中下阶层子弟接受高等教育的面越宽、人数越多,高等教育越发达,社会公平程度越高。因此,社会公平可以作为考察高等教育普及化发展水平的重要维度,毛入学率可反映高等教育受众人数的多与少,公平则反映不同社会阶层接受高等教育的可获得性。

公平是现代社会的核心价值观。2015年,联合国教科文组织通过并发布的《教育2030行动框架》(*Education 2030 Framework for Action*)提出,教育是一项基本人权,是一项可行使的权利。为了实现这一权利,国家必须确保普及、全纳、公平的优质教育和学习,不让一个人掉队。教育应以人类个性的全面发展,促进相互理解、宽容、友谊与和平为目标。①2017年,联合国教科文组织发布30号政策文件《确保高等教育不落下一个人的六种途径》(*Six Ways to Ensure Higher Education Leaves No One Behind*)进一步提出,确保让最需要高等教育的人群获得高等教育;确保将高等教育的公平性和可负担能力纳入法律体系;建立国家机构,确保学生公平地享有获得接受高等教育的机会;制定不同的入学标准来满足不同个体的需求;建立相关机构及不同形式的学生援助系统,如贷款和捐赠;学生毕业后年度贷款偿还金应低于年收入的15%。②在高等教育精英化时代,人们不论是在受教权利、受教育机会上,还是在资源获取上,都存在巨大差距。显然,联合国教科文组织的政策文件不是针对精英高等教育发展的,甚至不是针对大众高等教育发展的,而是针对高等教育普及化发展的,对世界各国提出提高高等教育普及化发展水平的要求。因此,在普及化阶段,接受高等教育不再是部分人的特权,而是一种开放的、包容的平民教育。③

公平问题随高等教育普及化进程的发展而得到改善。这就是说,在普及化的不同阶段,公平的发展水平会存在差异。在初级阶段,高等教育更多地满足中等阶层子弟的需求;弱势群体接受高等教育的覆盖面虽得到一定程度的改善,但由于相关政策措施不配套,弱势群体接受高等教育面临较多经济、政策和社会文化障碍。在中级阶段,随着高等教育入学政策更加灵活多样,大学生经济资助办法不断完善,高等教育受众面进一步扩大。高等教育受众面越来越多地覆盖中下层子弟,高等教育的社会公平性不断增强。

① UNESCO. Education 2030: Incheon Declaration and Framework for Action Towards Inclusive and Equitable Quality Education and Lifelong Learning for All[EB/OL].[2022-04-20]. http://uis.unesco. org/sites/default/files/documents/education-2030-incheon-framework-for-action-implementation-of-sdg4-2016-en_2.pdf.

② 卫香萍. UNESCO政策文件:确保高等教育机会公平的六种途径[J].世界教育信息,2017(12):72.

③ 别敦荣,王严淞.普及化高等教育理念及其实践要求[J].中国高教研究,2016(4):1-8.

到了高级阶段,接受高等教育不再为经济、政策和社会文化所困。公民接受高等教育不仅是一种权利,更成了一种义务。高等教育能够为所有人提供所需要的学习机会。

在普及化阶段,公平不只体现在满足适龄人口接受高等教育的程度上,还体现在满足非适龄人口接受高等教育需求的程度上。接受高等教育的非适龄人口常被称为"非传统大学生"。从一定意义上讲,增加非传统大学生人数是提高高等教育普及化水平的关键因素之一。例如,1970年,美国高等教育受众中24周岁以上的非传统大学生只占27.8%;到了普及化高级阶段,非传统大学生占比则达到了44.1%(1990年)、42.3%(2010年)。①

应当注意的是,公平与规模的关系不是简单的线性关系。即便是在高等教育发展水平不高的时期,由于社会政策的强力干预,也可能出现"小规模高公平"的特殊情况。从20世纪50年代到21世纪初,由于我国社会主义制度的建立和教育向工农开门政策的强力推进,尽管高等教育长期维持很小的办学规模,但其社会公平性却得到了实现,而精英性主要表现为规模的小型化和受众的高选拔性,并不是由大学生的社会阶层所决定的。②

(三)高等教育普及化的制度标准

高等教育从来不是为自身而存在的。自高等教育产生以来,社会千变万化,高等教育不但能够顺应这些变化,而且在社会文明进步中发挥了重要的促进作用。因此,高等教育功能及其发挥程度是衡量高等教育发展水平的标准之一。高等教育功能是所有毕业生发展及其所发挥作用的集合,要考察高等教育功能的工作无疑是浩繁而复杂的,难以直接进行全面评估。不论规模大小,高等教育要发挥其功能,必须建立相应的制度。制度既是历史的产物,又是现实的创造。因此,进入普及化阶段以后,高等教育制度不但继承了精英化和大众化阶段的各种制度,而且创建了诸多新制度,以保证普及化功能的实现。考察制度及其变化,不仅能追寻高等教育的演变轨迹,还能捕捉高等教育功能信号。例如,考察我国高等教育学科专业目录及其变化,可以发现我国高等教育功能的基本范畴。因此,把制度作为考察高等教育普及化发展水平的标准可以达到两个目的:一是内窥高等教育系统的构成,二是透视高等教育功能的基本范畴。

发展阶段不同,高等教育制度表现出的特点也不同。在精英化阶段,高等教育制度呈现出高度的一致性,形式单一,且功能统一。到了大众化阶段,高等教育制度的一致性减弱,学校类型、管理方式等逐渐走向多元化,且灵活性不断增强,高等教育与社会各部门之间的联系越来越紧密且逐渐复杂化,高等教育功能向社会各方面渗透且日益

---

① 此数据为笔者根据美国IES-NCES IPEDS(Integrated Postsecondary Education Data System)数据系统中的"Total full enrollment in degree-granting postsecondary institutions, by attendance status, sex, and age: Selected years, 1970 through 2028"指标数据整理而得。

② 别敦荣,朱晓刚. 我国高等教育大众化道路上的公平问题研究[J]. 北京大学教育评论,2003(3):54-59.

强大。在普及化阶段,高等教育制度的多样性、灵活性和社会性则更加鲜明,高等教育成为社会生产和生活不可或缺的力量源泉。

在普及化阶段,高等教育自身的多样性、个性化、社会化特征不断加强。[①]这些特征在制度上也显露无遗,这不仅是高等教育适应来自不同社会阶层的大规模受众需求的要求,而且是高等教育社会功能实现的要求。当然,在普及化进程的不同阶段,高等教育制度也存在明显的差别。在普及化的初级阶段,高等教育制度基本沿袭了大众化阶段搭建起来的组织和结构框架,高等教育分层分类办学和管理机制日益完备,高校类型、人才培养模式、资源配置等的多样性日益明显,高校积极与社会各部门建立联系,探索合作办学机制。在中级阶段,高等教育制度呈现出典型的普及化特征,建立了完善的分层分类办学体系,不同类型、不同层次的教育相互贯通,建立了均衡、平等的资源配置机制,各类高校办学定位相对稳定,与社会各部门联系紧密,形成了良性互动合作办学机制。到了高级阶段,高等教育具备了满足几乎所有受众需求的供给能力,高等教育制度的包容性和灵活性有助于所有受众得到全面而自由的发展,高校与社会各部门建立了协同共进、合作办学的长效机制。

(四)高等教育普及化的质量标准

普及化不意味着高等教育的低质量。从精英化到大众化,更多原本没有机会接受高等教育的民众成为高等教育的受众,有人用"质量滑坡"来形容不断增加的高等教育受众给高校办学带来的挑战,也有人用发展的观点和多元化的质量观看待高等教育大众化,这就是说大众化高等教育的质量与精英化高等教育的质量是存在差异的,大众化有着多样化的质量标准。正如马丁·特罗所说,在大众化阶段,精英化高等教育并没有消失,继续举办精英化高等教育的同时,不断扩大高等教育受众面,提高高等教育的社会适应性,以满足社会经济发展对高等教育的更大需求。[②]大众化高等教育不仅突破了精英化高等教育的受众阶层,而且将高等教育的功能延伸到了更广泛的社会部门,为社会生产和生活培养了更多技术和职业人才。到了普及化阶段,高等教育不仅要满足高新技术发展和高新产业创新发展的要求,还要更多地满足一般社会行业和产业升级换代发展的要求,特别是传统上与高等教育没有直接关系的社会生产和生活部门的发展要求。例如,传统上社会环卫保洁部门的从业者被认为不需要接受多少教育,至少不需要接受高等教育。但环卫保洁人员学历水平的提高不仅表明该行业生产技术水平的提高,而且反映了社会文明水平的提高。当然,它对高等教育质量的要求与那些高精尖产业部门的要求是不相同的。尽管如此,它们都是高等教育的服务对象,而且这种状况只有到了高等教育普及化阶段才会出现。这表明普及化高等教育质量标准的社会适应面更宽、更强。

---

① 别敦荣,王严淞.普及化高等教育理念及其实践要求 [J].中国高教研究,2016(4):1-8.

② 谢作栩.马丁·特罗高等教育大众化理论述评 [J].现代大学教育,2001(3):13-18.

质量是高等教育的生命线,这一命题适用于高等教育发展的各阶段。在不同的发展阶段,高等教育质量标准存在明显的差异,即便到了普及化阶段,质量标准也是衡量普及化发展水平高低的重要指标。在普及化的初级阶段,具有大众化特征的质量标准、质量评价、质量保障得以延续,并逐渐体系化;质量标准更加多元,更富有弹性;学生的地位更加凸显,学生参与、学生质量等高等教育受众的体验与发展在评价指标体系中的重要性愈加显著;政府、高校、社会力量之间的博弈对高等教育质量有重要影响。在中级阶段,质量标准、质量评价和质量保障越来越多地呈现出典型的普及化特征;质量评价主体多元化,学生积极参与质量评价和保障,主体意识增强,学生中心的质量评价指标体系初步形成;政府、高校、社会力量之间的博弈关系在质量保障中逐渐稳定下来,良性互动机制初步建立,且对高等教育发展发挥引导作用。在高级阶段,质量标准、质量评价、质量保障呈现出超稳定的状态,评价模式丰富、多元且适应性强;学生主体地位巩固,学生中心的理念成为质量评价的核心理念;政府、高校、社会力量和谐共治的质量保障体系形成,各方力量得到有机整合,形成促进高等教育发展的合力;各级各类高等教育受众都能获得令人满意的优质教育体验。

二、高等教育普及化进程

高等教育普及化有一个不断发展的过程,不同国家的高等教育普及化表现出不同的特点,普及化进程的快慢并不完全由高等教育本身决定。从有关国家的经验看,普及化进程主要有三种模式。2019年,我国高等教育毛入学率达到51.6%,就规模而言,开启了普及化进程。与其他国家相比,我国的人口、制度、经济、社会环境等表现出鲜明的中国特色,因此,我国高等教育普及化也会走出自身的发展道路。

(一)高等教育普及化的三种模式

从统计数据看,进入普及化阶段之后,不同国家高等教育规模扩张速度有快有慢,呈现不同的特点。我们对已经进入普及化阶段10年及以上(2010年前毛入学率达到50%)的27个国家[①]的普及化进程进行分析,发现大致有三种典型模式:一是快速推进模式,即进入普及化阶段后,高等教育毛入学率年均增量达到2%以上,代表国家有土耳其、希腊、智利;二是中速推进模式,即进入普及化阶段后,高等教育毛入学率年均增量在1%至2%之间,代表国家有美国、俄罗斯、西班牙;三是慢速推进模式,即进入普及化阶段后,高等教育毛入学率年均增量在1%以下,代表国家有英国、意大利、日本。(表2-1、图2-1)

---

① 因加拿大的数据缺失较多,故未将其纳入分析范畴。

表2-1　高等教育普及化进程的三种模式

模式一			
国家	GERAG/%	国家	GERAG/%
土耳其	6.77	智利	3.45
希腊	5.05	阿根廷	2.12
模式二			
国家	GERAG/%	国家	GERAG/%
澳大利亚	1.98	芬兰	1.41
韩国	1.93	俄罗斯	1.36
白俄罗斯	1.93	挪威	1.33
荷兰	1.92	新西兰	1.26
西班牙	1.92	德国	1.25
奥地利	1.72	比利时	1.19
爱尔兰	1.69	美国	1.16
丹麦	1.48		
模式三			
国家	GERAG/%	国家	GERAG/%
日本	0.88	以色列	0.78
葡萄牙	0.83	法国	0.69
波兰	0.82	意大利	0.57
瑞典	0.79	英国	0.47

注：表中GERAG（Gross Enrolment Ratio Annual Growth）是指高等教育毛入学率年均增量，计算的时间跨度为毛入学率首次到达50%之时至最近年份（一般为2017年，少数为2016年、2018年）；原始数据来源于UNESCO UIS数据库及Lee J W & Lee H关于各国高等教育毛入学率的统计，以UNESCO UIS的数据为主，Lee J W & Lee H的数据作为补充。

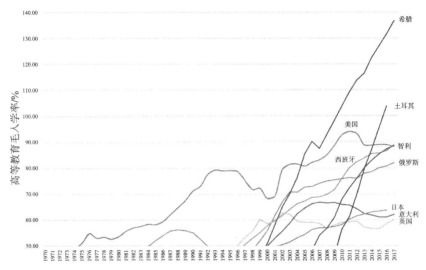

图2-1 部分国家高等教育毛入学率变化图
资料来源：UNESCO UIS数据库。

就规模而言，希腊进入高等教育普及化阶段的时间与日本、意大利大致相同，但其普及化进程与后两者完全不同。进入普及化阶段后，希腊高等教育保持大众化阶段高速增长的步伐，发展驶入"快车道"。希腊高等教育毛入学率2010年突破100%， 2017年高达136.60%。与希腊类似的还有土耳其和智利。土耳其高等教育普及化进程并不长，距今刚好10年。在此期间，土耳其高等教育毛入学率持续上升，年均增量达6.77%，2016年达到103.75%。智利高等教育2007年进入普及化阶段，10年间，高等教育毛入学率增长至88.46%。日本和意大利则延续了其在大众化阶段的发展节奏，高等教育毛入学率以较慢的速度增长，两国高等教育毛入学率在近20年中均未超过70%。特别是意大利，在近10年里的增速进一步放缓，甚至出现过小幅下滑的现象。英国高等教育普及进程也是这种慢速推进模式的典型代表，在1996年进入普及化阶段之后，规模扩张速度迅速放缓，在1999年高等教育毛入学率达到60%，之后便只是轻微上下浮动。

相比于上述两种模式的国家，美国、西班牙、俄罗斯等国高等教育普及化属于中速推进模式，其高等教育毛入学率虽然有波动，但总体保持着1%以上的年均增量。美国高等教育普及化进程历经了45年，其高等教育毛入学率在20世纪80年代增长较快，在20世纪90年代后期出现下滑，进入21世纪之后，尽管仍有小幅波动，但总体呈上升趋势，近些年维持在90%上下。西班牙和俄罗斯高等教育在近20年的普及化进程中，高等教育毛入学率增长波动不大，年均增量总是维持在1%～2%。

高等教育毛入学率年均增量测算所选的时间跨度为毛入学率首次到达50%之时至最近年份，对于一些普及化进程较长的国家，这种测算可以说明其总体发展速度，而对于一些普及化进程较短的国家，则只能说明这一段时期的发展势头。另外，一些国家的高等教育普及化进程存在较大波动，这种测算不能反映其特定时期的发展情况。例如，韩国和澳大利亚高等教育普及化发展波动较大，就20多年的平均增速而言属于中速行列，但若选取特定的时间（韩国1996—2008年、澳大利亚1992—1997年和2013—2017年），则呈现出的是普及化发展的快速推进模式。因此，本部分统计的三种模式之国家分布表具有时间上的局限性。但总的来看，不同国家在高等教育普及化进程上的巨大差异是毋庸置疑的，这进一步佐证了高等教育普及化进程受多种因素的影响，存在多种发展的可能性。

（二）影响高等教育普及化进程的基本要素

高等教育普及化发展需要多种条件的支持，包括人口条件、经济发展水平等，也受教育水平与高考制度、政府政策及社会环境等因素的影响。预测未来我国高等教育普及化进程究竟走哪种模式，需要了解影响高等教育普及化进程的基本要素。

1. 人口变化形势

充足的生源是高等教育规模发展的基本保障。高等教育系统需要一个弹性空间，而适龄人口是高等教育生源的重要组成部分。当适龄人口数量与高等教育规模过于接近时，普及化进程就会在很大程度上受到人口因素的制约。在没有其他强有力因素刺激下，高等教育适龄人口大幅下降，扩大甚至保持高等教育规模就会越来越难。高等教育系统的弹性空间不足，高等教育普及化进程则会呈现出放缓趋势。

20世纪80年代至21世纪初，英国、意大利、日本、德国、俄罗斯、西班牙等国家的高等教育适龄人口数大幅下降。其中，俄罗斯的人口变化幅度最大，其高等教育普及化进程受到较大影响。1995年，俄罗斯高等教育学生规模开始大幅扩张。1999年，俄罗斯高等教育毛入学率突破50%，进入普及化发展阶段。随后，学生规模继续扩张。2003年，俄罗斯高等教育毛入学率达到70.67%。四年间，俄罗斯高等教育毛入学率增长18.78%，年均增量达4.89%，高等教育适龄人口数与学生规模的差额缩小至366.36万人。（图2-2）

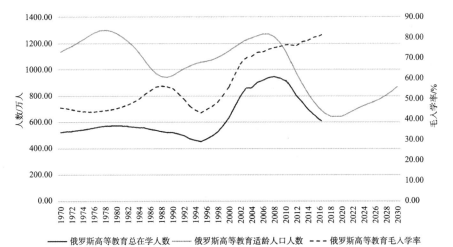

图2-2　俄罗斯高等教育学生规模、毛入学率变化及适龄人口数预测

注：学生规模及毛入学率数据来源于UNESCO UIS数据库，适龄人口数则由联合国发布的《世界人口展望（2017年版）》中相关数据推算而得。

然而，根据预测，俄罗斯高等教育适龄人口数自2008年开始大幅下降，到2019年适龄人口数将减少616.10万人。为了应对人口的变化态势，俄罗斯高等教育学生规模的扩张速度自2003年开始放缓，2009年大幅缩减。受此影响，俄罗斯高等教育普及化进程也开始减缓，2003—2017年的高等教育毛入学率年均增量仅有0.80%。另外，日本、意大利的高等教育普及化进程之所以维持慢速推进模式也与其人口条件有很大的关系。日本高等教育适龄人口数自1994年开始持续下降，从1001.49万人跌至2019年的601.77万人，跌幅近400万，下降已成趋势。因此，从1994年开始，日本高等教育学生规模基本没有增长，最近20多年保持在380万～400万人，高等教育毛入学率与人口变化亦步亦趋，维持着缓慢增长的模式。意大利的情况与日本类似，高等教育适龄人口自1986年开始下降，到2019年下降至284.02万人，跌幅超过180万。[①]2008年，意大利高等教育适龄人口数与学生规模的差额缩小到100万人以内。很明显，不到100万人的适龄人口储备是难以支持高等教育规模的持续发展、普及化进程的快速推进的，2009年开始，意大利高等教育学生规模逐步减少，高等教育毛入学率也呈现出下降趋势。

2. 经济发展趋势

高等教育率先步入普及化阶段的绝大多数都是经济发达的国家（地区）。目前，高等教育发展水平与经济发展水平的密切关系已得到证明，发达国家的高等教育基本都已实现普及化。[②]实际上，一个国家（地区）的高等教育进入普及化阶段后，普及化进程也与经济发展趋势有着密切的关系：经济下行会在一定程度上制约高等教育普及化进程，推动经济上行需要更高水平的普及化高等教育支撑。20世纪90年代尤其是21世纪以来，英国、日本、意大利等国的经济发展呈现出明显的下行趋势。20世纪80年代，英国、日本、意大利的GDP增长率基本为4%～6%；到20世纪90年代，则下降至2%～3%；21世纪尤其是2008年金融危机之后，这三个国家的GDP增长率基本在2%以下；2008—2019年，三者的GDP年增长率平均值分别为1.17%、0.53%、-0.32%。（图2-3）

经济下行趋势对高等教育的影响主要反映为高等教育规模扩张的经济诱因影响力和支撑力减弱，高等教育普及化进程很可能出现减缓或停滞。以英国为例，尽管从2000年开始，其高等教育适龄人口的下降趋势得以扭转，生源不再是问题，但其高等教育普及化发展却陷入停滞状态。在没有经济诱因和特殊政策的刺激下，2008年，英国高等教育毛入学率跌至60%以下，随后10年基本维持在56%～60%。与此形成鲜明对比的是，在20世纪80年代至21世纪初，经济快速增长的国家如韩国、土耳其，其普及化进程在较长一段时间里呈现出快速推进模式。20世纪80年代以来，韩国和土耳其的GDP

---

① 此段中的高等教育适龄人口数均为笔者根据联合国经济与社会事务部发布的《世界人口展望（2017年版）》（*World Population Prospects：The 2017 Revision*）中20～24岁年龄组人口预测数据推算而得。

② 别敦荣，易梦春. 普及化趋势与世界高等教育发展格局——基于联合国教科文组织统计研究所相关数据的分析［J］. 教育研究，2018（4）：135-143.

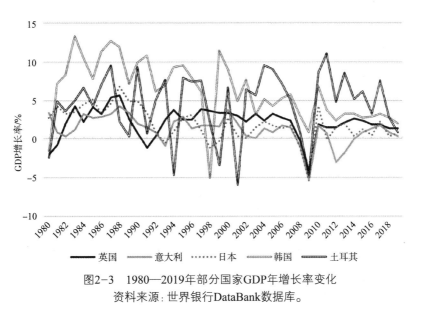

图2-3 1980—2019年部分国家GDP年增长率变化
资料来源：世界银行DataBank数据库。

增速明显高于英国、意大利、日本。1981—2007年，韩国和土耳其的GDP年增长率平均值分别达到7.74%和4.69%；2008—2019年，两国的GDP年增长率平均值分别为3.06%和4.56%。2008年后，土耳其的GDP增速一度超过10%，远超大部分发达国家。经济的快速增长需要更多的高等教育人才，经济条件的改善也为高等教育规模的扩张提供了物质基础。因此，经济上行发展阶段也是高等教育普及化进程快速推进的时期。1996年，韩国高等教育步入普及化阶段，彼时其经济正处于高速发展期，生产规模不断扩大，对高科技人才与高素质人才的需求也不断增大。因此，即使高等教育适龄人口数持续下降，韩国政府依然继续推动高等教育学生规模的扩张，普及化进程快速推进。到2007年，韩国高等教育毛入学率突破100%。2010年，土耳其高等教育步入普及化阶段，经济同样处于高速增长时期，进入普及化阶段之后，学生规模继续大幅扩张，六年时间高等教育毛入学率突破100%，与英国高等教育普及化进程形成了鲜明的对比。由此可见，经济发展趋势对于高等教育普及化进程有重要影响。（图2-4）

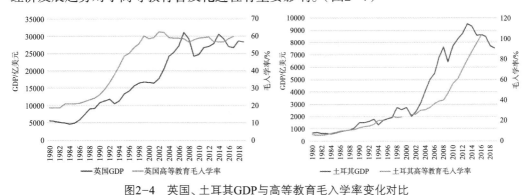

图2-4 英国、土耳其GDP与高等教育毛入学率变化对比
注：GDP数据来源于世界银行DataBank数据库，高等教育毛入学率数据来源于UNESCO UIS数据库。

3. 基础教育发展与高考制度

高等教育是以初等和中等教育为基础的更高层次教育类型。高等教育位于教育系统的塔尖位置,其普及化进程必然需要良好的、普及的初等和中等教育作为支撑,不断提升的基础教育水平也在一定程度上推动着高等教育普及化的发展。那些高等教育普及化进程快速推进的国家无一没有发达的、高度普及的初等和中等教育。土耳其、希腊、智利、阿根廷的法定免费教育年限均为12年,其中,希腊和阿根廷在20世纪就已达到这样的标准,智利、土耳其分别在2001年和2009年,也就是在进入高等教育普及化阶段前夕,提升了义务教育年限。同时,这些国家的初等教育毛入学率在高等教育进入普及化阶段就已提升到90%以上,阿根廷甚至超过100%。作为高等教育普及化进程推进较快的国家,澳大利亚的法定义务教育年限在20世纪就已达到13年,初等教育毛入学率在1993年达到120.0%。韩国的法定义务教育年限目前仍为9年,但其初等教育毛入学率在1996年达到101.7%。由此可见,高等教育普及化进程的推进需要较深厚的基础教育基础。(表2-2)

表2-2　部分国家法定义务教育年限以及初等教育和中等教育毛入学率

国家	法定义务教育年限/年	初等教育毛入学率/%	中等教育毛入学率/%
土耳其	12	91.5（2010年）	101.3（2018年）
希腊	12	92.1（2000年）	102.1（2018年）
智利	12	99.0（2007年）	102.3（2018年）
阿根廷	12	106.1（2000年）	109.2（2017年）
澳大利亚	13	120.0（1993年）	114.6（2018年）
韩国	9	101.7（1996年）	99.0（2018年）

注:数据来源于UNESCO UIS数据库指标"Number of years of free primary and secondary education guaranteed in legal frameworks"和"Gross enrolment ratio, primary and secondary, both sexes（%）";表中初等教育和中等教育毛入学率所选取的年份,分别为高等教育毛入学率达到50%的时间和最新数据的时间。

高考制度亦是影响高等教育普及化进程的基本要素。没有通畅的、与普及化高等教育相符的升学考试制度,普及化进程难以推进。在高等教育普及化发展过程中,世界各国的高校招生制度变革均呈现出开放性增强、标准更具多样化以及高校自主性提升等趋势。第一,招生政策的开放性增强。例如,美国的社区学院和文理学院实行完全开放的招生政策,达到高中毕业水平的成年人,不需要参加任何考试,只要申请就能获得接受高等教育的机会。近些年,德国出台的高职教育招生政策体现了更多的开放性,全德国范围内所有高职人员(手工业及其他经济产业的高级技术人员)都将获得大学入学资格,无须参加其他能力测试即可获得相关专业的同等学力;拥有至少两年职业培训和三年工作实践经历的人员,通过能力测试、面试或大学试验期可获得大学入学资格。[①]第二,录取标准更具多样化。在韩国,高等教育进入普及化阶段后,便立即将原先"以考试成绩为主"的录取模式改革为"综合权重"录取模式,即录取不是主要看考试成绩高低,考试成绩之外的各种要素(社会奉献活动、各种奖励获得情况、特长及专业是否适合等)都作为入学考查材料,用于判定能否录取。[②]2017年始,日本实施大学招生选拔改革,推行评价尺度的多元化和评价方式的多样化。在招生选拔过程,除了参考共同考试成绩之外,还参考小论文、高中调查书、活动报告、获奖纪录、各类资格证考试成绩、推荐信、动机函、学习机会、面试、辩论、集体讨论、文稿演示等材料,充分考察学生的学习兴趣、意愿、态度等要素。[③]第三,高校招生自主性提升。例如, 20世纪90年代开始,日本实行的大学招生考试制度最鲜明的特点在于招生权归属各高校,大学入学考试中心考试(以下简称"中心考试")不设必考科目,各大学可以根据各自的实际需要自主决定采用何种方式利用中心考试的学科和科目,或者考生是否必须参加该考试及考试科目,各高校利用中心考试的方式也不尽相同,中心考试和由各高校自行组织实施的单独考试的成绩在最终录取总分中的比重,由各高校自由掌握。[④]

4.政策与环境需要

政府是高等教育的主要投入者和管理者。在大部分国家,政府的政策对高等教育普及化进程有着强有力的影响。但在制定高等教育政策时,政府不仅从高等教育本身出发,其更多考虑的是政治环境、社会环境、国际局势等众多因素。例如,20世纪50年代,美国为了赢得与苏联的军事竞赛,通过《国防教育法》授权联邦政府加大对州立高等院校的拨款,出台了一系列措施推动高等教育的发展,一定程度上加快了美国高等教育从大众化过渡到普及化的进程。21世纪以来,高等教育普及化发展是一个世界性趋势,但不同国家所面临的内外部发展环境不同,这就造成了政府在推动高等教育普及化方面的政策差异和力度悬殊。作为发展中国家,土耳其高等教育普及化的发展进程令人惊叹。除了人口、经济等助力因素,土耳其所处的特殊环境以及政府所采取的政策,共同推进了其高等教育普及化的快速发展。从政治上讲,作为欧盟成员的长期候选人,土耳其常从欧盟的一些教育研究项目中受益,但始终被排除在欧盟的决策过程外。为了全方位地对标欧盟,土耳其于2001年加入欧洲高等教育改革计划"博洛尼亚进程",之后便以此为目标推动国内的高等教育改革。例如,加大高等教育投入,新设大量高等院校,扩大学生规模,制定《终身教育战略规划与行动计划》,承认半正

---

① 刘敏,王苏雅.德国大学入学招生制度的基本程序及其变革与走向[J].教育测量与评价,2016(7):20-25.

② 张德强.韩国大学招生制度的变革与走向[J].比较教育研究,2013(8):29-34.

③ 周冲,李昱辉.日本大学入学统一考试改革:目标、路径及挑战[J].比较教育研究,2019(5):28-35.

④ 李润华.统一性和多样化并存的日本大学招生考试制度[J].比较教育研究,2011(2):45-49.

式或非正式的学习，提供灵活的学习路径，大力发展开放教育。[①]有研究称，土耳其新大学的创建最初是一项旨在促进地区发展的政治举措，后来成为一项重新分配政策，即将公共投资和资金转向土耳其较贫穷的东部地区。2006年以来，在补贴政策（为学生提供更多的教育补助金和学费减免）和宿舍政策（加大对学生宿舍的投资）的推动下，土耳其高校数量翻倍、高等教育入学率大幅提升。[②]从土耳其的案例可见，政府政策以及环境需要对高等教育普及化进程的强大推动力。

除以上主要影响要素外，各国高等教育普及化进程还受科学技术变革、国际局势变化、不确定性事件爆发等影响。互联网等现代信息技术的诞生与发展为高等教育的规模扩张、规模与质量矛盾的化解提供了有利条件，推动了全球高等教育的普及化进程。21世纪尤其是2008年国际金融经济危机以来，世界多极化发展趋势日益明显，国际体系和国际秩序正在进行深度调整，人类文明发展面临的不确定、不稳定因素明显增多，世界进入动荡变革期。2020年，新冠肺炎疫情的爆发加剧了这种动荡和不确定性。在此形势下，全球高等教育普及化进程面临着诸多挑战：经济低迷可能削弱人们接受高等教育的需求，政府财政收入减少可能影响政府部门对高等教育的投入，保护主义、民粹主义、逆全球化思潮的抬头可能阻碍高等教育的国际交流与合作，部分国家国际学生规模逐年增长的趋势可能被遏制，高等教育普及化发展将遭受保守、狭隘、意识形态的冲击，对部分国家而言，高等教育普及化进程有可能因此而停滞或倒退。然而，变局亦可能蕴涵着机遇，国际竞争与博弈加剧，经济、科技、文化、安全、政治等方面无一不需要大量高级专门人才。作为各类人才培养的主阵地，高等教育普及化发展的战略意义会愈加明显。从人类共同命运看，解决全球气候变化、生态环境灾害、大规模传染性疾病、极端主义和恐怖主义、移民难民潮等全球性问题，既需要前沿的科学研究，更仰赖于人类文明素质、思想智慧的整体提高，而这又在很大程度上取决于全球高等教育普及化进程的推进。

（三）我国高等教育普及化进程预判

从国际经验看，尽管人口状况、经济发展趋势对高等教育普及化进程有着重要影响，但国家的相关政策亦对普及化进程发挥了重要调控作用。无论是精英化发展还是大众化发展，我国政府在高等教育发展中都发挥了关键作用，政府政策直接决定了高等教育的发展速度和发展水平。在当前世界大变局中，我国已成为稳定甚至是引领世界格局的重要力量，开放、包容、普惠、平衡等价值观念将继续成为我国对内、对外的政策方向。因此，未来我国高等教育的普及化进程必将继续推进。就进程速度而言，综合考虑各方面因素的影响，政府不宜选择慢速推进模式，在没有特殊刺激因素的情况下也不

① Erdoğan, A. Current and Future Prospects for the Bologna Process in the Turkish Higher Education System [M]. The European Higher Education Area. Springer International Publishing, 2015: 745.

② Polat, Sezgin. The Expansion of Higher Education in Turkey: Access, Equality and Regional Returns to Education [J]. Structural Change and Economic Dynamics, 2017 (43): 1–14.

宜选择快速推进模式，比较可取的选择是稳健的中速推进模式。

中速推进的路径有二：一是考虑政策连贯性和适龄人口变化，以我国大众化阶段高等教育规模扩张速度为基准；二是借鉴国际经验，以普及化发展历史最长的美国高等教育普及化进程推进速度为基准。

第一，普及化进程推进路径之一。我国的高等教育政策具有一定的连贯性，始终坚持基本的发展理念，即不断提升人民的受教育程度。自1999年实行高等教育扩张政策以来，促进高等教育规模发展的大方向始终未改变。从总体上看，在高等教育大众化阶段，学生规模年均增量为146.3万人，毛入学率年均增量为2.15%。考虑到适龄人口的巨大变动，我国高等教育大众化阶段的规模发展又可分为两个时期。一是2002—2008年适龄人口数量快速增长时期（由9577.8万人增长至1.3亿人）。高等教育学生规模年均增量达到232.0万人，高等教育毛入学率年均增量为1.38%。二是2009—2019年适龄人口数量快速下降时期（减少至7856.6万人）。高等教育学生规模年均增量为99.5万人，高等教育毛入学率年均增量为2.57%。根据联合国关于人口的预测，从2021年始，我国高等教育适龄人口数量逐步增长，到2033年又开始逐渐下降，但波动幅度远小于大众化发展阶段。基于政策连贯性考虑，未来一段时间，我国高等教育规模发展的速度可以延续大众化阶段的总体水平，即以学生规模年均增量146.3万人的速度继续扩张。但考虑到2033年之后适龄人口的减少，规模增长的速度或将减慢，高等教育毛入学率更可能维持前期的增长水平（年均增量约为1.38%）。据此，可以得出表2-3中"预测一"的结果，到2028年，高等教育毛入学率将突破65%，在学人数总规模将达到约5319万人；到2040年，高等教育毛入学率将突破80%，在学人数总规模将达到约6227万人。若按此路径推进，我国高等教育在未来10年内将进入普及化中级阶段，高等教育在学人数总规模将增长1300多万人；未来20年将进入普及化高级阶段，高等教育在学人数总规模将增长2200多万人。

第二，普及化进程推进路径之二。从国际经验来看，尽管不同国家高等教育普及化进程不尽相同，但大多数国家走的是中速推进模式，表明高等教育普及化进程是有规律可循的。美国最早进入高等教育普及化阶段，普及化发展历史久远，且在过去40多年里其高等教育适龄人口数量也经历了大幅增长、大幅下降及再增长的变化过程。对于我国而言，美国的高等教育普及化发展进程有一定的借鉴意义。假设未来我国高等教育毛入学率以美国过去40多年的平均增速（年均增量1.16%）增长，那么，就会出现表2-3中的"预测二"的结果：到2031年，高等教育毛入学率将突破65%，在学人数规模达到约5522万人；到2044年，高等教育毛入学率将突破80%，在学人数规模将达到约5732万人。若按此路径推进，我国高等教育在未来11年左右将进入普及化中级阶段，高等教育在学人数总规模将增长1500多万人；未来24年左右将进入普及化高级阶段，高等教育在学人数总规模将增长1700多万人。

综合上述两种预测结果，未来10年是我国高等教育普及化发展的关键时期，普及化

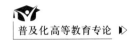

水平将进入中级阶段,在学人数总规模将增加1000万以上,高等教育系统的扩充和改革势在必行。

表2-3 我国高等教育普及化进程预测

年份	预测一		预测二		适龄人口数/万人
	E/万人	GER/%	E/万人	GER/%	
2020	4148.30	53.39	4099.67	52.76	7770.42
2021	4294.60	55.38	4181.07	53.92	7754.22
2022	4440.90	57.12	4282.19	55.08	7774.50
2023	4587.20	58.75	4391.23	56.24	7808.03
2024	4733.50	60.21	4512.35	57.40	7861.23
2025	4879.80	61.60	4638.89	58.56	7921.60
2026	5026.10	62.92	4770.59	59.72	7988.26
2027	5172.40	64.14	4909.59	60.88	8064.38
2028	5318.70	65.26	5056.11	62.04	8149.75
2029	5465.00	66.28	5211.18	63.20	8245.54
2030	5611.30	67.26	5369.57	64.36	8343.03
2031	5757.60	68.32	5521.68	65.52	8427.48
2032	5903.90	69.63	5653.53	66.68	8478.59
2033	6050.20	71.31	5755.64	67.84	8484.14
2034	6145.48	72.69	5833.45	69.00	8454.28
2035	6205.31	74.07	5877.77	70.16	8377.67
2036	6234.91	75.45	5893.74	71.32	8263.79
2037	6245.72	76.83	5892.29	72.48	8129.54
2038	6246.39	78.21	5881.67	73.64	7987.06
2039	6242.02	79.59	5866.70	74.80	7843.19
2040	6226.51	80.96	5841.67	75.96	7690.45
2041	6204.12	82.34	5810.59	77.12	7534.48
2042	6180.40	83.72	5778.67	78.28	7382.06
2043	6159.90	85.10	5750.15	79.44	7238.36

续表

年份	预测一		预测二		适龄人口数/万人
	E/万人	GER/%	E/万人	GER/%	
2044	6149.72	86.48	5731.60	80.60	7111.16
2045	6147.42	87.86	5720.70	81.76	6996.94
2046	6152.82	89.24	5717.23	82.92	6894.88
2047	6163.91	90.62	5719.28	84.08	6802.19
2048	6179.48	92.00	5725.71	85.24	6717.16
2049	6206.51	93.37	5742.94	86.40	6646.92
2050	6240.46	94.75	5766.71	87.56	6586.01

注：E代表高等教育在学人数总规模，GER代表高等教育毛入学率；根据联合国经济与社会事务部发布的《世界人口展望（2017年版）》中20～24岁年龄组人口预测数据，笔者计算而得表中适龄人口的数据。

三、我国高等教育普及化发展路径

普及化发展并非高等教育的自发行为，而是由多种社会力量推动实现的。普及化进程受到多种因素的约束和影响，需要持续的动力和条件支持。为顺利推进高等教育普及化由初级向中高级阶段发展，有关各方应当积极作为，以新发展理念为指导，创造有利条件，保证普及化持续高质量推进，以满足人民群众对高等教育的诉求。

（一）扩大受众人群，培养更多、更好的生源

普及化发展需要更多、更好的生源。更多的人接受高等教育不仅是一种教育理想，也是社会现代化水平不断提高后民众对高等教育的必然要求。从人口变动趋势看，未来30年，我国高等教育规模发展仍有较大空间。

首先，我国有大量的高等教育适龄人口未能接受高等教育。我国高等教育在学人口中的18～22周岁适龄学生基本属于普通本专科在校生，普通本专科在校生数与适龄人口的比值在某种程度上可以看成高等教育净入学率。2019年，我国高等教育净入学率（估算）仅为38.59%，未能接受高等教育的适龄人口达到4800多万人；2050年，适龄人口下降至6586万人，仍有3500多万人的规模增长空间。（图2-5）

其次，在普及化阶段，非适龄人口也是高等教育的重要生源。在我国，高等教育非适龄人口的教育需求同样巨大，他们既包括错过了合适年龄接受高等教育的成年人的补偿性教育需求，也包括完成了本专科教育后的继续教育需求。2019年我国成人本专科和网络本专科毕业生加起来约为445万人，2016—2019年四年的毕业生加起来也只有1700多万人，远远小于4800万的适龄人口空缺。从过去10年我国本专科毕业生数与硕士生考试报名人数、招生数的对比中可以看出，人们接受更高层次高等教育的需求呈增

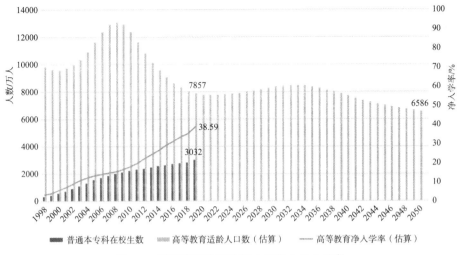

图2-5 我国高等教育生源（适龄人口）储备

注：高等教育适龄人口数（18～22周岁人口数）为笔者根据联合国经济与社会事务部发布的《世界人口展望（2017年版）》中20～24周岁年龄组人口预测数据计算而得，普通本专科在校生数来源于我国教育部网站历年"教育统计数据"，高等教育净入学率（估算）为二者的比值。

长趋势，2019年的硕士生考试报名人数是2010年的两倍有余。尽管我国研究生招生规模不断扩张，但到2019年，硕士生的录取人数也只有81.13万人，仅占当年普通本专科毕业生数的10.7%，占当年各类本专科毕业生总数的6.7%。（图2-6）

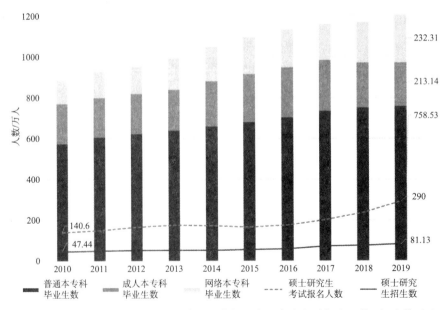

图2-6 2010—2019年我国本专科毕业生数与硕士研究生考试报名人数、招生数对比

注：普通本专科、成人本专科、网络本专科毕业生数、硕士研究生招生数来源于我国教育部网站历年"教育统计数据"，硕士研究生考试报名人数来源于中国教育在线网站统计信息，网址为https://www.eol.cn/e_ky/zt/common/bmrs/。

根据前文预测，要持续推进高等教育普及化进程，未来10年，我国高等教育在学人数总规模要增长1000多万人。保证规模的稳定增长，必须扩大受众人群。首先，扩大弱势群体接受高等教育的机会。这里的弱势群体是指因为地域、经济、文化、制度等原因未能接受高等教育的适龄人口和非适龄人口，主要包括农村及偏远地区的人口、中等职业教育学生以及需要兼顾工作的在职人员。根据2018年我国人口变动情况抽样调查数据，乡村人口占我国总人口的比重约为40.42%，城市、镇、乡村地区6岁及以上人口中接受大专及以上教育的人口比例分别26.96%、11.33%、4.26%。有研究显示，城市学生接受高等教育的机会显著高于农村学生，且二者之间的差距越来越大。[1]农村地区的高等教育毛入学率远低于整体毛入学率。如何吸引更多的农村生源，需要进行全局性考虑，不仅需要从经济上、入学机会上进行帮扶，还需要在专业设置上考虑农村发展的需要、农村人口发展的需求。其次，为中职学生创设稳定畅通的升学空间。近年来，尽管中职学生在高中阶段学生总数中的占比逐年下降，但到2019年也有39.5%。然而，这个群体的升学需求却长期得不到较好的满足。部分中职学校校长表示，升学率低、考试方式不合理、课程体系不适宜等问题，成为拦在中职学生升学路上的一道道坎儿。[2]适应高等教育普及化发展需要，在提高中职学校办学水平和质量的同时，开放中职学生上大学的通道是必要的。这也是国际高等教育普及化发展的共同经验。再次，为在职人员接受高等教育提供便利。2018年，我国共有7.76亿名就业人员，其中，接受过高等教育（包括高等职业教育、本专科教育、研究生教育）的人员仅占20.2%，接受过普通高中和中等职业教育的人员占18.0%（约1.4亿人）。我国应当根据经济社会转型发展、高质量发展对从业人员素质的要求，改革教育形式、教育内容和教学管理，为接受过高中层次教育但未接受高等教育的就业者创造更便捷的就学机会和条件。

（二）制定更具包容性的高等教育政策

包容性是普及化高等教育的重要特征，要持续推进普及化进程就需要更具包容性的高等教育政策作为支撑。推进普及化发展，政府和高校应当积极作为，创新政策供给，不断增强高等教育的包容性和容纳力，包括构建更具包容性的高考招生制度、形成更具弹性的高等教育结构、创建更加个性化的人才培养制度等。

1. 构建更具包容性的高考招生制度

2019年，我国高考录取率达88.7%，已接近报考总人数的极限，而高等教育净入学率仅为38.6%。统计表明，自2009年以来，我国小学、初中毛（净）入学率均接近100%，高中毛入学率超过80%，目前已近90%。这就排除了适龄生源在基础教育阶段流失的可能性，意味着大部分适龄人口无法通过现行的高考招生制度获得接受高等教育的机

① 叶晓梅，杜育红. 先赋抑制或自致？城乡高等教育机会差异的影响因素分析［J］. 教育科学研究，2019（1）：35-42.
② 招生季看中等职业教育：录取率偏低升学路像羊肠小道［EB/OL］.［2020-04-20］. http://www.cvae.com.cn/zgzcw/zsxx/201608/10ed3760ae454aa9aa49129b8895c04f.shtml.

会。高考是适龄人口获得接受高等教育机会最主要的通道，若这个通道不畅通或出现滞塞，我国高等教育普及化进程就会受到很大的影响。因此，应当构建更具包容性的高考招生制度，使各类潜在高等教育受众不因学校类别、年龄、背景、求学动机、性格特质、身体等原因被排除在高校入学考核之外。针对中职生，应改革评价考核方式，探索构建针对职业教育的考试招生制度。针对农村及偏远地区的求学者，应给予必要的入学优惠政策（包括资源倾斜、学费补助），并提供充分的招生考试咨询服务。针对错失教育机会的成人和需兼顾工作的就业人员，应继续完善成人高考制度，减少普通高校招生考试制度对在职人员的限制，为他们提供合适的、通畅的入学渠道。（图2-7）

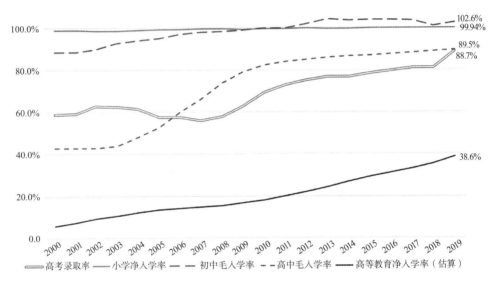

图2-7 2000—2019年我国各级教育毛（净）入学率及高考录取率变化

注：高考录取率为笔者根据历年高考报名人数和本专科招生数计算而得。各级教育毛（净）入学率、本专科招生数来源于我国教育部网站历年"教育统计数据"，历年高考报名人数来源于中国教育在线网站统计信息。

2. 建构更具弹性的高等教育结构

从我国高等教育结构看，无论是教育类别结构（普通教育、职业教育、成人教育、继续教育），还是学校类型结构（研究型大学、教学型大学、高职院校，部属院校、地方院校等），都呈现出刚性的上下层级结构，纵横交织的立交桥结构还远远没有形成；学科专业办学画地为牢，封闭运行，尚未与社会各产业、行业部门形成有机的联结和互动，社会适应性较弱。为推进普及化发展，政府和高校应当优化资源配置，改革评价体系，加强治理能力建设，促进高等教育结构弹性化改革。

3. 创建更加个性化的人才培养制度

包容性强的高等教育需要个性化的人才培养制度，以容纳和滋养所有的受教育者，满足他们身心充分发展的需要。我国高等教育人才培养制度在教育理念、教育形式、教学管理以及质量评价等方面仍存在陈旧、单一、固化等问题。推进普及化发展，应当特别重视创新教育思想观念,形成多元的高等教育价值观、质量观和评价观等;应大力推动高等教育形式、教学方式的多样化发展,实现实体大学、虚拟大学、跨境教育、移动教育等多种教育形式的协同办学,建构覆盖面广、包容性强的课堂教学、线上线下学习、实践教学、互动教学有机融合的教学生态系统。

(三)保障普及化高等教育发展所需资源充足

充分的资源供给是普及化高等教育发展的基本保障。2012年以来,我国经济增速逐步放缓,而我国高等教育经费总投入仍保持较高的增长率,2018年、2019年高等教育经费总投入分别增长了8.15%和11.99%。从生均经费投入看,我国与一些高等教育发达国家仍有不小的距离。2018年,我国普通高校生均一般公共预算教育经费为人民币22245.81元,约为3362.43美元[①]。而美国、英国、日本、土耳其、韩国等国的高等教育生均经费支出均在1万美元以上,除去其中的研发(R&D)经费也在8000美元以上。除总体资源不足外,我国高等教育资源分布的区域差异十分明显。"双一流"建设高校主要集中在北京、上海、江苏等比较发达的地区,在新疆、甘肃、宁夏、青海、西藏等西部省份高校数合起来不到200所。推进普及化发展,我国高等教育规模还应进一步扩大。高等教育高质量发展任务艰巨,需要更多资源和经费投入。在经济增速持续放缓背景下,保障普及化发展的资源需求是重大考验。(表2-4、图2-8)

表2-4　2016年部分国家高等教育生均经费支出

单位:美元

类别	美国	英国	日本	土耳其	韩国	俄罗斯
各类高等教育	30165	23771	19191	10519	10486	8479
高等教育(去掉R&D)	26550	18405	—	8626	8385	7693

注:数据来源于OECD发布的"Education at a Glance 2019 OECD Indicators"-Table C1.1. Total expenditure on educational institutions per full-time equivalent student(2016)。

我国高等教育经费主要来自政府财政拨款,社会力量参与为辅。很明显,发展超大规模、高质量的高等教育,保证普及化发展的资源需求,只靠政府的财力是严重不足的,开辟新的融资渠道是必由之路。第一,进一步鼓励社会力量办学,切实调动社会力量兴办高等教育的积极性,打通社会资金和人力资源流入高等教育的通道。第二,积极探索政企合作办学机制,降低高等教育系统的重心,鼓励地方政府和企业共建高校或开办教育项目,建构省级以下高等教育体系。第三,鼓励有资源、有条件的高校在教育资源薄弱地区开设分校、设置专班,带动当地高等教育资源的整合和拓展。第四,进一步开拓发展跨境合作办学,探索与世界一流大学、学科或师资团队合作的有效途径,有效利用国际优质高等教育资源。第五,完善社会和个人捐资办学制度,推动高校建立教育发展基金会,增强高校与校友、行业企业的联系互动,进一步发展捐资兴学。

[①] 此处采用美元兑人民币汇率为6.616。

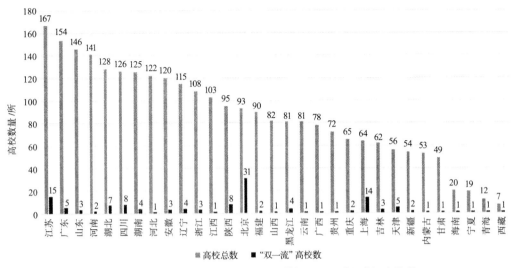

图2-8 2019年我国各地普通高校总数与"双一流"建设高校数

注：2019年我国各地普通高校总数来源于中国经济社会大数据研究平台统计播报，"双一流"高校数为笔者根据教育部公布的"双一流"高校名单统计而得。

（四）以开放的心态，创新高等教育发展理念

推进高等教育普及化发展，需要新的视角。发展普及化高等教育，在我国是前所未有的伟大实践。从现实情况来看，我国高等教育存在的各种问题都与思想观念落后、陈旧有密切关系，理念障碍成为推进普及化亟待解决的问题。1999—2019年，我国普通高校本专科在校生平均规模已经从3815人增长至11260人，本科院校的校均规模达15179人，2019年普通高校生师比达17.95∶1。在规模扩大的背景下，高校教育内容落后，教育方式单一，教育教学制度和管理刚性有余、弹性不足，教育投入不足等问题日渐突出，公众对高等教育质量的质疑不断。我们应以开放的心态看待高等教育的发展，以现代先进的教育教学理念为指导，破解各种发展问题。

1. 树立"互联网+高等教育"理念，破解规模发展与质量提升的矛盾

互联网时代信息技术已经深刻地影响了高等教育，互联网为社会经济发展带来变革的同时也为高等教育发展提供了启示。互联网经济所具有的共享效应和对实体资源的零消耗，使商品的边际成本接近零，打破了产量与质量相矛盾的魔咒。互联网与高等教育的结合同样可以带来类似的效应。要提高高等教育的普及化水平，应当接纳和实践"互联网+高等教育"理念，利用不断涌现的新兴信息技术，创新教育教学形式，为广大高等教育受众提供个性化的教育，丰富学生的学习体验，全面提高人才培养质量。

2. 树立"以学生为中心"理念，增强学习者的获得感

"以学生为中心"的教育理念诞生于高等教育的大众化阶段，盛行于高等教育的普及化阶段。在普及化时代，高等教育的价值更多地体现在学生培养上，学生的需求、学生的获得、学生的成长是衡量高等教育质量最核心的标准。推进高等教育普及化发展，

应当将"以学生为中心"理念作为高等教育发展的核心理念,更加关注学生求知、成长、就业、体验方面的多元化需求,建立以学生学习成果为导向的质量评价体系,增强学生学习的获得感。

3. 树立"参与式治理"理念,构建共同治理的高等教育质量保障体系

在高等教育普及化阶段,高等教育受众面广、生源种类多样,高等教育必须能使所有的学生在毕业后都能更好地融入社会,参与社会经济发展实践,实现自己的人生价值。推进高等教育普及化发展,提升高等教育质量,必须建立高校、政府和社会各方面共同参与的体制机制,实现高等教育利益共同体的共同参与治理,形成多方联动、聚焦质量、合作共赢的高等教育发展新格局。

就国际经验而言,高等教育普及化发展已有40多年的历史。放眼世界,进入高等教育普及化阶段的国家越来越多,它们的经历部分与时代、特定国情有关,部分则反映了高等教育普及化进程的普遍规律。若能从中探寻到客观规律和科学理论,我国发展普及化高等教育则有迹可循。当然,我们绝不能只是从前人的理论及他国和地区的经验中寻找发展普及化高等教育的方向和路径,因为我国有自己的国情。我国高等教育的超大规模绝无仅有,接近美国高等教育同时期学生规模的四倍、现时期学生规模的两倍有余。这就注定了我国高等教育普及化发展更具挑战性,要完成普及化发展任务,必须有更多的支撑力量,有更具针对性的理论和战略。我们已经处在一个智能时代,跟上时代的节奏,利用时代所提供的前所未有的条件,加强普及化实践探索和理论研究,加强普及化发展战略谋划,是我国高等教育发展和研究必须解答的课题。

（原载于《教育研究》2021年02期,署名:别敦荣、易梦春）

第三章
普及化趋势与世界高等教育发展格局

我国正在向高等教育普及化阶段迈进，这是符合国际趋势的战略抉择。20世纪后半期是世界高等教育进入大众化和普及化发展的时代，高等教育规模和毛入学率大幅提升。21世纪，普及化成为世界高等教育发展的主要趋势，全球高等教育发展的新格局初步形成。2015年，联合国教科文组织发布《教育2030行动框架》，倡议为全民提供平等接受高等教育的机会，保证弱势群体的教育机会，使人人都能享受到优质的、有获得感的高等教育。因此，研究世界高等教育发展格局、趋势和特点，对于把握和顺应世界高等教育发展潮流、健康推进我国高等教育发展进程具有重要意义。本章主要以联合国教科文组织统计研究所（The Institute for Statistics, UNESCO, 以下简称UIS）公布的1970—2016年世界各国的高等教育毛入学率、高等教育在学人数等数据为基础[①]，统计分析世界高等教育发展进程，阐释世界高等教育发展特点，展望未来发展趋势。

一、世界高等教育发展进程

联合国教科文组织自1947年开始对世界各国的教育数据进行搜集、统计和发布，1971年建立了信息化统计数据库。[②]UIS是目前世界上提供教育数据资源最全面的机构之一，参与其每年教育调查的国家（地区）超过200个。[③]本文以UIS高等教育统计数据为基础，结合有关高等教育早期发展的资料及零星数据，对世界高等教育发展进程

---

① 本文以2017年1月31日在UIS下载的1970—2016年Gross Enrolment Ratio, Tertiary, Both Sexes（%）和Enrolment in Tertiary Education, All Programmes, Both Sexes（number）的数据资料为准。经过筛选，本文对188个国家（地区）的高等教育毛入学率、203个国家（地区）的高等教育在学人数、世界总体与区域高等教育毛入学率和在学人数等统计和估算数据进行分析。UIS网站地址：http://data.uis.unesco.org/#。

② Educational Statistics and Indicators. UNESCO［EB/OL］.［2017−01−15］. http://www.unesco.org/education/educprog/50y/brochure/promotin/188.htm.

③ Educational Statistics and Indicators. UNESCO［EB/OL］.［2017−01−15］. http://www.unesco.org/education/educprog/50y/brochure/promotin/188.htm.

进行系统考查。世界高等教育发展经历了三个时代，即精英化时代、大众化时代和普及化时代。

（一）高等教育精英化时代

现代高等教育是现代学制最高阶段的教育。17世纪，在宗教改革、资产阶级革命及近代科学革命的影响下，欧洲一些国家探索建立现代学制，发展现代初等、中等和高等教育。尽管如此，欧洲大学仍然保持着中世纪大学教育的基本形态，现代性特征并不明显，招收的学生类型和数量十分有限，保持了传统的教育功能。有资料表明，德国大学人数在1601—1681年始终维持在每年6000人左右，17世纪末学生数量增长到8000人，但随后持续下降，到19世纪初回落到6000人。[①]在柏林大学创办之前，欧洲大学几乎是一个模式。正如卢梭所说，"没有什么法国、德国、西班牙或者英国模式，只有欧洲模式。它们有着同样的品位、同样的感情、同样的道德，它们没有一所学校是从其自身出发形成的一种国家模式"[②]。随着工业革命的不断推进，工业企业专业人士、金融业从业人员等新的社会阶层逐渐兴起，但传统大学依然将这些新兴社会阶层的子弟拒之门外。为了满足新兴社会阶层对高等教育的需求，适应科技和产业发展的需要，19世纪初期，柏林大学、伦敦大学等现代大学应运而生，开启了世界现代高等教育的新纪元。从19世纪初期到第二次世界大战结束，现代高等教育初步形成了体系，但总体上仍维持着小规模、为上流社会和有产阶层子弟服务的特点。到20世纪50年代，欧洲也只有不到5%的适龄人口能够接受高等教育。[③]

19世纪中期以后，以德国、英国和法国为代表的欧洲国家高等教育模式逐渐传播到欧洲以外的其他国家，美国、日本等国逐步建立起现代高等教育制度。[④]1862年，美国颁布了《莫里尔法案》，联邦政府提供大量土地资源支持各州政府建立农业和技术教育学院，将接受高等教育的对象从社会富裕阶层扩展到农工阶层，从而为高等教育大众化和普及化发展奠定了基础。1940年，美国高等教育在校生达到150万人，占18～24岁人口的9.1%。[⑤]即便如此，美国高等教育的大门始终对大多数的少数人种、女性及工人阶级关闭。[⑥]这种情况在世界其他国家高等教育发展中也有体现，高等教育毛入学率维持在较低水平。统计表明，1940年，世界高等教育平均毛入学率只有1.3%，发达国家达到

① 黄福涛. 外国高等教育史［M］. 上海：上海教育出版社，2003：111.

② Walter Ruegg. A History of the University in Europe［M］. Cambridge: Cambridge University Press, 2004: 4.

③ 高书国. 全球高等教育普及化进程分析［J］. 高校教育管理，2007（3）：44-47.

④ 黄福涛. 外国高等教育史［M］. 上海：上海教育出版社，2003：172.

⑤ Thomas D Snyder. 120 Years of American Education: A Statistical Portrait［R］. National Center for Educational Statistics, Office of Educational Research and Improvement, U.S. Department of Education. 1993: 62.

⑥ Zeleza P T. Transformation of Global Higher Education, 1945—2015［M］. Palgrave Macmillan, 2016: 4-5.

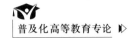

2.9%，发展中国家只有0.6%。①

（二）高等教育大众化时代

大众化不仅意味着接受高等教育人数的大幅增加，办学规模超出精英化教育机构的承受能力，而且意味着一系列质性的变革。第二次世界大战结束后，经济和社会重建大规模展开，世界人口快速增长，参战军人回归社会，社会重建和经济发展对技术人才的需求急剧增大，美欧各国开始将高等教育扩张作为提高国家经济发展水平和竞争力的一项重要策略。据统计，1949年，美国高等教育在学人口达到240万人，约占18～24岁人口数的15%。②若以目前联合国教科文组织所采用的5个年龄段人口来推算，美国高等教育应该在20世纪40年代中期迈入了大众化阶段。为了能与美国争霸，苏联在战后大力发展尖端科技，将培养科学技术人才作为主要的教育政策，高等教育规模由此扩大。据统计，1965年，苏联高等教育在学人口达到386万人，是1950年124.7万人的3倍有余，高等教育毛入学率则达到29.5%③，完成了从精英化到大众化阶段的过渡。

20世纪60年代开始，高等教育大众化运动开始向全球蔓延。美国高等教育大众化进一步拓展。1971年，美国高等教育毛入学率达到47.32%。加拿大高等教育规模的扩张始于20世纪60年代中期，1960—1975年其高等教育在学人数增长了4倍多④，1970年高等教育毛入学率达34.59%。⑤在20世纪60年代步入高等教育大众化阶段的国家还有澳大利亚、法国、意大利和日本等，其中发达国家占70%以上。1970年，发达国家高等教育平均毛入学率达到26.36%。与此同时，部分发展中国家也积极推进高等教育大众化，高等教育规模出现了大幅扩张。1970年，发展中国家的高等教育规模增至700万人，与1960年相比增长了75%。总体来看，第二次世界大战结束后20多年世界高等教育大规模发展改变了全球高等教育的布局状况，使世界高等教育整体呈现新特征。到1975年，世界上已有超过1/4的国家的高等教育毛入学率达到15%，世界高等教育在学总规模已达到4141万人。

① Robert J Barro, Jong-Wha Lee. Education Matters: Global Schooling Gains from the 19th to the 21st Century［M］. New York: Oxford University Press, 2015: 18.

② Thomas D Snyder. 120 Years of American Education: A Statistical Portrait［R］. National Center for Educational Statistics, Office of Educational Research and Improvement, U.S. Department of Education. 1993: 62.

③ 此处苏联的高等教育在学人数和20～24岁人口数来源于《1980年联合国教科文组织统计年鉴》，毛入学率为笔者根据在学人数和20～24岁人口数推算而得。

④ Section W. Education. Statistics Canada［EB/OL］. http://www.statcan.gc.ca/pub/11-516-x/sectionw/4147445-eng.htm#3.

⑤ 数据来源于《1980年联合国教科文组织统计年鉴》，此处高等教育适龄人口的年龄段为20～24周岁。

（三）高等教育普及化时代

高等教育普及化是高等教育大众化阶段的深度发展。1975年以前，全球没有任何一个国家的高等教育毛入学率达到50%。1975年，美国高等教育毛入学率突破50%，率先步入高等教育普及化阶段。加拿大在之后的10年里也完成了从大众化到普及化的过渡[1]，紧随其后的是芬兰、新西兰、澳大利亚、挪威等国。1975—1999年，全球共有20个国家的高等教育先后进入普及化阶段，世界高等教育总体毛入学率从11.19%升至18.32%，高等教育在学总规模从4141万人增至9451万人；发达国家高等教育平均毛入学率从31.15%增至56.13%。（图3-1、图3-2、表3-1）

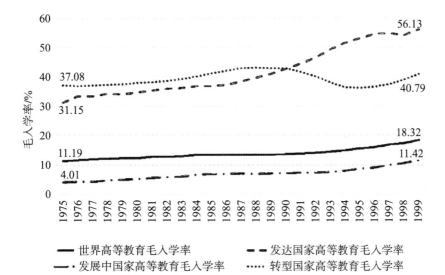

图3-1　1975—1999年世界总体及各类型国家高等教育毛入学率变化情况
注：数据来源于UIS，世界总体及区域的高等教育毛入学率采用加权平均进行估算；图中涉及的区域划分主要依据United Nations Statistical Division（UNSD）2015年版的标准，具体见联合国教科文组织《2016年全球教育监测报告——数据指标介绍》第398页。

---

[1] UIS统计数据库中，加拿大1977—1985年的数据缺失，1976年其高等教育毛入学率达到47.91%，1986年该值上升至70.31%，故推断，加拿大在1977—1985年高等教育毛入学率超过50%。

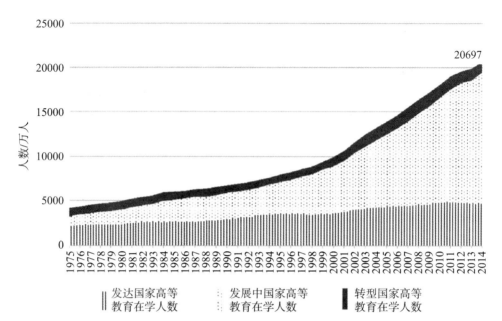

图3-2　1975—2014年发达国家、发展中国家及转型国家高等教育在学人数变化情况
注：数据来源于UIS，图中涉及国家类型划分的依据同图3-1。

表3-1　21世纪以前进入高等教育普及化发展阶段的国家

国家	年份	GER/%	国家	年份	GER/%
美国	1975	51.01	西班牙	1997	50.63
加拿大	1977—1985	—	丹麦	1998	52.48
芬兰	1992	52.99	奥地利	1998	52.48
新西兰	1992	50.51	瑞典	1998	51.99
澳大利亚	1993	65.06	利比亚	1999	52.59
挪威	1993	50.21	斯洛文尼亚	1999	52.43
比利时	1995	54.40	白俄罗斯	1999	52.30
法国	1995	50.32	俄罗斯	1999	51.85
韩国	1996	54.85	拉脱维亚	1999	50.90
英国	1996	50.08	荷兰	1999	50.34

注：表中"年份"指国家高等教育毛入学率突破50%的时间，GER指相应年份该国家高等教育毛入学率的值，"—"表示缺失值，所有数据来源于UNESCO UIS数据库。

21世纪，全球高等教育普及化进程进一步加快。2000—2014年，世界高等教育在学总规模从9939万人升至2.07亿人。全球高等教育规模的增长在很大程度上得益于以中国和印度为代表的发展中国家高等教育的崛起。2000—2014年，发展中国家的高等教育在学总规模约增加了9456万人，其中，中国和印度分别增加了3456万人和2090万人。2000年以来，又有40多个国家迈入高等教育普及化阶段。2000—2014年，世界高等教育总体毛入学率从19%升至34.40%；发达国家的高等教育总体毛入学率到2014年已升至74.31%。而一些主要的发展中国家，如阿根廷、古巴均在21世纪前后迈入高等教育普及化阶段。2005年，世界上有超过1/4的国家的高等教育毛入学率达到50%以上，2014年该比例增至42.7%。总体来看，世界高等教育发展速度不断加快，普及化成为21世纪世界高等教育发展的主要趋势。

二、世界高等教育发展的现实格局

世界高等教育普及化是一个持续不断的发展过程。在高等教育普及化的前25年，美国、俄罗斯、加拿大、澳大利亚及一些欧洲发达国家实现了高等教育的快速发展。21世纪以来，世界高等教育步入了普及化发展的快车道，发达国家的高等教育普及化程度稳步提升，部分发展中国家高等教育迅速崛起，世界高等教育呈现出新的发展格局。

（一）世界高等教育普及化格局

综合理论意义和现实因素，本章以高等教育毛入学率为标准，对全球188个国家（地区）的高等教育发展程度进行归类，将高等教育毛入学率达到和超过50%的国家（地区）认定为高等教育发达国家（地区），将高等教育毛入学率处于15%～50%（含15%）的国家（地区）认定为高等教育发展中国家（地区），将高等教育毛入学率低于15%的国家（地区）认定为高等教育欠发达国家（地区）。在高等教育发达和发展中国家（地区）中，又根据毛入学率的高低进行更细微的归类统计分析，以更准确地展现世界高等教育发展的基本格局。鉴于数据的完整性，统计分析主要采用2014年的数据，部分国家（地区）该年份数据缺失，则采用相近年份的数据；部分国家（地区）在该年份的数据有所下降，且刚好影响了大类型的划分，考虑到数据可能存在的误差，则采用其近五年内高等教育毛入学率最高值作为参考。

在统计期内，世界上的高等教育发达国家（地区）共有68个，其中，高等教育处于普及化阶段后期（毛入学率超过80%）的国家（地区）有18个，处于普及化阶段中期（毛入学率60%～80%）的国家（地区）有38个，处于普及化阶段初期（毛入学率在60%以下）的国家（地区）有12个。总体来看，高等教育普及化程度较高的国家（地区）大部分位于欧洲。处于高等教育普及化后期的国家（地区）中，有一半以上位于欧洲，北美洲有美国，拉丁美洲有阿根廷、智利，加勒比海地区有格林纳达，太平洋地区有澳大利亚和新西兰，亚洲有韩国和土耳其。处于高等教育普及化中期的国家（地区）中，60%为欧洲国家（地区），17%为亚洲国家（地区）。处于高等教育普及化初期的12个国家（地区）中，除了英国以外，其他基本是在2009年以后进入普及化阶段的。（表3-2）

表3-2　68个高等教育发达国家（地区）

一类（GER≥80%）			二类（60%≤GER<80%）						三类（50%≤GER<60%）		
国家（地区）	GER/%	数据年份	国家（地区）	GER/%	数据年份	国家（地区）	GER/%	数据年份	国家（地区）	GER/%	数据年份
希腊	113.87	2014	圣基茨和尼维斯	79.56	2015	以色列	66.18	2014	加拿大	58.88	2000
韩国	95.35	2013	俄罗斯	78.65	2014	捷克	66.02	2014	塞尔维亚	58.29	2015
格林纳达	91.15	2015	荷兰	78.50	2012	葡萄牙	65.61	2014	瑞士	57.23	2014
澳大利亚	90.31	2014	爱尔兰	77.63	2014	巴巴多斯	65.43	2011	英国	56.48	2014
西班牙	89.67	2015	委内瑞拉	76.98	2009	古巴	64.45	2012	哥伦比亚	55.59	2015
智利	88.58	2015	挪威	76.70	2015	法国	64.39	2014	黑山	55.34	2010
白俄罗斯	87.94	2015	中国澳门	75.60	2015	圣马力诺	64.30	2011	哥斯达黎加	53.63	2015
芬兰	87.29	2015	保加利亚	73.93	2015	日本	63.36	2014	斯洛伐克	52.92	2014
土耳其	86.31	2014	比利时	73.32	2014	乌拉圭	63.13	2010	泰国	52.51	2014
美国	85.80	2015	伊朗	71.88	2015	意大利	63.10	2014	亚美尼亚	51.00	2011
波多黎各	83.38	2014	波兰	71.16	2013	沙特阿拉伯	63.07	2015	匈牙利	50.86	2015
斯洛文尼亚	82.93	2014	新加坡	69.81	2013	罗马尼亚	62.79	2012	哈萨克斯坦	50.13	2013
阿根廷	82.92	2014	爱沙尼亚	69.55	2015	阿尔巴尼亚	62.71	2014			
乌克兰	82.31	2014	克罗地亚	69.54	2014	库克群岛	62.67	2015			
奥地利	81.54	2015	蒙古	68.57	2015	英属维尔京群岛	62.49	2009			
丹麦	81.52	2014	立陶宛	68.53	2014	瑞典	62.35	2014			
冰岛	81.26	2013	中国香港	68.48	2015	帕劳	61.86	2013			
新西兰	80.88	2014	德国	68.27	2015	利比亚	61.14	2003			
			拉脱维亚	67.04	2014	塞浦路斯	60.10	2015			

注：根据UNESCOUIS公布的相关数据整理而得，其中圣马力诺、库克群岛、帕劳及塞浦路斯的数据为UNESCOUIS的估算。GER（%）代表高等教育毛入学率。

世界上的高等教育发展中国家（地区）共有64个，其中亚洲约占42%，北美洲和非洲各占19%左右。在世界人口超过1亿的13个国家[①]中，有6个正处于高等教育大众化阶段，其中，中国、印度尼西亚、巴西、菲律宾等处于大众化阶段的中后期，印度和墨西哥则处于大众化阶段的初期。从发展历程来看，这些国家的高等教育发展起步较晚，但自21世纪以来，其发展速度却非常快。巴西在1999年左右进入高等教育大众化阶段，到2014年高等教育毛入学率达到49.28%。我国自20世纪初进入高等教育大众化阶段，目前毛入学率已增长到40%以上。印度高等教育规模的大扩张始于1995年，到2008年进入高等教育大众化阶段，随后扩张速度加快，6年中毛入学率增加10.42%。（表3-3）

---

① 以联合国人口司公布的2016年的数据为依据。

表3-3　部分高等教育发展中国家（地区）的高等教育毛入学率

一类（30%≤GER<50%）						二类（15%≤GER<30%）					
国家（地区）	GER/%	数据年份	国家（地区）	GER/%	数据年份	国家（地区）	GER/%	数据年份	国家（地区）	GER/%	数据年份
巴西	49.28	2014	巴林	37.38	2015	墨西哥	29.94	2014	卢森堡	19.41	2012
多米尼加	47.52	2014	阿尔及利亚	36.92	2015	塔吉克斯坦	28.89	2016	南非	19.38	2014
马耳他	46.97	2015	毛里求斯	36.67	2015	越南	28.84	2015	东帝汶	18.15	2010
吉尔吉斯斯坦	45.92	2014	马来西亚	36.4	2013	玻利维亚	28.71	1998	喀麦隆	17.48	2015
约旦	44.87	2015	埃及	36.23	2015	摩洛哥	28.14	2015	卡塔尔	17.22	2015
巴勒斯坦	44.28	2015	菲律宾	35.75	2014	朝鲜	28.06	2015	老挝	16.91	2015
叙利亚	44.05	2015	突尼斯	34.61	2015	博茨瓦纳	27.51	2014	苏丹	16.32	2014
格鲁吉亚	43.42	2015	列支敦士登	33.54	2015	牙买加	27.22	2015	马尔代夫	16.23	2014
中国	43.39	2015	阿曼	31.92	2015	科威特	27.03	2013	斐济	16.14	2005
摩尔多瓦	41.21	2015	印度尼西亚	31.1	2014	印度	25.54	2014	伊拉克	16.06	2005
秘鲁	40.51	2010	文莱	30.84	2015	阿塞拜疆	25.48	2015	加纳	15.94	2015
厄瓜多尔	40.48	2013				安提瓜和巴布达	23.49	2012	柬埔寨	15.9	2011
马其顿	39.59	2014				波黑	22.11	2002	尼泊尔	15.83	2014
巴拿马	38.74	2013				佛得角	21.71	2015	贝宁	15.36	2013
黎巴嫩	38.48	2015				斯里兰卡	19.8	2015	巴哈马	15.05	1995

注：根据UIS公布的相关数据整理而得，其中巴西、摩尔多瓦、列支敦士登、阿塞拜疆、斐济及伊拉克的数据为UIS的估算；GER（%）代表高等教育毛入学率。

世界上的高等教育欠发达国家（地区）共有60个，这些国家（地区）的高等教育平均毛入学率约为7.25%，其中，超过70%的国家（地区）高等教育毛入学率低于10%。从地域分布来看，处于该阶段的国家（地区）绝大部分位于非洲，也包括缅甸、巴基斯坦、孟加拉国、阿富汗、不丹、也门等亚洲国家。从高等教育发展历程来看，这些国家（地区）大体可以分为两类：一类是高等教育毛入学率始终处于较低水平，近些年虽有上升，但增长幅度不明显；另一类是高等教育毛入学率在21世纪以前维持在较低水平，21世纪初期以后增长幅度较为明显。据统计，约有1/3的高等教育欠发达国家（地区）属于第一类。部分南亚和非洲国家（地区）的高等教育发展情况则属于第二类。总体看，这些国家（地区）高等教育发展起步较晚，近些年虽有提高，但与高等教育发展中国家（地区）相比，其发展动力仍不足。（表3-4）

表3-4 部分高等教育欠发达国家（地区）的高等教育毛入学率

国家（地区）	GER/%	数据年份	国家（地区）	GER/%	数据年份	国家（地区）	GER/%	数据年份
塞舌尔	14.26	2015	纳米比亚	9.33	2008	马达加斯加	4.78	2014
密克罗尼西亚联邦	14.12	2000	科特迪瓦	9.16	2015	瓦努阿图	4.74	2004
缅甸	13.53	2012	乌兹别克斯坦	9.09	2016	乌干达	4.48	2011
孟加拉国	13.44	2014	科摩罗	8.93	2014	布隆迪	4.41	2013
圣多美与普林西比	13.41	2015	阿富汗	8.66	2014	肯尼亚	4.05	2009
苏里南	12.65	2002	加蓬	8.44	2003	坦桑尼亚	3.65	2013
圭亚那	12.48	2012	津巴布韦	8.43	2015	乍得	3.45	2014
特立尼达和多巴哥	11.95	2004	埃塞俄比亚	8.13	2014	赤道几内亚	3.23	2000
利比里亚	11.64	2012	土库曼斯坦	7.98	2014	冈比亚	3.1	2012
不丹	10.93	2013	萨摩亚	7.56	2000	索马里	2.78	1987
几内亚	10.85	2014	卢旺达	7.53	2013	中非	2.77	2012
多哥	10.63	2015	多米尼克	7.22	1993	厄立特里亚	2.57	2014
塞内加尔	10.39	2015	马里	6.87	2012	几内亚比绍	2.5	2006
尼日利亚	10.07	2011	刚果（金）	6.64	2013	赞比亚	2.22	1999
也门	9.97	2011	汤加	6.35	2003	塞拉利昂	2.17	2002
巴基斯坦	9.93	2015	阿拉伯联合酋长国	6.11	1993	巴布亚新几内亚	1.89	1999
安哥拉	9.92	2013	莫桑比克	5.97	2014	尼日尔	1.71	2012
莱索托	9.84	2014	毛里塔尼亚	5.34	2016	马拉维	0.8	2011
刚果（布）	9.72	2013	吉布提	4.99	2011			

注：根据UIS公布的相关数据整理而得，GER（%）代表高等教育毛入学率。

（二）世界高等教育在学规模格局

全球化浪潮已渗透到社会生产和生活的方方面面，一个国家（地区）高等教育学生规模的大小不仅决定了未来其人力资源水平的高低，同时也影响了整个世界的人力资源储备和人才市场的走向。这里以学生规模为参照，对全球203个国家（地区）高等教育在学人数进行统计分析，筛选出高等教育大国（100万人以上），并根据这些国家学生规模的大小将其划分为三个等级，分别为高等教育超级大国（1000万人以上）、高等教育大国（500万～1000万人）和高等教育较大国（100万～500万人）。在高等教育普及化时代来临以前，世界高等教育大国仅有五个，依次为美国、俄罗斯、印度、日本和乌克兰，其高等教育学生规模分别为929.78万人（1974年）、535.65万人（1974年）、

277.31万人（1973年）、206.22万人（1974年）和160.45万人（1971年），五国高等教育的总规模占世界总在学人口（1974年为3906.32万人）的55%。到1975年，美国高等教育学生规模突破1000万人，成为世界高等教育超级大国。

随着高等教育普及化进程的推进，世界高等教育在学规模呈现出新的格局。统计结果显示，当前，世界上共有35个高等教育大国，广泛分布在亚洲、欧洲、北美洲、拉丁美洲和大洋洲，其中亚洲国家最多，约占37.1%；其次为欧洲国家和拉丁美洲国家，分别占22.9%和20.0%；非洲国家占四席，分别为埃及、尼日利亚、阿尔及利亚和南非；北美洲国家和大洋洲国家共占三席，分别为美国、加拿大和澳大利亚。这35个国家共有约1.83亿高等教育学生，占世界高等教育总在学人口（2014年为2.07亿人）的88.16%。中国、印度、美国作为高等教育超级大国，高等教育学生总规模达到9193万人，约占世界高等教育总在学人数的一半。高等教育学生规模在500万～1000万人的国家有四个，分别为巴西、俄罗斯、印度尼西亚和土耳其。1975年以前，世界高等教育大国中仅有印度是发展中国家，而目前发展中国家已占据了68.6%的席位。在普及化时代，世界高等教育学生规模的格局已经发生了深刻的变化，由发达国家主导的局面已被打破，发展中国家高等教育的影响力逐渐凸显。（表3-5）

表3-5 世界高等教育大国学生人数

高等教育超级大国（E≥1000万人）		高等教育大国（500万人≤E<1000万人）		高等教育较大国（100万人≤E<500万人）					
国家	E/万人	国家	E/万人	国家	E/万人	国家	E/万人	国家	E/万人
中国	4192.42	巴西	807.21	伊朗	468.54	法国	238.89	意大利	185.44
印度	3030.58	俄罗斯	699.57	日本	386.25	英国	235.29	尼日利亚	151.34
美国	1970.02	印度尼西亚	646.33	菲律宾	356.34	哥伦比亚	222.07	沙特阿拉伯	149.67
		土耳其	547.25	墨西哥	341.94	乌克兰	214.6	澳大利亚	145.35
				韩国	334.23	委内瑞拉	212.3	阿尔及利亚	124.55
				德国	291.22	孟加拉国	206.84	加拿大	121.22
				阿根廷	286.95	西班牙	198.22	智利	120.52
				越南	269.21	巴基斯坦	193.19	秘鲁	115.06
				埃及	254.41	波兰	190.27	南非	101.85
				泰国	243.31				
合计	9193.03	合计	2700.37	合计	6359.06				

注：E代表高等教育在学人数，单位为万人；表中韩国、委内瑞拉、波兰、尼日利亚、加拿大、秘鲁的E值分别是2013年、2009年、2013年、2011年、2000年、2010年的数据，其他各国的E值均为2014年的数据；表中中国的高等教育规模采用的是UIS统计数据，与中国教育部公布的数据有出入，为了保持研究数据的同源性，本文不进行改动。

就普及化程度而言,35个高等教育大国中有一半以上是高等教育发达国家。美国、俄罗斯是高等教育普及化程度较高的高等教育大国,在当前的世界高等教育发展格局中占据重要地位。从对世界高等教育未来发展的影响力来看,中国、印度、巴西和印度尼西亚具有较大的潜力,其高等教育规模位于世界前列。

三、世界高等教育发展趋势

20世纪后期以来,世界政治经济形势发生了巨大变化,多极化不断加强,经济全球化不断加剧,国际互联网深刻地影响到人类生产和生活的每一个方面,高等教育不仅成为众多国家(地区)经济社会发展的战略重点,而且成为每一个人的基本需求。在人类历史上,高等教育发展从来没有像现在这样受到广泛重视。从不同国家(地区)高等教育和经济社会发展的实际情况来看,世界高等教育发展趋势喜忧参半,挑战与机遇并存。

(一)高等教育发展的两极国家(地区)都面临挑战

高等教育发达国家(地区)维持高水平发展的客观条件(基础设施、资金投入等)和主观条件(政府和普通民众对高等教育的重视程度等)都有保障。但它们目前也面临似乎不可克服的难题,即生源问题。从总人口数来看,比利时、芬兰、荷兰、波兰、奥地利、俄罗斯、日本等国(地区)人口长期处于零增长状态,希腊、德国等国(地区)则处于负增长状态,阿根廷、美国、英国等国(地区)人口年均增长率近10年都维持在1%左右。人口问题不仅会对社会劳动力产生重要的影响,也会影响高等教育的发展。如果生源问题得不到很好的解决,就会出现教育资源闲置,学科专业发展的多样性降低,教师流失,学校、院、系及专业因生源不足而停招停办等一系列问题。大力拓展非传统生源,扩大招收高等教育欠发达国家(地区)的学生,增加国际学生的比例,是这些国家(地区)解决高等教育生源问题的重要途径。

而那些高等教育欠发达国家(地区)所面临的挑战则不同。除经济因素以外,制约这些国家(地区)高等教育发展的一大问题是,其基础教育的普及化程度还很低。数据显示,低收入国家(地区)12~14岁人口中约有18%未接受任何层次的学校教育。其中,最贫困家庭的孩子中约有30%未接受过学校教育。尼日尔、中非、几内亚、巴基斯坦等国家(地区)的基础教育适龄人口失学率分别达到70%、55%、52%和48%。[1]尽管这些国家(地区)在教育上的投入不断加大,但受经济水平和基础教育水平的限制,若没有外界强力支持,其与高等教育发达国家(地区)、发展中国家(地区)的差距还将拉大。

(二)高等教育普及化将在世界范围内全面推进

21世纪,世界高等教育大众化、普及化进程明显加快。位于高等教育大众化中后期

---

① 本段中的数据来源于联合国教科文组织《全球教育监测报告2016》第181-183页。

发展阶段的国家（地区）若保持目前的毛入学率增长速度，到2030年高等教育发达国家（地区）至少将达到90个，近一半的国家（地区）将处于高等教育普及化阶段。世界高等教育总体毛入学率和发展中国家（地区）总体毛入学率若保持近三年的增长幅度，则二者分别将于2028年、2029年突破50%。未来10年将是世界高等教育普及化进程全面推进的关键时期。

（三）金砖国家的普及化进程与变化将影响世界高等教育发展格局

高等教育的规模和普及化水平决定着一个国家（地区）高等教育的全球影响力。在高等教育大国中，除了日本、泰国、意大利、波兰、俄罗斯和乌克兰等国之外，其他国家的高等教育规模在过去10年里均为正增长。韩国、英国、西班牙、法国、美国、德国等国的高等教育规模年均增长率排名靠后，均不超过2%，未来高等教育规模扩张的动力明显不足。在高等教育规模年均增长率排名前十的国家中，委内瑞拉、土耳其、沙特阿拉伯、伊朗、哥伦比亚等国均处于高等教育普及化阶段，且大多已处于该阶段的中后期，这些国家高等教育规模扩张的空间相对有限。孟加拉国和巴基斯坦两国高等教育在最近10年里发展很快，学生规模年均增长率分别达到9.68%和9.11%，但这两个国家的高等教育普及化程度都很低，发展重点在于实现从精英化向大众化阶段的过渡。部分金砖国家的发展引人注目，印度、中国和巴西三国的高等教育学生规模年均增长率位列世界前十，其中，印度的扩张速度最快，达到9.84%；其次为中国，达到7.73%；巴西高等教育规模的年均增长率为6.56%。这三个金砖国家高等教育规模位列世界第一、第二和第四，且都处在大众化发展的中期或后期，若继续保持当前的发展势头，则很快会进入高等教育发达国家的行列。南非则处于高等教育大众化发展的初期，相较于中国、印度和巴西发展动力不足。中国、印度和巴西三个金砖国家的高等教育普及化进程将深刻地影响未来世界高等教育发展的整体格局。

（原载于《教育研究》2018年第4期，署名：别敦荣、易梦春）

第四章
面向2030年世界高等教育发展的主要趋势与战略选择

　　21世纪以来，人类发展进入一个新时代，知识经济发展成为时代的主流。世界正迎来第四次工业革命，科技和创新越来越成为促进发展的重要因素[①]，由创新驱动发展的经济社会需要更多接受良好教育的、能够不断学习的、拥有创新精神和能力的世界公民。当然，高等教育发展不仅限于推动国家经济的发展，还在于为人的全面发展提供机会。2015年9月，联合国可持续发展峰会审议通过《变革我们的世界：2030年全球可持续发展议程》，重申了联合国机构当年发布的《仁川宣言》提出的"通过教育改变人生"的新愿景，以及面向2030年，"确保包容、公平、优质的教育，促进全民享有终身学习机会"的教育发展目标。同年11月，联合国教科文组织发布的《教育2030行动框架》提出：到2030年，要确保所有人获得负担得起的、有质量的职业技术教育以及一般高等教育的公平机会。[②]《教育2030行动框架》表明，推动高等教育向普及化发展不仅仅是21世纪世界经济社会发展的现实选择，更是人类社会可持续发展的必然趋势。纵观过去10多年的发展状况，世界高等教育一直在助力经济社会进步和个体全面发展的道路上努力奋进，并取得了很大的成绩，但前进的道路充满挑战，要想顺利实现目标，不仅需要勇气，还需要对现实形势有清晰的认识，并制定有效的发展战略。

一、21世纪以来世界高等教育的发展态势

　　21世纪以来，世界高等教育的受众范围和规模不断扩大，普及化进程逐步加快，与经济社会发展之间的关系不断增强。但同时，区域之间、国家之间高等教育发展的差距

[①] World Economic Forum. The Global Competitiveness Report 2016—2017［EB/OL］.［2016—11—20］. https://www.weforum.org/reports/the-global-competitiveness-report-2016-2017-1/.

[②] UNESCO. Education 2030: Incheon Declaration and Framework for Action: Towards Inclusive and Equitable Quality Education and Lifelong Learning for All［EB/OL］.［2016—11—20］. http://www.uis.unesco.org/Education/Documents/incheon-framework-for-action-en.pdf.

也在不断扩大,公平、包容的全球高等教育体系还未形成。

(一)世界高等教育普及化进程加快

21世纪以来,世界高等教育普及化进程进一步加快。2000—2009年,在高等教育适龄人口数快速攀升的同时,世界高等教育在学人数总规模和毛入学率都保持了较大幅度的增长,增幅远大于20世纪的后30年(图4-1)。2009—2015年,世界高等教育适龄人口数经历了自"二战"之后的首次持续下降,但这并没有影响世界高等教育发展的总体趋势,高等教育在学人数总规模和毛入学率继续增长:高等教育在学人数总规模从1.81亿人升至2.12亿人,增长了17.13%;高等教育毛入学率均值从29.29%上升至35.64%。根据联合国教科文组织统计局最新公布的数据①,目前高等教育在学人数总规模达到100万人以上的国家有35个,这35个国家的高等教育在学人数占据全世界高等教育总在学人数的88.16%。其中,中国赶超美国和印度成为世界第一高等教育超级大国,三者的高等教育在学人数总规模均超过1000万人;紧随其后的是巴西、俄罗斯、印度尼西亚和土耳其,其高等教育在学人数总规模均超过500万人。从高等教育毛入学率来看,21世纪以前,有20个国家(地区)步入高等教育普及化阶段;进入21世纪至今,又有50个国家(地区)迈入高等教育普及化阶段。若以普及化进程来衡量高等教育的发展程度,截止到2015年,统计范围内的195个国家(地区)中有70个为高等教育发达国家(地区)、有65个为高等教育发展中国家(地区)、60个为高等教育欠发达国家(地区)。

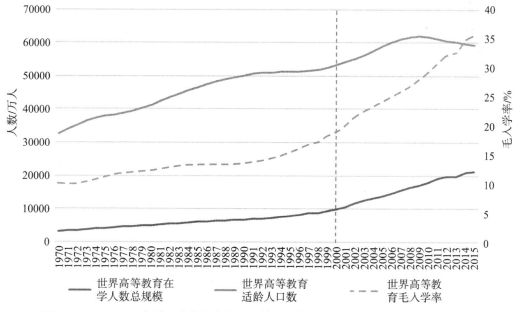

图4-1 1970—2015年世界高等教育在学人数总规模、适龄人口数与毛入学率变化情况

注:世界高等教育在学人数总规模与毛入学率数据来源于UIS数据库,世界高等教育适龄人口数根据联合国人口统计局公布的1972—2017年世界20～24周岁人口数推算而得。

① 指联合国教科文组织统计局(UIS)数据库在2017年5月更新的世界各国(地区)高等教育发展相关数据。

（二）高等教育发展区域差异扩大

尽管普及化是世界高等教育发展的必然趋势，但是，受到经济、文化、政治等社会因素的影响，不同国家（地区）的高等教育发展呈现出不同的状态。21世纪以来，除了英国、瑞典、卡塔尔、乌兹别克斯坦等少数国家（地区）以外，大多数国家（地区）的高等教育毛入学率总体上保持着增长态势。但从发展速度来看，20世纪末高等教育处于相同阶段的国家（地区），在接下来的10多年里高等教育的发展呈现出很大的差异性。1999年前后处于高等教育精英化阶段的国家（地区）中有一半以上没能在2014年前后迈进高等教育大众化阶段，其中，包括人口大国尼日利亚、巴基斯坦、孟加拉国、埃塞俄比亚等；与此相对的是，中国、印度、印度尼西亚、越南这四个人口大国高等教育发展迅速，毛入学率均从不足10%上升至25%以上。1999年前后处于高等教育大众化阶段的国家（地区）有一半在2014年前后进入高等教育普及化阶段，如希腊、土耳其、日本、德国、伊朗、泰国。其中，土耳其和希腊的高等教育普及化推进速度最为显著，高等教育毛入学率已超过80%。但另一面，也有一半的国家（地区）高等教育毛入学增长幅度有限，到2014年前后未能突破50%，如墨西哥、菲律宾、埃及。1999年前后，只有芬兰的高等教育毛入学率在80%以上，而到目前，已有18个国家（地区）进入这个行列。与这些国家（地区）相比，另一些高等教育发达国家（地区）的高等教育普及化进程却并不顺利，如英国、瑞典、意大利、法国。从目前的局势来看，世界高等教育发展的两极化趋势十分明显，国家之间、地域之间的差距进一步加大。在有些国家（地区），80%以上的适龄人口拥有接受高等教育的机会，而在另外相当一部分国家（地区），这个比例却不到10%。经济社会发达国家（地区）的高等教育依然保持着绝对的优势，而以中国、印度为代表的部分发展中国家（地区）高等教育发展焕发生机，其他发展中国家（地区）的高等教育发展则始终处于较低水平。

（三）高等教育与经济社会发展的关系日益紧密

美国著名经济学家劳伦斯·萨默斯曾说，在工业时代最重要的投资是工厂，在信息时代最重要的投资则是人脑。[①]21世纪，知识和创新又逐渐成为全球经济发展的主要推动力量。不论是培养大规模的高素质劳动力，还是开展科学研究创造新知识、新技术，高等教育无疑成为承担这些时代使命的首要对象。世界经济论坛自2004年起就在每年发布的《全球竞争力报告》中应用著名的"发展阶段"经济理论来阐述竞争力，该理论根据人均GDP水平的高低将经济发展阶段分为"要素驱动的第一阶段""效率驱动的第二阶段"以及"创新驱动第三阶段"。同时指出，处于第一阶段的国家（地区）要想进入第二阶段则需要通过推动高等教育和培训、商品市场以及劳动力市场的发展来提升竞争力；而进入"创新驱动第三阶段"则需要非常完备的商业环境和较好的创新

---

① Jamil Salmi. The Tertiary Education Imperative-Knowledge, Skills and Values for Development ［M］. Rotterdam: Sense Publishers, 2017: 1.

能力。[①]21世纪以来,随着各国(地区)社会经济不断向第二或第三阶段迈进,高等教育在经济社会发展中的作用越来越重要,二者的关系也愈来愈紧密。就2015年的数据来看,人均GDP在1万美元以上的国家(地区)的25岁以上人口中高等教育人口比重大都超过15%;人均GDP在5万美元以上的国家(地区)除了卡塔尔和中国澳门,其余国家(地区)的25岁以上人口中高等教育人口比重超过30%,具体见图4-2。当然,接受高等教育的人口数量仅仅是反映高等教育发展情况的指标之一,高等教育能否助力经济社会发展,还在于其理念与质量。所以,在现实中,部分国家(地区)即使拥有较高的高等教育普及率,但因为高等教育与广大民众的生活、社会生产相脱节,人才培养质量不高等原因,经济发展并未达到相应的水平。在高等教育普及化时代,如何为广大普通民众提供优质的、适切的高等教育,促进高等教育与经济社会更好地互动,真正实现"通过教育改变人生"的美好愿景,是各个国家(地区)都面临的重要课题。

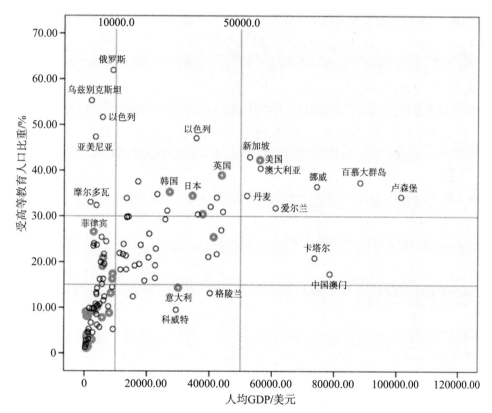

图4-2　2015年前后部分国家(地区)25岁以上人口中受高等教育人口比重与人均GDP

资料来源:根据联合国教科文组织UIS数据库2017年5月更新的数据整理而得。

① World Economic Forum. The Global Competitiveness Report 2016-2017〔EB/OL〕.〔2016-11-20〕. https://www.weforum.org/reports/the-global-competitiveness-report-2016-2017-1/.

二、面向2030年世界高等教育发展趋势

21世纪以来，世界高等教育发展取得了显著的成就，同时也暴露出很多问题。面向2030年，世界高等教育格局将会发生哪些变化？区域间的差异能否得到改善？处于不同发展阶段的国家（地区）将会遇到什么挑战？以过去10多年世界各国（地区）高等教育的发展特点和适龄人口的变动为基础，构建模型对这些问题进行预测与分析，对于制定"教育2030"发展战略大有裨益。

（一）发展趋势预测模型

为广大普通民众提供平等接受高等教育的机会，使人人都能享受到优质的、有获得感的高等教育既是《教育2030行动框架》中所倡议的目标，也是高等教育普及化的核心理念，从这个角度来说，未来15年世界高等教育普及化的进程将直接影响"教育2030"目标的实现。民众的入学意愿和经济社会发展的需求是推动高等教育普及化进程的主要因素。人类社会发展的历程显示，个体有追求自身不断发展与进步的内在动力，当初等教育、中等教育逐渐普及之后，个体接受高等教育、终身教育的愿望也会越来越强烈。在知识经济时代，经济社会发展对于高等教育的依赖同样与日俱增。因此，从理论上来讲，普及化还将是未来世界高等教育发展的主要趋势。但另一方面，高等教育的发展还受到很多外部因素的限制，如人口因素、政治动荡、经济下滑、文化桎梏。其中，人口因素对于高等教育的影响最为直接，1970—2015年世界高等教育发展数据与人口数据显示，高等教育在学规模与适龄人口之间有着强相关关系，如表4-1所示。

表4-1　世界高等教育在学人数总规模与适龄人口数的相关性

		高等教育在学人数规模	高等教育适龄人口
高等教育在学人数规模	皮尔逊相关系数	1	0.865**
	显著性（双尾）		0.000
	N	46	46
高等教育适龄人口	皮尔逊相关系数	0.865**	1
	显著性（双尾）	0.000	
	N	46	46

**：相关性在0.01水平上是显著的（双尾）。

基于上述考虑，在对世界高等教育普及化进程进行预测时，笔者主要采用趋势外推法来测算2030年世界平均及各国（地区）高等教育毛入学率，将其作为分析的主要参考指标，同时也考虑人口变化对高等教育在学人数总规模的影响，据此提出其他可能性，具体测算模型如下。

1. 2030年世界平均及各国（地区）高等教育毛入学率测算模型

以联合国教科文组织UIS数据库2017年5月更新的1999—2016年世界平均及各国

（地区）高等教育毛入学率数据为基础，利用年均增长量进行趋势外推。对于某些数据不完整的国家（地区），则采用相近年份的数据进行测算。设m为2016年或距离2016年最近的年份，且$|m-2016| \leq 5$；n为1999年或距离1999年最近的年份，且$|n-1999| \leq 5$；G_m为m年的高等教育毛入学率，G_n为n年的高等教育毛入学率，G_{2030}为2030年的高等教育毛入学率，其测算公式为：$G_{2030}=\left(\dfrac{G_m-G_n}{m-n}\right) \times (2030-m)+G_m$。

2. 1999—2030年世界平均及各国（地区）高等教育适龄人口数测算模型

以联合国人口司公布的《世界人口观察（2017版）》（*World Population Prospects：The 2017 Revision*）中2001—2015年各国家（地区）20～24岁人口的估算数据，2016—2032年各国家（地区）20～24岁人口的中等预测数据为基础，运用人口年龄移算法对1999—2030年世界平均及各国家（地区）的18～22岁人口数进行推算，出于方便，忽略18～22岁人口成长至20～24岁人口期间的死亡率。设P_m为m年高等教育适龄人口数，P_n为n年20～24岁人口数，m年高等教育适龄人口数即为：$P_m=P_{n-2}$。

（二）结果与讨论

1. 2030年世界高等教育平均毛入学率可能突破50%

根据数据统计，2000—2015年世界高等教育平均毛入学率的年均增长量为1.08%，若未来仍按照此速度增长，到2030年，世界高等教育平均毛入学率将达51.89%，结合适龄人口预测值进行推算，高等教育在学人数总规模将达3.37亿人，具体见表4-2。这就意味着，到2030年世界高等教育将达成阶段性目标——全球将有超过一半的适龄人口能够有机会接受高等教育，世界高等教育将进入新的发展阶段。但应指出的是，2000—2015年是世界高等教育在学人数总规模自"二战"以后增长最快的一段时期，平均每年增长约735.27万人，未来若要保证世界高等教育毛入学率平稳地增长，高等教育在学人数总规模平均每年则需在此基础上再增加95.63万人。这对于世界高等教育系统来讲，既是一个挑战，也是一个发展的契机。对比高等教育三类国家（地区）适龄人口的变化（表4-3），可以发现未来这70个高等教育发达国家（地区）的适龄人口数将持续降低，而65个高等教育发展中国家（地区）和60个高等教育欠发达国家（地区）的适龄人口数则将继续增加，世界高等教育在学人数总规模的增长幅度将在更大程度上取决于这些高等教育发展中国家（地区）和欠发达国家（地区）的普及化进程。

表4-2　2030年世界高等教育毛入学率、适龄人口、在学人数总规模预测

2000—2015年毛入学率年均增量/%	2030年预测值			2016—2030年在学人数总规模年均增量推算值/人
	毛入学率/%	适龄人口/人	在学人数总规模/人	
1.08%	51.89%	6.49亿	3.37亿	830.90万

注：表中在学人数总规模预测值由毛入学率预测值与适龄人口预测值计算而得。

表4-3 高等教育发达、发展中及欠发达国家（地区）高等教育适龄人口变化情况

单位：亿人

国家（地区）类别	1999年	2015年	2030年
70个高等教育发达国家（地区）	1.38	1.31	1.27
65个高等教育发展中国家（地区）	2.91	3.29	3.35
60个高等教育欠发达国家（地区）	0.87	1.34	1.84

注：根据United Nations-Population Division-Department of Economic and Social Affairs公布的 *World Population Prospects*：*The 2017 Revision* 中各国（地区）的人口数据统计而得。

2. 2030年主要高等教育发达国家（地区）在学人数总规模增长可能放缓

根据目前世界高等教育在学人数总规模格局，表4-4中的16个国家可以看作高等教育发达国家（地区）的主要代表，其中，土耳其、泰国、伊朗和巴西都是在2010年或之后进入高等教育普及化发展阶段的，属于新兴高等教育发达国家（地区）的代表。21世纪前15年，法国、韩国、西班牙等10个国家（地区）的高等教育适龄人口呈现负增长状态，生源规模的下降使得其中的大部分国家（地区）高等教育在学人数总规模的增长相当缓慢，日本高等教育在学人数总规模甚至呈负增长状态，韩国、西班牙、俄罗斯等的高等教育在学人数总规模年均增长率均不足1%；只有伊朗这个新兴高等教育发达国家的高等教育发展没有受到适龄人口下降的影响；从2016—2030年的预测值来看，除了法国和西班牙之外，其他国家（地区）的高等教育适龄人口还将继续下降，韩国、泰国、伊朗等国家（地区）高等教育适龄人口的下降幅度还将增大。美国、澳大利亚、英国等国家（地区）的高等教育适龄人口在过去的十几年里总体维持着一定的增长，其中，美国和英国的高等教育毛入学率和在学人数总规模在近些年呈现出下降趋势；2016—2030年，这些国家（地区）中的大部分，如巴西、英国、美国等都将面临高等教育适龄人口下降的挑战，澳大利亚高等教育适龄人口的增长也将减速。从理论上来讲，高等教育适龄人口的下降并不一定会导致在学人数总规模的减小。但是，对于大部分进入普及化阶段10年以上的高等教育发达国家（地区）而言，其普及化进程的演进速度已基本稳定，毛入学率年均增量基本维持在1%左右，此时，适龄人口的变动在很大程度上影响着在学人数总规模的增长。因此，未来十几年，如果这些国家（地区）不能在适龄人口下降的情况下及时调整招生策略，高等教育在学人数总规模的减少将成为必然。

表4-4　主要高等教育发达国家高等教育发展情况及适龄人口预测

国家	2000—2015年			适龄人口年均增长率预测值/%	
	毛入学率年均增量/%	在学人数总规模年均增长率/%	适龄人口年均增长率/%	2016—2030年	2016—2025年
美国	0.85	2.21	1.04	−0.21	−0.22
澳大利亚	1.53	3.68	1.79	0.79	0.27
法国	0.68	1.15	−0.10	0.51	0.77
英国	−0.25	0.82	1.06	0.30	−0.45
韩国	1.20	0.89	−0.68	−2.76	−3.63
西班牙	2.16	0.59	−2.52	0.83	1.23
俄罗斯	1.78	0.86	−2.37	0.90	−0.22
德国	1.14	1.87	−0.02	−1.16	−1.53
阿根廷	2.33	3.97	0.25	0.40	0.45
乌克兰	—	0.14	−2.50	−0.04	−1.56
意大利	0.89	0.10	−1.22	−0.08	0.14
日本	1.12	−0.13	−1.90	−0.58	−0.66
泰国	1.01	1.31	−0.56	−1.32	−1.41
土耳其	4.45	9.28	0.40	−0.08	0.05
伊朗	3.30	8.47	−0.93	0.36	−0.96
巴西	2.16	7.89	0.14	−1.01	−0.96

注："—"表示因数据缺失无法进行测算；2016—2030年高等教育适龄人口年均增长率根据相关预测数据测算而得。

3. 2030年除中国和印度外的主要高等教育发展中国家（地区）将仍处于大众化阶段

根据预测模型的测算，到2030年，中国、阿尔及利亚、安提瓜和巴布达、巴林岛等15个国家将进入高等教育发达国家的行列，但其中人口超过5000万的只有中国。到2030年，中国和印度仍是世界高等教育在学人数总规模最大的两个国家，将分别达到6538万人和5442万人（表4-5），二者总和约为世界高等教育在学人数总规模的35.61%。在适龄人口还将持续增长的趋势下，若要保持过去10多年毛入学率的增长速度，印度尼西亚、埃及、南非、苏丹、伊拉克的高等教育在学人数总规模增长幅度还必须加大，否则，其高等教育毛入学率将无法达到预测值；其中，埃及高等教育在学人数总规模未来每年的增长量还需翻一番。中国和越南的高等教育适龄人口未来还将继续下降，直到

2020年之后才会趋于平缓，若要达到预测值，其高等教育在学人数总规模还必须保持一定程度的增长。墨西哥、菲律宾高等教育适龄人口增长在2016—2030年将趋于平稳，在学人数总规模增长幅度也将变动不大。印度高等教育在学人数总规模的扩张起于2007年，较之其他高等教育发展中国家（地区）时间较晚，2007—2015年其毛入学率的年均增量达到1.70%，远大于前七年的年均增量0.33%。未来，印度高等教育若保持2007—2015年的增长态势，到2030年，其毛入学率将达到52.07%，在学人数总规模将达到6363万人。结合人口变动来看，到2030年，印度将成为世界上人口最多、高等教育适龄人口最多的国家。因此，印度的高等教育在学人数总规模扩张若能保持2007年以来的水平，年均增量达到210万人左右，到2030年，也能顺利步入高等教育普及化阶段。

表4-5　2030年主要高等教育发展中国家高等教育毛入学率、在学人数总规模预测

国家	2000—2015年毛入学率年均增量/%	预测值			2000—2015年在学人数总规模年均增量/万人
		2030年毛入学率/%	2030年在学人数总规模/万人	2016—2030年在学规模年均增量/万人	
印度	1.16	44.20	5442	146.03	151.35
中国	2.30	77.97	6538	144.55	231.26
印度尼西亚	0.59	33.17	787	17.93	12.8
墨西哥	0.80	42.81	485	9.07	10.54
菲律宾	0.47	43.24	474	7.01	9.03
埃及	0.35	41.43	444	10.17	5.19
越南	1.14	45.94	341	6.10	10.35
南非	0.19	22.42	123	1.27	0.64
苏丹	0.67	27.04	146	5.17	3.07
伊拉克	0.73	34.41	176	—	—

注：伊拉克的高等教育在学人数总规模数据只更新到2005年，故无法计算其年均增量；南非1999—2011年高等教育毛入学率的数据缺失，故以2012—2014年的数据进行估算。

4. 高等教育欠发达国家（地区）未来难有大的突破

目前的60个高等教育欠发达国家（地区），若按照过去10多年的发展情况，到2030年将有24个国家（地区）迈进高等教育发展中国家（地区）的行列，但也仍有18个国家（地区）高等教育毛入学率无法突破10%，其中，包括人口大国坦桑尼亚、肯尼亚、乌干达等。从表4-6中所列的九个总人口超过5000万人的高等教育欠发达国家毛入学率年均增量来看，过去10多年里，高等教育欠发达国家（地区）发展的内动力明显不足。而未来，人口的持续增长将使这些国家（地区）的普及化进程更加艰难。2016—2030年，除孟加拉国的高等教育适龄人口数将于2022年开始下降以外，其余国家（地

区）的高等教育适龄人口数将继续上升。即使是维持过去较低的毛入学率增长水平，这些国家（地区）的高等教育都需要突破目前的规模扩张速度。未来，尼日利亚、巴基斯坦、埃塞俄比亚和缅甸的高等教育在学规模若无法在目前的基础上有大幅增长，则无法达到预测值，也就无法顺利进入大众化阶段。刚果（金）、坦桑尼亚、肯尼亚和乌干达在过去的10多年里，毛入学率的年均增量不足0.4%，而未来其人口还将继续大幅增长，到2030年，这四个国家的高等教育适龄人口将分别增长72%、64%、44%和63%，若高等教育规模的扩张跟不上这样的速度，其高等教育普及化进程则可能面临停滞或倒退的危险。

表4-6　2030年主要高等教育欠发达国家高等教育毛入学率、在学人数总规模预测

国家	2000—2015年毛入学率年均增量/%	预测值			2000—2015年在学人数总规模年均增量/万人
		2030年毛入学率/%	2030年在学人数总规模/万人	2016—2030年在学人数总规模年均增量/万人	
尼日利亚	0.33	16.39	437.67	15.07	6.79
巴基斯坦	0.60	18.92	430.93	16.25	12.25
孟加拉国	0.53	21.96	332.68	7.87	9.06
埃塞俄比亚	0.48	15.78	217.89	8.89	4.70
刚果（金）	0.37	12.93	157.74	6.67	2.73
坦桑尼亚	0.22	7.31	61.66	2.70	1.00
肯尼亚	0.14	7.08	47.39	1.46	0.88
乌干达	0.19	7.75	51.15	2.16	0.83
缅甸	0.27	18.37	85.20	1.21	0.74

注：肯尼亚1999年、2010—2015年的高等教育毛入学率数据缺失，故以2000—2009年的数据进行预测。缅甸1999—2000年、2013—2015年的高等教育毛入学率数据缺失，故以2001—2012年的数据进行预测。

三、面向2030年世界高等教育发展战略选择

根据上文的预测与分析，未来15年，大部分高等教育发达国家（地区）都将继续面对传统生源数量下降带来的挑战；部分发展中国家（地区）将面临生源供给不足的危机；而对于大部分高等教育欠发达国家（地区）而言，适龄人口的持续增长则使得其高等教育的发展需要更多来自外界的支持。除此之外，如何在普及化进程中实现高等教育的社会化转型也是困扰许多国家（地区）的问题。为了破解难题，顺利实现"教育2030"的发展目标，选择合适的发展战略尤为重要。

（一）进一步扩大高等教育的包容性

让每一个人都能够接受公平、优质的高等教育，继续推进高等教育普及化进程是面向2030年世界高等教育发展的目标。要实现这个目标，首先需要构建起更具包容性的高等教育系统。这种包容性主要表现在两个层面：一是开放全纳，二是灵活多样。前者可以拓展高等教育系统的发展空间，后者则可以增强高等教育系统的支撑能力。开放全纳就是要打破限制人们进入高等教育系统的一切藩篱，例如，年龄、性别、种族、收入水平、社会阶层、宗教信仰。从精英化时代过渡到普及化时代，世界高等教育就是在不断打破各种人为限制、满足社会发展和教育对象各种发展需求的过程中成长起来的。尽管如此，到目前为止，世界上仍有大量的人因为各种各样的限制无法接受高等教育，例如，在大部分国家（地区）高等教育的主要受众还是18~22周岁的年轻人，高校给在职人员提供的受教育渠道仍然很少。因此，未来高等教育的发展首先要注重增强系统的开放性，推广全纳教育理念。其次，具有包容性的高等教育不仅在于能为广大普通民众敞开大门，还在于能够使教育基础和背景各异、求学动机各不相同的受教育者都能得到发展，使社会各方面对高等教育的需求得到满足。[①]这就要求高等教育系统是灵活多样的，能够针对不同类型的受众和多变的需求，制定相应的人才培养目标和方案，拓展多样化的教育教学形式。

（二）发展基于公平与优质的高等教育体系

普及化进程伊始，高等教育发展的重点在于创造更多的机会，满足人们接受高等教育的愿望。21世纪，世界高等教育普及化进程加快，规模的持续扩张使得高等教育体系越来越庞大，公平和质量问题也日益凸显，优质高等教育的供需矛盾又进一步引发了新的公平问题。对大部分高等教育发展中、欠发达国家（地区）而言，要实现真正的普及化，就必须解决社会弱势群体受教育机会和权益保障的问题，全面提升高等教育人才培养的质量，发展基于公平与优质的高等教育体系。尽管目前世界高等教育在学人数总规模已十分庞大，但仍不能满足知识经济时代全球经济社会发展的需求，仍有近2/3的适龄人口无法接受高等教育，优质高等教育资源还极其有限，大量毕业生无法达到社会发展对人才的要求。因此，未来还应当进一步扩大高等教育规模，通过转变高等教育发展理念，改革高等教育制度，采取多项保障措施，为广大普通民众，尤其是弱势人群提供更充分的高等教育机会。同时，应更加注重高等教育质量，尤其是人才培养的质量，通过加强高等教育财政支持体系建设、构建和完善高等教育质量保障制度、利用信息网络搭建优质高等教育资源共享平台等各项措施，全面提升学习效果，优化学习体验。为每一个人提供公平优质的高等教育是一种美好的愿景，也是普及化时代高等教育发展的核心理念，构建和完善基于公平与优质的高等教育体系是面向2030年世界高等教育发展的重要任务。

---

① 别敦荣，王严淞. 普及化高等教育理念及其实践要求 [J]. 中国高教研究，2016（4）：1-8.

（三）探索更有效的终身教育模式

《仁川宣言》再一次将"为每一个人提供优质的终身学习机会"作为2016—2030年的教育发展目标之一，此时距离联合国教科文组织1972年在《富尔报告》中首次提出终身教育理念已过去40多年。终身教育理念的兴起让教育不再局限于在特定的时间吸收固定内容，而是将教育视为一种人类的进程，在这一进程中人通过各种经验学会如何持续不断地完善自己。[①]尽管终身教育的理念早已受到人们的认可，但受到教育体制、资源不足等现实因素的制约，终身教育体系的构建还处于起步阶段。从另一角度来看，终身教育不仅是一种理念，更是人类发展的现实需求，高等教育可持续发展的内动力本质上就是源于人们对自身发展无止境的追求。高等教育是终身教育体系最重要的组成部分，探索与创建有效的终身教育模式是世界高等教育普及化发展的重要战略。有效的终身教育模式有助于高等教育突破传统适龄人口的桎梏，将生源拓展到所有适合接受高等教育的民众[②]，高等教育发达国家（地区）普遍面临的生源问题也将迎刃而解；探索创建有效的终身教育模式还将进一步丰富高等教育内涵，使高等教育社会功能的发挥最大化。

（四）加强高等教育国际合作与援助

《仁川宣言》特别强调，必须在当今发展的大背景中审视"教育2030"，增加对人类发展、经济、社会、环境可继续性的共同关注，增强教育系统之间的联系。[③]当前，人类社会仍面临着来自各方面的挑战：动荡的地缘政治、脆弱的金融市场、变革的劳动力市场、失业率的攀升、贫穷的困扰、不平等的扩大、自然环境的不断退化以及迅速老龄化的社会。[④]在全球化时代，这些挑战和问题所产生的影响将是广泛的、深远的。全球化不仅联通了世界各国（地区）的经济市场，同时也促进了知识的共享和人才的流动。通过建立国际高等教育网络，促进国际间高等教育资源的共享，推动国际高等教育学历学位的互认，使不同国家（地区）之间的高等教育机构、管理部门以及学者能够联系得更紧密，开展更深入的合作，凝聚力量攻克困扰人类社会发展的难题，共同培养具有全球视野、能参与全球治理的世界公民。从前文的分析可知，全球还有60个高等教育欠发达的国家（地区），基础教育薄弱、经济水平不高以及教育资源的匮乏使得这些国家（地区）高等教育发展的内动力不足，未来若没有外部力量的协助，其也很难有大的

---

① 联合国教科文组织国际教育发展委员会. 学会生存——教育世界的今天和明天［M］. 北京：教育科学出版社，1996：180.

② 登云，齐恬雨. 论高等教育普及化阶段的人才培养［J］. 国内高等教育教学研究动态，2016（4）：12-12.

③ UNESCO. Education 2030: Incheon Declaration and Framework for Action: Towards Inclusive and Equitable Quality Education and Lifelong Learning for All［EB/OL］.［2017-07-20］. http://www.uis.unesco.org/Education/Documents/incheon-framework-for-action-en.pdf.

④ World Economic Forum. The Global Competitiveness Report 2016-2017［EB/OL］.［2016-11-20］. https://www.weforum.org/reports/the-global-competitiveness-report-2016-2017-1/.

发展。高等教育的繁荣是全人类共同的财富,加强国际间的援助是推动全球高等教育可持续发展的重要战略。联合国教科文组织在《教育2030行动框架》中提到,到2020年,要逐步提高针对发展中国家、欠发达国家以及非洲国家学生接受高等教育的奖助力度。[①]当然,除此之外更重要的是,要协助高等教育欠发达的国家(地区)建立起符合自身社会发展需要、具有自身文化特点的大众化或普及化高等教育体系。

(原载于《中国高教研究》2018年第1期,署名:别敦荣、易梦春)

---

① UNESCO. Education 2030: Incheon Declaration and Framework for Action: Towards Inclusive and Equitable Quality Education and Lifelong Learning for All [EB/OL]. [2017-07-20]. http://www.uis. unesco.org/Education/Documents/incheon-framework-for-action-en.pdf.

第二编 普及化与高等教育人才培养

高等教育是培养人的活动，不论在哪个时代、哪个国家和哪个发展阶段，培养人是高等教育不变的宗旨。毫无疑问，高等教育普及化发展对国家、社会和人类有着重大作用，对高等教育自身也有着深刻的影响。就前者而言，普及化放大和升华了高等教育的社会功能，使高等教育获得了此前从未有过的地位和声誉，赢得了从未有过的关心和重视，以至于高等教育发展成为国际议题，成为解决世界复杂问题和人类可持续发展问题的关键战略事业。就后者而言，高等教育自身为了适应普及化发展要求，改革和完善办学体制机制，调整和优化办学结构，建构新体系、新环境以便能够承载相应的功能。

高等教育普及化不将每一个公民接受高等教育作为终极目标，但它的到来和推进将促进学习型社会的建成。对高校发展而言，普及化既提出了新要求，又带来了新机遇。高校是高等教育普及化的载体，没有高校的适应性变革和完善，就没有高等教育的普及化发展。高校变革与完善最突出的表现在于人才培养体系与模式的改革和创新。普及化发展不只为高校带来更多的新生源，更为重要的是，对人才的素质和规格提出了新要求。适应人才培养的新要求，改革旧的不适应的人才培养体制机制，优化人才培养过程和环节，创建富有时代特征的人才培养体系和模式，全面提升高校的根本功能，是高等教育普及化阶段高校发展的必由之路。高等教育大众化和普及化发展在我国主要是21世纪以来的事情，因此，在改革和完善精英化的人才培养机制、建立与大众化和普及化高等教育发展相适应的人才培养体系方面，我国高校积累的经验较少，更需要加强相关理论研究。

第五章
普及化高等教育理念及其实践要求

> 理念是教育变革的先导,任何大的教育变革必有与之相适应的新理念。可以说,高等教育的演变史是一部理念的变革史,精英化、大众化和普及化高等教育各有其特定的理念。目前,我国高等教育发展已经进入大众化阶段的中后期,在不久的将来,普及化高等教育将不期而至。研究和探讨普及化高等教育的理念,对于科学谋划高等教育未来发展政策、前瞻性地规划高等教育发展路线图,具有重要的指导意义。

一、高等教育理念及其价值

理念是一个语义抽象、模糊却又受人青睐的概念。自高等教育产生以来,理念就如影随形,但高等教育理念为人们所认识并成为社会关注的焦点,还是19世纪中期以来的事情。纽曼的*The Idea of a University*(我国学者译为《大学的理想》)一书的出版,揭开了高等教育理念研究和讨论的序幕。一个多世纪以来,无论是在其他国家还是在我国,高等教育理念的探讨未曾中止过。尤其是改革开放以来,我国高等教育实现了由精英化向大众化阶段的顺利过渡,且正稳步迈向普及化阶段,理念的变革贯穿始终,先进的理念发挥了重要的导向作用。

(一)理念及其价值释义

要明确普及化高等教育理念,有必要认清理念和高等教育理念的内涵。理念原本是一个哲学概念,主要用于解释或认识事物的本源或事物的非物质形态。在苏格拉底看来,"理念作为模型存在于自然之中,每个理念只是我们心中的一个思想","而所谓理念正是思想想到的在一切情况下永远有着自身同一的那个单一的东西"[①]。在苏格拉底的意识中,理念就是事物的本质,它具有永恒的不变性。苏格拉底的理念观为柏拉图所认同,柏拉图认为,"理念是永恒的精神实体,是万事万物的本源。人应当通过理

[①] 颜一. 流变、理念与实体——希腊本体论的三个方向 [M]. 北京:中国人民大学出版社,1997:93-94.

性,把纷然杂陈的感知觉集纳成一个统一体,从而认识理念"①。柏拉图指出了理性是认识理念的路径。康德曾对理性与理念的关系进行过辨析,他指出,"理念也包含在理性的性质中","理性在它本身里也含有理念的根据","理性是理念的源泉"②。但是,黑格尔却对此有着不同的认识,他认为,"理念本质上是一个过程"③。尽管哲学家们对理念的看法并不一致,但他们的思想对我们却不乏启发意义。

理念是一种精神层面的东西,是通过理性而获得的关于事物本质的认识。理念受到人的认知方式的影响,感知觉的差异可能使人们对相同对象产生不同的理念。尽管在一般的实践活动中,人们并没有像哲学家那样去思考理念这个概念,但理念的本质和特征却在人们的观念中有所反映。一般而言,理念是一种积极的、能够指导实践活动产生所期待结果的思想认识或观念看法。这样的理念与社会实践活动之间有直接的关联性。正因为如此,理念的价值主要表现在四个方面:第一,它具有认识价值。理念是人们认识事物的钥匙,借由理念,人们的思维可能深入事物的本质层面,解释事物的本来面貌。第二,它具有指导价值。理念可以指导人们行动的方向,循着理念的指引,实践活动可能引领事物朝着理想的彼岸前进。第三,它具有激励价值。理念往往暗示了一种值得期待的前景,包含了无穷的正能量。正因为如此,有的学者直接将理念看作理想。第四,它具有文化价值。理念往往成为文化的底色,是文化不可或缺的构成元素,对文化有规范作用。

（二）高等教育理念及其变迁

高等教育理念是人们对高等教育的理性认识。尤其是在高等教育比较发达的时期,高等教育与越来越多的人联系得更为紧密,与它有直接关系或无直接关系的人都可能有自己的高等教育思想,但并不是每一个人对高等教育的看法都能成为理念。人们可以对高等教育有自己的认识、意见、看法、期望、意愿、批评或感慨,但只有那些经过理性思维过滤的认识才能成为高等教育理念。这就是为什么高等教育理念往往呈现于学术文献中的原因。所以,高等教育理念常常由相关研究者提出,为理论工作者所传播与推广。

高等教育理念是变化的。在不同的时代,高等教育发展的环境不同,它自身的形态会发生改变,高等教育理念也会相应地发生变化。在发达国家,自纽曼提出自由教育理念以来,高等教育经历了精英化、大众化和普及化三个发展阶段。在不同的发展阶段,高等教育理念存在显著的差别。在精英化阶段,高等教育处于欠发达状态,只有极少数人拥有接受高等教育的机会,接受高等教育往往成为少数人的特权。与此同时,由于社会科技发展水平不高,科技在社会生产和生活中的应用范围和发挥的作用十分有限,所

---

① 北京大学哲学系外国哲学史教研室. 西方哲学原著选读 [M]. 北京:商务印书馆,1981:72,75.

② 〔德〕康德. 任何一种能够作为科学出现的未来形而上学导论 [M]. 庞景仁,译. 北京:商务印书馆,2009:127—128.

③ 〔德〕黑格尔. 逻辑学 [M]. 孙邵武,主编. 呼和浩特:远方出版社,2011:215.

以,高等教育主要以传播人文知识为目的,而不以社会生产应用为目的。因此,精英化阶段的高等教育理念主要包括了精英教育、特权教育和人文教育等。

进入大众化阶段后,接受高等教育的人群开始发生变化,而且随着大众化的不断深化,越来越多社会阶层的子弟获得了接受高等教育的机会。随着高等教育的社会覆盖面越来越广泛,人们接受高等教育的目的也与第一阶段有了很大的不同。美国于20世纪40年代后期成为世界上最早进入高等教育大众化阶段的国家。半个多世纪以来,所有发达国家和部分发展中国家也都先后实现了高等教育大众化,接受高等教育成为普通民众的一项基本权利。加上科技革命的不断推进,科技对工农业生产和社会生活的影响无所不在,民众接受高等教育的意愿与社会生产和生活的联系越来越紧密。因此,大众化阶段的高等教育理念主要有科学(或科技)教育、权利教育和多样化教育等。20世纪70年代中期以来,部分国家和地区的高等教育发展进入普及化阶段,有的甚至实现了高度的普及化。与之相对应的是,接受高等教育成为几乎所有社会职业的入职门槛,高等教育不仅成为个人人力资本增值的关键影响因素,而且也是国家和社会竞争力的核心要素。因此,在这个阶段,高等教育理念又有新的发展。

尽管高等教育理念是属于人的意识层面的东西,但它并不完全受人的精神所左右。它是高等教育实践的反映,在一定程度上,也可能是高等教育发展需要的反映。高等教育理念不仅能够揭示不同发展阶段的高等教育的特殊性,而且具有指导和激励高等教育向更发达阶段进步的作用。我国高等教育正稳步迈向普及化阶段,探讨普及化阶段的高等教育理念,总结和借鉴高等教育发达国家的经验,包括发达国家关于普及化阶段高等教育理念的经验,对于我国在普及化阶段到来之前和之后,做好相关政策和制度准备,顺利实现高等教育发展阶段过渡,具有重要意义。

二、普及化高等教育的基本理念

普及化是高等教育发展进入大众化阶段后自然延展的结果,具有必然性。政府和社会力量可能加速或延缓高等教育由大众化向普及化过渡的进程,但不可能改变大的趋势。普及化高等教育不仅具有与精英化、大众化高等教育不同的特点,而且还具有不同的理念及实践要求。

(一)普及化高等教育的特点

发展普及化高等教育是21世纪世界高等教育发展的主要趋势。据联合国教科文组织统计,2000年以前,世界上只有20个国家(地区)的高等教育毛入学率超过了50%,但到2013年,高等教育毛入学率超过50%的有56个国家(地区),世界高等教育平均毛入学率达到32.83%。[①]世界高等教育大众化、普及化发展进程加快是不争的事实。21世纪以来,我国高等教育快速实现了大众化,并迅速向大众化中后期发展,尽管尚未进入

---

① Education: Gross Enrolment Ratio by Level of Education[DB/OL].[2016-3-1]. http://data.uis.unesco.org/index.aspx?queryid=142&lang=en.

普及化阶段,不完全具备普及化高等教育的特征,但总结已经实现普及化国家和地区的经验,可以梳理出普及化高等教育的特点。

1. 大规模

普及化高等教育是大规模的。在已经实现普及化的国家(地区)中,有26个国家(地区)的高等教育毛入学率达70%以上,有13个达到80%以上。在这些国家(地区)中,高等教育成为绝大多数人成长所必须经历的教育阶段。在已经实现高等教育普及化的国家(地区),高等教育在学人口都是庞大的群体。我国尽管还没有实现高等教育普及化,但不论是普通高校在学人数,还是高等教育总规模,都是庞大的。有预测表明,当我国高等教育发展进入普及化阶段的时候,将在2014年总规模的基础上净增800万人,达到4359万人。①这说明,普及化阶段到来时,我国将进一步维持和巩固世界超大规模的高等教育体系。

2. 多样性

多样性是高等教育自迈向大众化阶段就具有的特征。到了高等教育普及化阶段,多样性更加显著。当然,在不同的国家,高等教育的多样性也存在一定的差异。如在美国,21世纪以来,营利性大学教育成为高等教育的一个新类别。随着科技发展与信息时代的来临,信息技术与高等教育的融合带来了全新的教育形式,虚拟大学、大规模在线教育以及网络学习等得到发展。在普及化阶段,高等教育受众的背景、年龄、学习经历及需求更加多样化,适龄人口成了一个只表示传统高等教育意义的概念。

3. 个性化

个性化是普及化高等教育发展的必然要求。随着高等教育普及化程度的不断提高,精英化和大众化时期的个性化特征也在发生变化。突出地表现为个性的意涵不断扩大,在以往所包含的学生内在品质和人格的基础上,更多地加入了满足学生个别化发展需要的元素,包括职业发展、生活发展、兴趣爱好发展及休闲娱乐发展等。这里既有高等教育精英化和大众化时期学生发展的要求,更有高等教育面向全体民众后不同年龄段人口受教育的需求。正因为有了个性化的教育需求,普及化高等教育的多样性特征才更突出。

4. 社会化

社会化是普及化高等教育的重要特征。高等教育的专业性决定了它从一开始就与社会有着不解之缘,但在精英化和大众化初期,高等教育的社会化特征并不明显,以至于人们将高等教育机构喻为"象牙塔"。高等教育的普及化发展完全改变了高等教育与社会的关系,形成了息息相关、无缝对接的密切联系,高等教育发展越来越受到外部关系的影响,协同共进、合作共赢成为高等教育融入社会的重要动因。②

---

① 别敦荣. 普及化高等教育的基本逻辑 [J]. 中国高教研究, 2016 (3): 31-42.

② 别敦荣, 胡颖. 论大学协同创新理念 [J]. 中国高教研究, 2012 (10): 4-8.

（二）普及化高等教育的基本理念

不同发展阶段的高等教育具有不同的特点，但这并不意味着不同阶段的高等教育是完全割裂的。恰恰相反，由于高等教育发展是持续不断的，再加上发展阶段的划分是相对的，所以，不同发展阶段高等教育的特点也是相互贯通的，只是有些特点在一定阶段表现得更为显著而已。高等教育是一种渗透了理念的实践，具有不同特点的高等教育拥有不同的理念。普及化高等教育之所以能够在众多国家（地区）得到发展，一方面反映了社会进步的必然要求，另一方面也是民众受教育需求升华的结果。所以，建立在大众化基础上的普及化高等教育有着与精英化和大众化两个发展阶段不同的理念。

1. 平民教育理念

普及化高等教育是平民教育。在高等教育产生以后的很长一个时期里，平民都不在教育对象之列，高校将广大平民排除在外，接受高等教育成为社会精英阶层子弟的特权。为了突破精英化，一些国家（地区）进行了艰难而持续不断的努力，消除高校入学的门槛限制，争取使其向普通民众家庭子弟开放、向女性开放、向成年人群开放。政府则向高等教育提供财政支持，扩大高校的教育能力；向学生提供学费或贷学金支持，保证学生不因经济原因而放弃接受高等教育的机会。自19世纪后期开始，高等教育逐步扩大接收社会人群的范围，平民阶层逐渐成为高等教育的对象。到普及化高等教育阶段，平民成为高等教育的主要受众。在我国，进入社会主义阶段后，民主化革命带来了高等教育制度的深刻变革，高等教育发展超越了其阶段的特点，践行了服务大众、服务平民的宗旨。自20世纪50年代开始，尽管我国高等教育仍处于高度精英化阶段，但平民子弟获得了接受高等教育的权利。在这一点上，我国高等教育走了一条与美欧国家不同的发展道路。

平民教育理念不仅包括充实高等教育内涵、扩大受众范围、强化服务平民大众的教育宗旨，而且包括高等教育目的更加现实化，即高等教育目的与普通民众生活和一般社会生产联系更为紧密。受社会生产和文化科技发展水平的限制，早期教育的目的是比较单纯的，我国教育传统上注重培养谦谦君子，欧美教育重视培养绅士风度，高等教育也不例外。19世纪是世界高等教育发生革命性变革的时期，但精英化的高等教育并没有向平民敞开大门。与纽曼所持的"大学是教授普遍知识的场所"[①]不同的是，洪堡认为，大学是学术机构的顶峰，"它总是把科学当作一个没有完全解决的难题来看待，它因此也总是处于研究探索之中"[②]。教授普遍知识和进行科学探索并非是平民的教育需要。19世纪中后期，美国经济快速发展，时任哈佛大学校长的艾略特明确提出："我们要培养实干家和能做出成就的人，他们成功的事业生涯可以大大增进公共福祉。我

---

① John Henry Newman. The Idea of a University. Defined and Illustrated [M]. Kinokuniya: Routledge/Thoemmes Press, 1994: 10.

② 〔德〕威廉·冯·洪堡. 论柏林高等学术机构的内部和外部组织 [J]. 高等教育论坛, 1987（1）: 93-96.

们不要培养世界的旁观者、生活的观众或对他人的劳动十分挑剔的批评家。"①艾略特的思想表明,美国高等教育的目的开始趋于平民化,这时离平民教育理念的确立已经为时不远了。20世纪初,"威斯康星思想"的实践标志着平民教育理念开始在高等教育中扎根。威斯康星大学的校长范海斯提出,"学校应当成为服务于本州全体人民的机构","全州的人民都能与这所大学的人才和知识发生联系,使每一户人家从这种联系中得到益处"②。为此,在一些高等教育落后的地方,新的高校建立起来了;高校开办了各种层次和类别的专业或课程,以满足平民受教育的需求;开设了各种职业教育科目,建立了与企业部门的联系,为平民提供与社会实际需要相适应的、多样化的教学服务。正因为有了这种平民教育理念,世界高等教育日益繁荣,开创了由大众化向普及化发展的新阶段。

2. 个性教育理念

普及化高等教育是个性教育。高等教育是从一致性教育开始的。在早期,高等教育的目的是单一的,教育内容是一致的,教育方式是相同的,对受教育者的学习要求是统一的。在19世纪后期的欧洲和美洲,尽管科学已经成为大学教学的科目,但高等教育内容还保留着古典"七艺",教学语言仍在使用早已没有社会实际意义的古希腊语。个性教育在早期高等教育中是不受重视的,早期高等教育对个性的关注主要是基于将人性从神性中解放出来的需要。文艺复兴运动和启蒙运动主张以人为本,反对神的权威,把人从神学的枷锁中解放出来;宣扬个性解放,追求现实人生幸福,肯定人性和人的价值,推崇人的感性经验和理性思维。这种个性教育思想在当时有其进步意义,为后来高等教育注重人的理智训练提供了理论依据。

高等教育对个性的关注源于教育对象多样化后教育需求的差异化。19世纪中后期美国赠地学院的兴起和初级学院的建立,打通了美国高等教育由精英化向大众化发展的道路。与此同时,也为高等教育带来了新的挑战。如何满足受教育者的不同需求?如何针对传统上达不到高等教育程度的入学者开展有效的教育教学?高等教育必须发生改变,必须从理念到实践进行深刻的变革。正是在这样的背景下,以学生为中心的思想为高校所接受,成为高等教育的重要指导思想。以学生为中心是个性教育的核心,尊重学生的个性差异,满足学生个别化的教育需求,建立与学生的多样化、复杂化特点相适应的高等教育体系,成为高等教育由精英化向大众化转型的关键。20世纪六七十年代,部分国家(地区)因为高校对个性教育的要求反应迟缓、没有及时做出相应的变革,引发了声势很大的学生抗议运动,导致高等教育只好被动地进行适应性改革。

可以说,个性教育理念是大众化阶段高等教育的新理念,到了普及化阶段,更成为高等教育的核心理念之一。普及化高等教育面向全体民众,各年龄段的人群带着不同

① Richard Norton Smith. The Harvard Century [M]. New York: Simon and Schuster, 1986: 29.

② Hugh Hawkins. The Emerging University and Industrial America [M]. Heath: Lexington, Mass. 1970: 32.

的基础和背景、抱着各不相同的志向和愿望接受高等教育。个性教育既是受教育者的要求，又是高等教育的不二选择。在普及化阶段，高等教育规模庞大，学生构成高度复杂而多样，为了满足个性教育的要求，高校往往采取更加富有弹性的选课制、学分制、转专业制、跨专业或多专业培养制以及跨校或跨国学习制，以提高高等教育的适应性。为适应越来越多的高等教育受众是基于职业发展需要而求学的趋势，高等教育在扩大职业与技术教育规模和领域的同时，对非职业类高校的大学生也加强了职业教育，不断加强实践教学和产学合作，以保证广大的受教育者都能接受到自己满意的高等教育。

个性教育与平民教育是相辅相成的。个性教育是实现平民教育的必然要求，平民教育为个性教育提供了最广阔的空间。高等教育是现代社会发展的产物，但在社会现代化程度还不太高的时期，高等教育只是少数社会民众的需要，个性教育主要针对大学生的个性心理特征。只有到了大众化和普及化阶段，个性教育才成为解决高等教育自身发展及其与社会关系的主要选择。尤其是进入普及化阶段以后，个性化成为高等教育不可或缺的特征。

3. 包容教育理念

普及化高等教育是包容教育。教育曾经是排斥性的，在精英化阶段，高等教育的排斥性更显著。在精英化阶段后期，高等教育的排斥性开始松动，随着大众化的不断推进，排斥性不断降低。进入普及化阶段以后，高等教育表现出极大的包容性。包容教育使普及化阶段的高等教育能够容纳大规模的受教育者，使教育基础和背景各异、求学动机各不相同的受教育者都能得到发展，更使社会各方面对高等教育的需求得到满足，从而使高等教育展现出无穷的发展潜力和强大的社会功能。

在历史上，平民是被排除在高等教育之外的，尽管大众化赋予了平民接受高等教育的权利，但受教育人口仍只是适龄人口的较少部分，高等教育并没有实现完全的平民化。在普及化阶段，高等教育完全向平民敞开了大门，接受高等教育不仅是平民的一项基本权利，而且成为平民的一项基本义务。这一变化的意义在于：高等教育实现了与社会的无缝对接，对高等教育而言，不论是其内涵还是外延，都发生了重要变化。传统上，高等教育的受众主要是18～22周岁的年轻人，要求高中毕业，还需要通过一定的考试，方能具有接受高等教育的资格。普及化高等教育包容了来自各年龄段的人，他们不管抱着什么动机，只要有意愿，都可以接受高等教育。为了满足这些特点不同、要求各异的受众，高等教育本身进行了重大改变。在保留传统的以学科为基础的人文教育和科学教育的同时，教育范围拓展到了几乎所有社会职业领域，工程教育、技术教育、职业教育、技能教育等成为高等教育的有机组成部分，容纳了大部分的高等教育受众。不仅如此，高等教育的形式越来越多样化，很多新形式的高等教育吸纳了大量的高等教育受众。除了开放（空中）大学、自修大学外，网络大学、虚拟大学、营利性大学、国际（国外）分校、无国界教育、跨境教育等新的形式对推进高等教育的普及化发展发挥了积极影响。

包容教育还表现在文化的多元性上。全纳的教育对象、多元的教育价值使高等教育成为一个多元文化的大熔炉。国内各社会阶层、不同区域、不同种族或民族的文化相互交织融合在一起,使高等教育成为一个文化的大观园,国际交流和教育的全球化更使得高等教育文化具有博大的包容性。

高等教育标准一向是一个具有争议性的问题。高等教育从精英化走向大众化,教育标准的多样化受到广泛的质疑。如在英国,传统的高等教育标准深入人心,牛津大学和剑桥大学的教育标准受到广泛的认同和推崇。尽管经过了20世纪60年代的热烈讨论,但放宽高等教育标准的努力并没有取得明显的成效。英国高等教育仍保持了较小的规模,精英教育受到普遍欢迎,大众化教育没有为人们所接受。直到1972年,英国高等教育毛入学率才达到15.44%,进入大众化阶段; 1996年,英国高等教育毛入学率才达到50.08%,迈过普及化的门槛。[①]而英国高等教育普及化的实现,在很大程度上得益于1992年英国议会通过的《继续教育和高等教育法》放宽了高等教育标准,将全部34所多科技术学院和部分高等教育学院改制为大学。这一改革使英国高等教育标准具有了更大的包容性,既保留了精英高等教育的内涵,又满足了平民教育的需要,从而激发了普通民众接受高等教育的热情,促进了普及化高等教育的发展进程。

4. 开放教育理念

普及化高等教育是开放教育。高等教育是社会的有机组成部分,但二者之间的关系却经历了一个从隔离到融合的开放过程。传统上,高等教育与社会的隔离,一方面受高等教育自身特点的影响,另一方面也是社会文化作用的结果。如在精英化阶段,在很长一段时期里高等教育的受众中没有女性,不论是在西方还是在东方都是如此。究其原因,并非是高校限制女性接受高等教育,而是社会文化将女性排除在正规教育体系之外。高等教育的开放理念经历了一个逐步发展的过程,从精英化阶段的有限开放,到大众化阶段的充分开放,再到普及化阶段的全面开放,反映了不同发展阶段高等教育性质、特点与功能的变化及其办学要求的不断进步。

全面开放的高等教育是面向全体国民的、无障碍的、无资格限制的现实教育。受教育资格限制是阻碍民众接受教育的戒律,有的有明文规定,有的没有明文规定,但都根深蒂固地影响着高等教育。开放受教育资格是高等教育走向普及化的关键。 目前,我国高等教育发展仍处于大众化阶段,离普及化还有一定的距离,即便如此,社会上一直有人抱怨高等教育发展过快,导致部分接受了高等教育的人遇到了就业困难,有的人找不到合适的工作。还有人对大众化阶段部分受教育者的知识基础和学习能力表示怀疑,认为他们不具备接受高等教育的能力,是他们导致高等教育质量的下降。类似的观点在很多国家的高等教育由精英化向大众化阶段发展时都曾经出现过,它们对高等教

---

① Education: Gross Enrolment Ratio by Level of Education［DB/OL］.［2016-3-1］. http://data.uis. unesco.org/index.aspx?queryid=142&lang=en.

育向普及化发展无疑是有害的。突破观念障碍，全面开放入学资格，包括有形的和无形的，是高等教育走向普及化的思想基础。

全面开放的高等教育意味着高等教育全面融入社会，社会全面参与高等教育。建立全面开放关系，既是高等教育实现普及化的条件，也是社会现代化对高等教育的必然要求。高等教育要满足平民接受教育的要求，必须主动融入社会，牢固确立服务社会的办学宗旨，使各年龄段、各阶层民众接受了高等教育后能够为社会所接纳。所以，在普及化高等教育系统中，几乎所有社会产业和行业的专业人才都需要有相应的高等教育计划。不仅如此，高等教育还需与时俱进，及时把握各行各业人才需求的变化，对人才培养方案不断进行调整和完善，并适时设置新的教育计划，保证服务社会功能的实现。在与社会的关系中，普及化高等教育与社会是互动的，社会全面参与成为高等教育不竭的动力之源。社会现代化水平越高，对高等教育的依存度越高。产业成为高等教育的重要场所，成为培养高级专门人才实践能力和创新能力的重要基地，产业技术人才、管理人才更成为高等教育重要的依靠力量，产业生产经营的案例和现实问题也成为教育的内容和媒介。总之，在高等教育发展史上，只有普及化阶段才实现了社会的全面参与。

全面开放的高等教育还包括文化和边界的开放，包括国际化和全球化的全面实现。高等教育的国际化理念产生由来已久，最初主要是基于文化科学知识的普适性而形成的。不论是在什么地方，高等教育都是以相同的文化科学知识为基础开办的，国际交流与合作成为高等教育共享人类文化科学成果、提高办学水平和质量的必由之路。进入普及化阶段以后，共享人类文化科技成果仍然是高等教育所不可缺少的。但与此同时，由于低生育率和少子化成为发达国家（地区）的共同趋势，在高等教育传统生源减少的同时，普及化高等教育发展的影响日益加深。所以，一些普及化程度较高的国家加大了高等教育开放力度，不仅大量接受国外留学人员、提高国际学生的比例，而且借助世界贸易协定发展教育服务贸易，全面开放教育边界，促进高等教育的跨境服务，推动高等教育全面的国际化和全球化。

平民教育、个性教育、包容教育和开放教育是普及化高等教育的四大理念。尽管各自有不同的内涵和意旨，但它们共同的目的都是实现高等教育普及化。四大理念在高等教育已经普及化了的国家得到了实践，注解了普及化高等教育的本质。四大理念相互交织，从不同的侧面反映了普及化高等教育的意义和要求。

三、基于普及化高等教育理念的实践要求

在高等教育发展的历史长河中，普及化的理念在精英化、大众化阶段就已经萌芽并得到发展，到普及化阶段更为突出，成为基本理念，展现了高等教育发展的新特点。我国高等教育尚未实现普及化，但并不意味着普及化高等教育理念在我国高等教育发展中未有反映。事实上，自新中国成立以来，我国一直在谋求发展普及化高等教育，尤其

是改革开放以来，我国加快了发展高等教育的步伐，一些普及化高等教育理念，包括平民教育、开放教育等对促进高等教育由精英化向大众化过渡发挥了重要作用。不过，应当承认，我国离高等教育普及化的要求还存在一定距离，需要遵循普及化的理念，进一步加强改革、发展和建设，以实现向普及化的顺利过渡。

（一）构建面向全体国民的高等教育体系

普及化高等教育发展的重点是创造更多更公平的机会，满足更多人接受高等教育的需要。在高等教育精英化阶段，社会优势阶层子弟获得了接受高等教育的机会。在高等教育大众化阶段，除了优势阶层子弟外，社会其他阶层子弟接受高等教育的要求逐步得到了满足。特别是高等教育发展进入大众化中后期阶段以后，平民教育的特征越来越浓厚，但要实现普及化，必须全面实现平民教育，全面解决社会弱势人群的教育机会和保障问题，构建面向全体国民的高等教育体系。

1. 应当进一步扩大高等教育规模，提供更充分的高等教育机会

尽管我国高等教育总规模已经非常庞大，但是，若整个社会的高等教育需求被激发出来，仍不能满足需要。美国有3亿多人口规模，拥有2000万在学人口，如果我国高等教育发展达到美国的水平，总规模应达到8000万～9000万在学人口。当然，这将是一个长远的发展任务。就短期来讲，要实现普及化，我国高等教育还要增加800万以上的在学人口。这就意味着，还应当继续扩大规模，增加高等教育在学人口。由于我国现有高等教育在学人口中适龄人口占绝大多数，在进一步提高适龄人口入学率的同时，应当高度重视非传统学生的高等教育需求，创造多种有利条件，接受非传统学生，逐步提高这类人群在高等教育总规模中的比例。

2. 改革相关高等教育制度

我国已经扩大了高等教育的包容性和开放度，放开了年龄限制，采取了很多优惠政策，提高了弱势人群的就学人数，但仍有一些制度限制了高等教育的发展。选拔性的高考制度使一部分高中学生望而却步，放弃参加高考，有的甚至放弃接受高中教育。对职业高中毕业生参加高考的限制，更是将几乎一半的适龄人口挡在了高等教育的大门之外，减少了高考生源。在职人员不论是否达到高中毕业水平，都需通过高考才能获得接受高等教育的机会，即使通过了高考，还面临着学习与工作不能兼顾的难题。所有这些，都限制了部分群体接受高等教育的机会，应当逐步加以改革，该废除的废除，该修订的修订，建立所有国民都能便捷地实现自己求学愿望的广阔通道。与此同时，还要完善相关的专业制度、停学工作制度等，以提高国民接受高等教育的成功率。

3. 健全高等教育财政支持体系，鼓励社会资本举办高等教育

扩大高等教育规模，必须增加高等教育投入。应进一步增加中央和地方各级政府的财政投入，发展公立高等教育，满足人民群众接受高等教育的需求。进一步扩大教育经费占GDP的比例，增加高等教育财政占公共支出的比例，保证高等教育持续稳步发展。加强对各类学生的财政支持力度，完善学生资助标准，保证学生不因经济原因而丧失接

受高等教育的机会。进一步完善支持和鼓励社会资本举办民办高等教育的政策和制度，使社会资本源源不断地流向高等教育，解决高等教育资源短缺、供给不足的问题。

（二）创造个性化的高等教育模式

吸纳更多的受教育者，尤其是来自不同社会阶层的弱势人群，不能采用传统的或现有的高等教育模式，必须对教育模式进行探索和创新，使其更个性化，能够适应新的受教育者的需要。

1. 改变现有的过于刚性的高等教育模式，增强现行的高等教育体系的适应性与活力

这既是要提高现有高等教育的针对性，提高其满足现行办学规模需要的能力，也是要使其具备接受新的受教育者的能力。发展普及化高等教育，必须依靠现有的高等教育体系，这是稳步向普及化推进的基础。应当通过完善人才培养方案、健全学分制、改革选拔制、改进新专业和新专业制度等，用弹性增强包容性，使受教育者能够获得所需要的教育，提高社会公众对现有高等教育体系的满意度。

2. 建立实践导向的人才培养机制，满足大多数受教育者的求学动机和社会对高等教育的要求

培养具有实践能力的人才是普及化高等教育的根本任务。我国高等教育仍然保持了学科导向和培养理论性人才的传统，即便是在一些应用型高校，实践能力不足仍是受教育者存在的主要问题。应改变以教师、课堂和学科知识为中心的教学模式，加强对受教育者实践素质和能力的培养，探索和建立有效的实践教学机制，使学生在实践中发展成长；改变理论教学与实践教学相分离的课程开设机制，增设理论与实践相统一的课程教学环节，使学生在实践中学习理论，在理论中尝试实践，提高学生运用理论解决实际问题的能力，使学生获得良好的适应社会的能力。

3. 发展新的高等教育形式，丰富高等教育供给

供给不足是我国发展普及化高等教育面临的主要困难之一。扩大供给必须发展新的高等教育形式。改革开放以来，我国高等教育形式发生了重大变化，成人高等教育、广播电视大学教育、高等教育自学考试、民办高等教育等满足了大批求学者的需要，但还需进一步扩大高等教育规模，满足更多求学者对高等教育的个性化需要。发展普及化高等教育，新增受教育者来自两类人群：一类是知识基础和学习能力差异显著的适龄人口中要求接受高等教育的人；另一类是非传统人口中的有意愿者，主要是在职人员。前者主要分布在经济欠发达的中西部地区、东部的中小城镇和农村地区；后者则是没有接受过高等教育的人群和接受过高等教育的从业人员。与正在接受高等教育的人群相比，这两类人员接受高等教育的意愿、需求以及他们对高等教育形式的要求，都存在很大差异。这就要求开发新的高等教育形式，以他们能够接受的方式，支持他们就学，顺利完成学业；应当充分利用网络和信息技术，开发多种新型高等教育，提高高等教育的适应性，以个性化的形式，满足他们的学习要求。

（三）建立社会化的高等教育运行机制

我国高等教育已经成为社会生产和生活不可或缺的依靠，高等教育与社会的联系得到了明显加强，但高等教育运行机制的社会化仍没有取得突破，高校封闭办学的问题依然非常突出，社会参与度不高，影响有限，限制了高等教育发挥更大的社会作用，阻碍了高等教育的普及化进程。发展普及化高等教育，必须增强高等教育的开放性，从根本上改革封闭办学模式，建立全面开放的高等教育社会化运行机制，促进高等教育与社会的良性互动与协同共进。

1. 进一步落实高校办学自主权，健全管办分离的高等教育治理体系

政府与高校的关系是高等教育走向普及化阶段面临的主要问题所在。《高等教育法》虽赋予了高校法人地位，高校享有较大的办学自主权，但政府大于法律，政府的指令超越法律规定发挥作用的现象十分普遍，高校在很多事情上不敢越雷池一步。发展普及化高等教育，必须解决权大于法的问题，应当根据国家法律规定，明确限定政府及其职能部门的职责权限，使政府对高校的领导与管理建立在法律授权的基础上，并接受法律的监督。应当完善高校内部自主办学机制，提高自主办学能力，全面提升办学水平和质量。应当切实培育和建立管办分离的高等教育治理文化，推进去行政化改革，改面向政府办学为面向社会办学，全面改善政府、高校和社会的关系，使三者形成合力，共同促进高等教育向普及化阶段顺利过渡。

2. 进一步扩大和加强社会力量参与，建立健全全面开放的高等教育办学体系

发展超大规模的普及化高等教育，单纯地依靠政府投资办学和社会资本有限度的参与，是不可能实现的。扩大开放，支持和鼓励社会力量参与举办和治理高等教育是必由之路。应当进一步解放思想，改革各种限制社会力量参与高等教育的法规、政策规定，像发展基础设施建设和高新科技产业那样，制定鼓励和优惠政策，打通民间资本源源不断地投向高等教育的渠道，促进普及化高等教育事业的可持续发展。应当积极探索高校与社会企事业组织合作与协同办学，在教育教学全过程中建立校企联合办学机制，在合作办学的基础上，建立社会化的高等教育体系。应当完善高校治理体系，健全有社会企事业单位参与的学校和院系治理机制，发挥企事业单位的工程技术专家和管理专家在高校和院系决策中的作用，让他们真正参与实质性工作，探索积极有效的社会参与治理形式。在普及化阶段，高等教育的开放应当是全面的开放，是社会全面的参与，是高校与社会共同分担发展高等教育的责任。

3. 改革和完善专业社会组织功能机制，提高社会参与高等教育治理的有效性

除高校等高教机构外，各种专业社会组织，比如，研究咨询组织、评估认证组织、专业学会协会组织以及专业或课程教指委，都对高等教育运行与发展具有重要影响。但在传统上，这些组织要么成为政府的附属单位，发挥刚性的行政指导与协调功能，要么成为我行我素、自说自话的"独立"机构。发展普及化高等教育，不仅要加强社会问责，更要加强和改善社会指导与服务。显然，加强社会专业组织建设，建立健全其功能

发挥机制，使其更好地为高等教育普及化发展服务，具有重要意义。应当加强高等教育智库培育，在全国建立一批实力强、水平高的智库组织，为推进发展普及化高等教育发挥重要咨询指导作用。应当加强专业学会协会组织建设，积极组织和开展专业人才培养研究，扩大其在高等教育学科专业评估与认证方面的作用，使其成为高等教育同行共同治理的核心组织。应当规范和鼓励有关社会新闻传播媒体等参与高等教育舆论监督，发挥其引导公众关切、监督高等教育发展的作用。应当进一步明确和规范多类教指委的身份和功能，淡化其行政属性，强化其专业属性，大力发挥其对高校教育教学的指导和咨询作用。普及化高等教育的发展，与社会各阶层民众和各行各业发展有着紧密而直接的联系，提高社会参与治理的有效性，有助于普及化高等教育更好地发挥其功能。

（原载于《中国高教研究》2016年第4期，署名：别敦荣、王严淞）

第六章
高等教育普及化阶段的人才培养

　　高等教育大众化和普及化是21世纪我国高等教育发展的大趋势。在普及化阶段，高等教育更倾向于公民的一种义务，其主要目的是通过更加多样化的高等教育机构和教育形式，提高人们对社会的适应能力，注重终身学习以及教育机会均等的理念。由此可见，高等教育普及化是质与量的统一。①质的变化具体包含教育理念的改变、教育功能的扩大、培养目标和教育模式的多样化以及课程设置、教学方式与方法更具有针对性等很多方面，其核心则是改革人才培养体系，提高高等教育质量。

一、普及化高等教育人才的内涵

　　人才培养是高校的基本职能。在高等教育的历史演变过程中，人才培养的理念、目标和方式都随社会需要和高等教育自身的变化而不断发生深刻的变化。在不同的发展阶段，高等教育的人才内涵存在明显差异。尽管如此，高等教育自产生以来未曾中断过，人才培养活动具有历史的一致性。这就是说，在精英化、大众化和普及化阶段，培养高级专门人才的要求一直贯穿始终，高等教育人才的内涵具有相同之处。

（一）高等教育人才的共性

　　高等教育以造就社会高级专门人才为目的。不论是在早期还是当代，社会高级专门人才主要是通过高等教育培养的。这是高等教育区别于其他教育的关键。在国际上，全部发达国家和部分新兴经济体实现了高等教育从精英化向大众化和普及化的过渡。不论是在我国还是在其他国家和地区，高等教育在各发展阶段都保持了所培养人才的基本内涵。

　　第一，人才的高层次性。作为建立在中等教育基础上的高层次的教育形式，高等教育具有高层次性。高等教育用高深的、专门化的知识培养出来的人才，其知识水平、个人素养和能力、职业修养、社会作用普遍较高。在精英教育阶段，接受高等教育是少

---

　　① 别敦荣. 普及化高等教育的基本逻辑［J］. 中国高教研究，2016（3）：31-42.

数人的特权。人才的高层次性在入学选拔中得到体现,受教育者不仅需要具备优异的考试成绩,还必须处于较高的社会层级,拥有足够的经济能力。在培养过程中,高校注重塑造人的心智,按照统一的、严格的标准来培养学术精英和统治阶层;进入大众化阶段之后,高等教育使更多的公民得到了成为高层次人才的机会,入学选拔的标准不断放宽,限制条件逐渐放松。高校培养出的高层次人才范围更加广泛,不仅涉及政治和领导阶层,还涉及社会的各行各业和各个领域。这些高层次人才对推动社会文明进步、促进社会经济发展发挥了重要作用。在高等教育普及化阶段,高层次人才的内涵更加丰富:其一,高层次人才的评价标准趋于多样化。人才培养规格的多样化,包括理论型、应用型、技能型等横向多样化和博士、硕士、本科、专科等纵向多样化,各种类型人才的评价标准更加多样化。其二,高层次人才更趋现代化。高等教育是科学技术发展的母机。它不仅造就科学技术研究、开发和应用人才,而且通过科学技术训练,培养科技人才的科学精神和创新能力,使科技发展获得源源不断的内动力。其三,高层次成为社会各行各业从业人员的普遍要求。高等教育普及化阶段一般也是社会生产现代化和社会生活现代化阶段,社会各行各业的从业门槛逐渐提高,接受高等教育成为从业人员必备的条件。正因为如此,高层次人才的社会作用才会显著提高,高等教育成为促进社会生产和生活文明进步的核心力量。

第二,人才的专业性。专业性是高等教育的本质属性。高等教育以培养高级专门人才为己任,将接受了基础教育的青年和成年人培养成为社会各行各业的专业从业人员,他们所掌握的专业知识和技术对实现专业化生产、产出专业化的成果具有决定性的意义。在高等教育精英教育阶段,尽管社会职业门类相对较少,高等教育仍然发挥了培养高级专业人才的作用,包括培养牧师、教师、医师、律师等。随着社会现代化进程的不断推进,社会工业化程度不断提高,社会职业种类越来越多,对从业人员的知识和技术要求越来越高。因此,高等教育与社会经济发展的联系愈发密切,工业的发展对高等教育提出了科学化、现代化和民主化的要求。学科门类迅速增加,高校为社会各行各业的发展直接提供专业性人力资本。人才的专业性与社会经济的发展逐渐融合,高等教育由此逐步从精英化阶段向大众化阶段过渡。到了普及化阶段,高等教育将更大程度地与社会相融合。社会各行各业的现代化程度不断提高,越来越朝着精细化方向发展,与之相适应,高等教育的专业类型会不断扩充,专业数量不断增加,专业人才的素质要求也会发生重要转变,主要表现为两大趋势:其一,从知识的纵向联系来看,学生的专业化越来越聚焦与深入;从知识的横向联系来看,更为复杂的专业知识要求学生提高综合运用能力。其二,专业的操作与应用能力受到重视,技术技能型人才成为专业人才的重要组成部分。这就意味着,普及化高等教育人才专业性的内涵更加丰富。精英化阶段的人才培养目标是非功利性的、普通的,大众化阶段的人才培养目标开始表现出功利性和社会化,而普及化阶段的人才培养目标更多地表现为功利性与非功利性、个性化与社会化的统一。

（二）普及化高等教育人才的特殊性

普及化阶段既是高等教育精英化阶段和大众化阶段的自然延伸，又是一种新的发展，表现出新的特点。与前两个阶段相比，普及化阶段高等教育人才不仅表现为数量的差异，而且表现为质性的不同，人才内涵进一步充实。这种变化主要受社会经济发展水平和文化科技发展要求的影响。认识普及化阶段高等教育人才质性上的特殊性，对于为受教育者提供适当的教育、为社会经济和文化科技发展培养所需要的人才，具有十分重要的意义。

第一，人才素质的全面性。在普及化阶段，高等教育人才的综合素质是突出的，受教育者更注重全面发展。诚然，全面发展是不同阶段高等教育都重视的人才内涵，但在普及化阶段，人才的全面素质具有新的意义。在精英化阶段和大众化阶段，社会上的高等教育资源不足，人力资源也比较紧缺，高等教育的人才培养十分重视毕业生在人才市场上的职业竞争力。在传统的人文教育的基础上，高等教育更注重培养学生的职业能力。尽管部分高校十分重视通识教育或核心课程教学，但重点仍放在专业教育上。到了普及化阶段，社会上的高等教育资源变得丰富了，高级人才的数量充裕了，高等教育人才的内涵也开始发生改变，全面发展越来越成为人才的核心竞争力。通识教育与专业教育相结合，实现人文教育与科学教育的融合，成为普及化阶段高等教育的重要趋势。因此，一些国家明确提出了人才素质的全面性要求，比如，2003年，日本中央政府审议会的《关于与新时代政府的教育基本法和教育振兴基本方式》报告提出，在人才培训中应当适应时代变化提出的要求，同时也要注重弘扬日本传统文化，使受教育者在宽广的胸怀、健康的体魄、丰富的创造力方面均衡发展。[①]

在普及化阶段，高等教育人才的全面性主要表现在两个方面：首先，高等教育为几乎所有职业工种培养人才，不仅能够满足各类职业岗位的人才需求，而且能够适应各层次水平的人才需求。正因为如此，到了普及化阶段，高等教育与社会的关系是全面融合的关系，高等教育成为社会文明进步的核心动力。这是普及化高等教育与精英化、大众化高等教育的根本差别。在精英化阶段，高等教育为特定行业或职业培养人才，大多数行业或职业的人才需求不是由高等教育满足的，所以，精英化高等教育对社会文明进步的作用是非常有限的。在大众化阶段，高等教育培养的人才所涉及的行业或职业不断得到拓展，高等教育对社会生产和生活的影响不断加强。当其范围扩大到几乎全部行业或职业，且程度达到较高水平时，高等教育发展便进入普及化阶段。其次，高等教育所培养人才的素质具有全面性。对人才的专业素质的重视是高等教育在各发展阶段的共同特征，但重视程度在不同阶段存在差别。在专业素质以外，人才的其他素质在不同类型和层次的高等教育中的要求是不同的。但在普及化阶段，不论什么类型或层次，人

[①] 教育管理信息中心. 21世纪初日本大学改革与今后的改革对策［J］. 教育参考资料，1998（8）：1-17.

才素质都要求全面，所以，高等教育特别重视通识教育与专业教育相结合、人文教育与科学教育相融合，以培养具有全面素质的人才为目标。

第二，人才素质的创新性。在普及化阶段，高等教育更加重视培养创造性人才，这是由普及化高等教育所处的社会环境决定的。美国是世界上最早实现高等教育普及化的国家，但那也是20世纪70年代中期的事情。其他高等教育普及化的国家大多数是在近20年实现的。这个时期是世界爆发第三次科技革命的时期，以高新科技发展及其产业化为标志的新工业革命和知识经济深刻地影响了人类的生产和生活，高新科技成为经济发展的新引擎。新科技革命和工业革命不但推动了很多国家高等教育由大众化向普及化发展，而且对高等教育的人才培养提出了新要求，即培养能够适应快速进步的高新科技发展要求的具有创新素质的人才。所以，培养创新型人才成为世界各国高等教育发展的新特点。在很大程度上，处于普及化阶段的国家引领了世界高等教育发展的这一波新潮流。以哈佛大学为例，迄今其已吸引来自130个国家和地区的5300多名教授来校交流，这些人将最前沿、最具有代表性的内容带到课堂上，使学生开阔眼界，产生创新的动机。

尽管创新型人才培养在高等教育历史上未曾中断过，但在普及化阶段，高等教育人才的创新性有了新的内涵，具体表现在：第一，高新科技创新成为高等教育人才素质的新要求。高新科技发展与人类以往的科技发展具有显著的不同，科技含量高、更新速度快是其主要特点。这就要求高等教育培养能够适应高新科技发展要求的创新型人才，其创新素质以高新科技的开发和应用为出发点。所以，在各级各类高等教育中，高新科技教育成为不可缺少的内容。第二，高等教育人才的创新素质更加注重综合素质的养成。高新科技创新往往是集成创新、综合创新，为了培养创新型人才，高等教育越来越重视多学科或跨学科教育，给予学生综合性的学科专业修养与训练，使其养成能够综合运用多学科知识和技术，解决复杂的技术、工程与社会问题的能力。因此，高等教育人才的创新素质不仅是受教育者个人的需要，更是经济社会发展和科技进步的要求。

第三，人才素质的国际化。高等教育人才素质的国际化既是永恒的，又是现实的。说它是永恒的，是因为知识无国界，不同国家的高等教育所传授的知识是共通的。在精英化和大众化阶段，高等教育人才素质的国际化主要表现为知识的国际共通和少数人才具有国际流动与交往能力。在普及化阶段，国际化成为普遍的要求，培养国际化素养成为高等教育人才培养的主要目标之一。高等教育普及化阶段是世界经济和科技文化全球化的时代，人才、技术、商品、贸易和生产的流动带来了前所未有的国际大融合。所谓的"地球村"使人从来没有像现在这样方便地与世界上每一个角落的人相互交往。世界贸易组织（WTO）所带来的跨境交付服务贸易更是使人足不出户就能享受到全球任何地方的远程服务。在这样一个国际化和全球化的时代，高等教育国际化的含义有了重要的更新，人才的国际化素养更超越了传统的基于知识共通所具有的国际交流能力。

因此,在普及化阶段,高等教育对人才素质的国际化要求超越了精英化、大众化阶段的要求。这种差异性主要表现在两个方面:第一,国际化是对所有接受高等教育的人的共同要求。除了学习人类共同的文化科学知识外,每一个受教育者还应当学会和掌握国际交流、交往的工具和技术,包括外语和网络信息技术,养成国际理解能力。第二,国际化本身成为高等教育的重要领域。一些带有国际性或全球性的人才培养活动越来越受到重视,人才需求越来越大。在普及化阶段,几乎所有学科专业都进行了研究领域的开拓,国际化或全球化成为学科专业开拓发展的重要方向,培养国际化或全球化人才成为这些学科专业的主要任务。

二、普及化高等教育人才培养面临的挑战

纵观已经实现普及化的国家,为了满足经济社会发展对人才的新要求,其高等教育无不经历了重要变革,尤其是对人才培养体系与模式进行了深刻的变革。我国高等教育已在快速迈向普及化阶段,客观地讲,我国高等教育,尤其是人才培养离普及化阶段的要求还有不小的差距。在培养什么人、怎样培养这样的人的问题上,既需要根据普及化阶段的要求解决理念和思想认识问题,又需要大胆改革,积极探索适合我国国情的普及化高等教育人才培养体系。

(一)高等教育结构转型带来的挑战

普及化高等教育是结构与功能的统一。高等教育由大众化向普及化过渡必然带来结构的变化,包括需求结构与供给结构的重大调整。无论是需求结构还是供给结构的调整,都会对高等教育人才培养带来新的挑战,要求高等教育人才培养做出积极的回应。

1. 高等教育需求结构转型

普及化高等教育必将突破传统适龄人口的限制,将生源拓展到所有适合接受高等教育的民众。这就是说,高等教育与终身学习是相互关联的,高等教育是构建终身教育体系的重要组成部分。在精英化和大众化阶段,高等教育的生源以适龄人口为主,即主要是传统生源。在普及化阶段,大规模的非传统生源成为高等教育的受众人群。与传统生源相比,非传统生源的学习背景、求学目的、学习能力、学习方式多元而复杂,必然需要更多样化的培养目标、更灵活的培养方式以及更综合的培养内容。与此同时,传统生源的结构也会发生重要改变,以往被认为不适合接受高等教育的适龄人口会成为高等教育的受众人群。他们与其他传统生源相比,特点各异,教育需求也大不相同。

普及化阶段高等教育需求的结构转型,要求我国高等教育在人才培养理念、教育模式、评价机制、教育形式等方面进行深刻的变革。与普及化阶段的需求相比,我国高等教育人才培养存在诸多不适应:从理念看,终身教育、可持续发展等理念有待进一步加强;从教育模式看,统一且封闭的培养模式、重理论轻实践的教学模式、高度单一化的学习模式等有待改革;从评价机制看,机械的、单一化的、重教轻学且过分看重书本知识掌握的评价机制,无法对不同类别和层次的受教育者进行适当的评价;从教育形式

看,网络教育、远程教育、成人教育等有待进一步完善和改进。

在普及化阶段,高等教育需求结构的变化是不可避免的,而且随着普及化进程的推进,需求结构的变化将越来越大,这种变化对高等教育人才培养的挑战无疑是全面而深刻的。如果固守精英化和大众化高等教育的标准与模式,对发展普及化高等教育无疑是有害的。

2. 高等教育供给结构转型

高等教育供给结构是指提供各级各类高等教育的机构和形式之间的关系。在高等教育精英化阶段,高等教育机构和形式是单纯的,层次和类别比较简单。到了大众化阶段,高等教育机构和形式变得多样化,且随着大众化的不断推进,复杂化程度不断增加。进入普及化阶段,高等教育供给结构向高度复杂化发展,机构和形式之间的关系纵横交织,很多甚至无法用经典的高等教育理念和标准来解释。之所以会有这样的变化,主要原因是高等教育供给结构既要能满足超大规模的受教育者的需要,还要适应其高度个性化和复杂化的特点。例如,据预测,仅从数量上看,我国高等教育要达到普及化的基本要求,还需增加800万人以上的在学人口。①如果一所大学在校生数为1万人,则需增设800所这样的大学。再如,与美国高等教育相比,我国如果要达到同等发达程度,需净增4000万至5000万在学人口。显然,我国高等教育供给是不足的。发展普及化高等教育,依靠传统的高等教育供给结构是难以达到目的的,必须发展新的高等教育机构与形式,尤其是要利用网络和信息技术条件,设立新型的高等教育机构,开发新的高等教育形式,以支撑超大规模高等教育发展的需要。

发展普及化高等教育,不仅要扩大量的供给,还要增加品质种类。由大众化到普及化,高等教育需求的变化主要在两端:一端是新增的适龄人口。在精英化和大众化阶段,这部分人口被排除在高等教育之外往往是因为他们的知识水平达不到要求。到了普及化阶段,如何通过增加高等教育品质种类,向他们提供适合其需要的高等教育,是不能回避的重大课题。没有这部分人口参与高等教育,普及化是不可能实现的。另一端是大规模的非适龄人口,即成年人口。他们往往是在职人员,在工作中萌发了接受高等教育的需求,或者原先所接受的高等教育已经无法适应岗位工作或职业更新的要求,需要接受更高层次的教育,或接受短期继续教育。这部分人口规模巨大,我国16~65周岁的劳动年龄人口有9亿多人,他们接受高等教育的动机和需求更加多样化和个性化。如何向这部分人提供高等教育,满足他们的受教育需求,是我国发展普及化高等教育在供给结构方面所面临的重大挑战。

因此,发展普及化高等教育,必须改革和创新高等教育供给结构,既要扩大数量供给,也要注重品质供给,提高高等教育的包容性,为超大规模的高等教育受众提供多样化、个性化的教育。

---

① 别敦荣.普及化高等教育的基本逻辑 [J].中国高教研究,2016（3）:31-42.

（二）外部环境带来的挑战

普及化高等教育是社会发展的产物，社会需要是普及化高等教育发展的根本动因。社会经济发展达到一定水平，必然要求高等教育发展到一定程度或阶段；职业门类的增加，必然要求高等教育增加学科专业门类，培养相应的高级专业人才；社会现代化和科技进步达到一定的水平，必然要求高等教育转变思想观念，培养具有相应知识、能力和素质的人才。我国经济社会发展正迈入全面小康社会，国家处于重要的转型发展期，转变经济增长方式，实现科学、协调、绿色、开放和共享增长，是未来经济社会发展的新需要。这些要求对高等教育无疑是重大的挑战。发展普及化高等教育，主动迎接挑战，方能与时俱进，保持高等教育持续发展。

1. 地区均衡发展要求

地区均衡发展是衡量一个国家经济社会发展现代化水平的重要指标。我国经济社会持续高速发展，总体水平已经达到较高程度，经济总量进入世界前列。但不可否认，我国东中西部地区经济社会发展不均衡的问题还相当突出，城乡间发展差距很大。比如，2014年我国各省市GDP总值显示，东部地区如广东省的GDP总量达到了67792.24亿元，人均GDP为11.6万元；中部地区如江西省的GDP总量为15708.6亿元，人均GDP为4.06万元；而一些西部地区如青海省GDP总量只有2301.12亿元，人均GDP为2.67万元。①从城乡经济发展水平差距来看，早在2005年，国际劳工组织的数据显示，绝大多数国家的城乡人均收入比都小于1.6，而我国到2010年之后才把城乡收入比控制在3以下。②地区差异是客观的，有其历史与现实的必然性，但差异悬殊，超出了社会公平发展的限度则应引起警惕。

国家已经制定了均衡发展战略，为了推进中西部地区经济社会加快发展，实施城镇化、现代化战略，以缩小东中西部地区之间的差距和农村地区与城市发展的差距。基础设施投资、产业发展投资无疑是重要的，但它们大多只能治标，不能治本。中西部地区和农村地区发展如果不能实现人民群众受教育水平的同步提高，是难以真正实现均衡发展，达到全面小康社会和现代化社会水平的。因此，地区均衡发展要求高等教育均衡发展。然而，与经济社会发展状况一样，我国东中西部、城乡之间高等教育发展水平的差距也是巨大的。据分析，我国高等教育未来的发展趋势是区域差异逐渐缩小，高等教育发展水平的均衡指数逐渐上升。但是，均衡指数的上升速度会越来越慢，这意味着在一段时间内我国高等教育发展水平的地区差异状态将继续存在。③不仅如此，中西部地区和农村地区的人才流失严重，扎根效果欠佳，很多毕业生和高水平人才流向了东部发

---

① 中商情报网. 2014年中国31省市GDP总值排行榜［EB/OL］.（2015-2-3）［2016-1-15］. http://www.askci.com/news/data/2015/02/03/101128ifuj.shtml.

② 中国经济网. 统计局数据显示中国城乡收入差距正在缩小［EB/OL］.（2011-10-20）［2016-1-15］. http://finance.ifeng.com/a/20111020/4877299_0.shtml.

③ 许庆豫，徐飞.我国高等教育与发展水平地区差异分析［J］.复旦教育论坛，2012（4）：61-65.

达地区，造成中西部地区和农村地区人才培养的尴尬局面。所以，地区均衡发展对普及化高等教育的要求表现在不仅要解决高等教育发展的增量问题，还要解决存量问题；不仅要培养更大规模、更多样化的高级专业人才，还要培养留得住、能扎根的开拓者和建设者。

2. 产业结构升级发展要求

产业结构与高等教育关系密切，产业发展水平和产业结构对高等教育人才培养水平和人才培养结构具有重要影响。改革开放初期，我国产业发展落后，三次产业结构的现代化水平低下，高等教育也维持在一个很低的发展水平上，每年招生人数为20万～30万人，在校生人数不过百万。经过多年发展，我国经济发展水平整体大幅提高，三次产业结构也发生了重大变化。1987年，我国三次产业结构比为49.99：19.04：30.97，第一产业所占比重较大。到2013年，我国第三产业增加值比重为46.1%，首次超过第二产业。但是，产业发展的现代化水平与先进国家相比还有相当的差距，三次产业的科技含量和生产水平还比较低。第二产业中外贸出口导向的来料加工企业所占的比例很高，第三产业中附加值较高的产业发展严重不足。这种状况与建设创新型国家的要求是不相符合的。因此，转变发展方式，实现创新驱动发展，改善产业结构，提高三次产业科技内涵和人文内涵，提升我国经济发展的现代化水平，是我国全面实现现代化的必由之路。

产业发展的表象是经济问题，实质是教育问题，尤其是产业现代化水平的提高，更与发展普及化高等教育，培养适应产业结构提升和生产现代化所需要的高级专业人才息息相关。我国高等教育不仅存在人才培养数量不能适应产业发展要求的问题，而且存在人才培养结构和质量不能满足和促进产业发展的问题。产业发展要转型，产业结构要升级，必须发展普及化高等教育，改善高等教育结构，提升人才培养水平。

3. 国际化、全球化竞争要求

互联网和信息技术的发展直接导致了国际交流方式和经济生产方式的革命性变革，世界政治、经济、文化、科技和教育的国际化与全球化趋势方兴未艾。我国已经走出了封闭发展的传统，加入了国际化和全球化的潮流，成为国际化和全球化进程中举足轻重的国家。但不可否认，我国政治、经济、文化和科技发展的国际化程度还不够高，全球化程度和国际竞争力还较弱。据统计，我国在"十二五"期间的全球竞争力一直保持在25～30名，国际竞争力不高不仅影响我国在国际化和全球化格局中的地位，更直接影响我国在国际财富分配中所占的份额。国际竞争力不强，导致我国未能在国际上发挥一个大国所应有的作用。比如，在国际留学生市场上，我国出国留学的人数和来我国留学的人数严重失衡，我国成为国际留学生市场的最大输出国，所占比例之高令人吃惊。据联合国教科文组织统计，中国是世界上在国外接受高等教育人数最多的国家，占全球总数的40%。留学生教育也是一种经济竞争力，美国是全球吸引留学生人数最多的国家，来自世界各国和地区的规模庞大的留学生为美国经济发展做出了重要贡献。

国际化、全球化竞争是不可阻挡的，"走出去"战略和"一带一路"倡议的实施将有助于提高我国的国际竞争力。国际竞争归根到底是教育的竞争,尤其是高等教育的竞争。发展普及化高等教育,造就一大批能够胜任国际化和全球化竞争的高级专业人才,既是提高经济竞争力的需要,也是提高教育竞争力的需要。

三、普及化高等教育人才培养的策略

适应国家经济社会发展要求、发展普及化高等教育是大势所趋。发展普及化高等教育,既包括继续扩大教育规模,让更多的公民享有接受高等教育的权利,履行公民对社会应尽的义务,又包括改革人才培养方式,造就新型的高等教育人才。现行的人才培养体系和人才培养模式面临严峻的挑战,必须从更新人才观入手,进行人才培养体系和人才培养模式的重构与再造,全面提高高等教育人才培养的能力。

(一)树立多样化的人才观

普及化高等教育是个性化教育、包容教育。长期以来,我国高等教育过于追求一致和共同目标。教育教学的刚性有余,弹性不足,适应面窄,多种教学要素之间关系的建构主要是培养知识传承性人才,而不是为了培养创新型人才。[①]这些问题严重地制约了高等教育向普及化阶段过渡。曾经有学者就此指出:"我们实行的是一视同仁的教育,仿佛要把每一个人教育成大学教授,对每个人的评价也都是依据这个狭隘的标准。成功可以有无数种定义,成功的途径更是千变万化的。"[②]这种状况必须改变,首先应当树立多元化的人才观,从高等教育的人才理念入手,探索建立适应普及化高等教育发展要求的人才培养体系。

多元化的人才观不只是普及化高等教育的要求,也是大众化高等教育的要求。在大众化阶段,高等教育突破精英化人才观,使各级各类不符合精英化人才观的高等教育发展起来了,促进了高等教育规模的扩大和人才培养体系的丰富与多样。在普及化阶段,多元化人才观不但继承了大众化高等教育的人才观,而且有了新的发展,突出地表现为高等教育的高度个性化,为了满足每一个受教育者的需要,建立起极富弹性和灵活性的人才培养体系。只有这样,发展终身学习、建立学习型社会才具有可靠的基础。

树立多元化的人才观,发展普及化高等教育,要求在人才培养全过程中以多元化的人才观为指导,处理和解决高等教育的各种现实问题。首先,全面开放高等教育入学门槛,为所有有志于接受高等教育的人提供相应的教育。自精英化阶段开始,高等教育入学门槛就成为阻碍高等教育发展的主要障碍。发展普及化高等教育,必须全面开放门槛,为每一个愿意求学者打开方便之门,满足全体国民的需要。其次,更新人才培养目标,使所有受教育者得到发展。每一个人起点不同,受教育目的不同,对职业发展与生活的期望不同,对高等教育的要求各异,要让培养目标转变到学生本位上来,将共同要求降低到最低限度,以促进学生的个性化发展为主要目标。再次,改革学业评价标准,

① 别敦荣. 论高等学校人才培养模式及其改革 [J]. 中国大学教学, 2011(11):20-22.
② 〔美〕H·加登纳. 智能的结构 [M]. 兰金仁, 译. 北京:光明日报出版社, 1990:417-418.

准确评价每一个学生的教育经历和发展水平。教育是为学生发展服务的，学生个体的发展应当成为学生发展的核心。应当以个性化的评价标准，激励学生的成长与发展，并将其作为衡量学生是否达到求学目的的尺度。

（二）转变教学模式，注重培养学生自主发展的能力

教学模式是高等教育实现功能的载体。教学模式先进与否，直接影响高等教育人才培养质量。改革开放以来，我国高等教育人才培养模式改革不曾间断，但因为理念滞后、人才观陈旧，教学模式改革未能取得实质性突破。以教材为中心、以教师为中心、以考试为中心的教学模式仍然主导着我国高等教育，严重地影响了高等教育的普及化发展。

教学模式是教学过程诸要素或环节的集合方式。各要素或环节在教学过程中发挥的作用是不同的，哪个或哪些要求或环节在教学过程中发挥主导作用，便会形成特定的教学模式，产生特定的高等教育功能。比如，在传统的教学过程中，教材往往发挥主导作用，于是便形成了以教材为中心的教学模式。这种模式的功能在于使学生比较好地掌握已有的基础知识和技术，成为已有知识的接收者和传承者。再如，在先进的教学过程中，学生自主学习往往被放在核心地位，这样就形成了以学生自主学习为中心的教学模式。这种模式的功能在于利用和发展学生的自主性，使其成为具备自主学习和可持续发展能力的实践性人才。发展普及化高等教育，必须在多元化的人才观的指导下，改革教学模式，积极探索极具个性和包容性的教学模式，使每一个受教育者都能在一定的教学模式中如鱼得水，获得其自身所希望的发展。

改革教学模式，首先，应当明确改革的出发点和归宿。普及化高等教育是平民教育，要抓住平民的特点，从每一个学生的特点和需求出发，设计教学过程各要素或各环节之间的关系。学生是教学模式改革的出发点，除此没有第二个出发点，这是普及化高等教育的必然要求。学生还是教学模式改革的归宿，检验改革成效的唯一标准是学生的发展，教学模式改革尊重学生的差异，促进每一个学生的发展。其次，探索建立以学生自主学习为中心的弹性教学模式。弹性教学模式不会只有一种形式，而是应当有多种形式，能够适应每一个受教育者的需要。再次，探索开发新的高等教育形式，丰富高等教育人才培养模式。网络和信息技术为开发新的高等教育形式提供了可能，也为发展普及化高等教育提供了有效的手段。

（三）加强信息网络技术在人才培养中的应用

信息网络技术是高新科技革命的产物。它不仅彻底地改变了人类的信息传播方式，而且成为高新科技发展的助推器，成为国家经济社会发展的新源泉。发展普及化高等教育，应当重新认识信息和网络技术的作用。很多人将信息和网络技术在高等教育中的应用仅仅看作一种补充形式，以为在现有的人才培养体系中加入一点在线课程，在教学过程中采用信息和网络技术加强师生互动、改善教学管理等，就实现了信息和网络技术与高等教育的结合。这是非常狭隘的，应当从扩大高等教育供给、提高人才培养水平和质量的高度,认识信息和网络技术对发展普及化高等教育的作用。信息和网络技术能够发挥作用的空间是无限的,信息和网络技术有助于放大高等教育功效。

发挥信息和网络技术在高等教育人才培养中的作用,应当因势利导,重点突破,稳步推进,逐步扩大信息和网络技术影响的对象范围,保证信息和网络技术在普及化高等教育发展中发挥应有的作用。首先,加强网络教学系统开发,发展经济、便捷、高质量的网络教学系统。利用信息和网络技术加强高等教育人才培养,必须充分考虑普及化高等教育受众的特点,照顾他们的利益诉求,为广大受众利用网络教学提供方便。其次,大力开发网络教学资源库,建立资源丰富、易得好用的网络化的人才培养体系。网络教学资源库是发挥网络教学作用的基础条件,是网络化人才培养取得成效的保障。高等教育机构、社会组织和政府应当发挥各自的优势,利用各自的资源参与网络教学资源库建设;应建立网络教学资源库共享系统,提高教学资源库的利用效率。再次,建立网络教学与教学服务体系,为上网学习困难者提供帮助。网络教学提供者应当在开发网络教学系统和网络教学资源库的同时,高度重视网络教学支持和服务体系,使三大系统有机融合,相互支持。普及化高等教育是全民教育,网络教学系统应当体现平民性,成为发展普及化高等教育的基础平台。

(四)大力推进开放合作教育,构建开放式的人才培养体系

普及化高等教育是面向全体国民的教育,服务社会各行各业对高级专业人才的需要。高等教育应当加强与社会的融合,建立开放合作办学体系。长期以来,我国高等教育重视专业实践教学和社会实践,注重利用实践教学培养学生的实践能力、创新能力和适应能力。但是,由于相关政策法规支持乏力,企事业单位在高等教育人才培养中的利益难以得到保障,往往只有付出,没有回报,或者付出多,回报少,所以,在高等教育人才培养中,常常出现高等教育机构热心却难以找到着力点,相关企事业单位碍于情面勉强接受有关高等教育机构合作办学请求的局面。

开放合作办学是高等教育机构的办学要求,却并非其利益所在。高等教育是为社会培养人才的,它所培养的高级专业人才为社会各行各业所接受,成为各行各业的从业人员,担负了各行各业建设与发展的任务。所以,开放合作办学,归根结底,是为各行各业培养高素质的从业人员服务的,是社会相关企事业单位的利益之所在。加强开放合作办学,建立开放型的人才培养体系,不仅是发展普及化高等教育、培养高素质人才的需要,也是提高各行各业人员素质、提高社会人力资本价值、全面提高社会生产能力的要求。

推进开放合作办学,建立开放型的人才培养体系,应当多管齐下,有关各方和衷共济,积极参与,开创合作共赢的高等教育人才培养新局面。第一,高等教育机构应当积极作为,制订完善的开放合作办学计划,主动出击,寻找合作伙伴,推介合作办学项目。同时,加强宣传沟通,争取社会企事业单位的理解和支持,发展教育战略合作伙伴关系。第二,社会企事业单位应勇于担当,增强社会责任感,从提高产业和行业生产水平的大局出发,积极参与高等教育开放合作办学,发挥自身技术、设施和生产优势,为人才培养做出应有的贡献。第三,政府应当完善政策法规,积极支持和鼓励企事业单位参与高等教育开放合作办学。制定减免税政策,提供优惠政策支持,给予必要的公共财政补助,将开放合作办学纳入公共资源政策支持范围,为建立开放式高等教育人才培养体系创造有利的环境条件。

（原载于《中国高教研究》2016年第3期,署名:登云[①]、齐恬雨）

[①] 登云:别敦荣笔名。

第七章
发展普及化高等教育与素质教育

普及化高等教育与素质教育有关系吗？乍一看，二者之间好像还真的没有什么联系。素质教育思想提出于我国高等教育精英化阶段，在大众化阶段得到进一步实施，但到目前为止，我国高等教育仍然处于大众化阶段，所以，将二者联系起来讨论似乎缺乏合理的基础。但如果透过表象，从我国高等教育发展的趋势和需要看，可能就是另外一种情况了。根据相关研究①和国家高等教育发展规划目标②，在未来两三年内我国将迎来高等教育发展的普及化阶段，也就是说，我们已经听到了普及化高等教育发展的脚步声。试想一下，真的到了那一天，应该拿什么思想来指导我国高等教育的发展？我们认为，素质教育是在中国大地上生长起来的高等教育思想，是适合今天和未来我国高等教育发展要求的思想，前瞻性地探讨素质教育与发展普及化高等教育的相关问题，非常必要。

一、高等教育普及化阶段素质教育的意义

普及化是世界各国高等教育发展的共同趋势，我国也不例外。我国社会正处于向现代化和工业化迈进的关键时期，推进经济社会转型发展、建设创新型国家，必须发展规模更大、质量更高的高等教育。我国高等教育总规模已经位居世界第一，形成了巨大的规模优势，普及化发展将进一步增强我国高等教育的规模优势。但仅有规模是不够的，如果高等教育所培养的人才素质不高，是不可能对国家经济社会发展发挥积极促进作用的。因此，在高等教育普及化阶段，坚持弘扬素质教育，以提高每一个学生的素质为基础，全面提高高等教育人才培养质量，具有重大战略意义。

1. 有助于全面提高高等教育质量

普及化阶段，我国高等教育的规模是超大的，它将传统上被认为大批不具有接受高

---

① 别敦荣. 普及化高等教育的基本逻辑［J］. 中国高教研究, 2016（3）: 31-42.
② 国务院关于印发国家教育事业发展"十三五"规划的通知［EB/OL］.（2017-01-19）［2017-05-24］. http://www.gov.cn/zhengce/content/2017-01/19/content_5161341.htm.

等教育能力和资质的人口吸纳进来,在扩大高等教育覆盖面和容量的同时,也改变着高等教育的内涵与外延。所以,发展普及化高等教育需要有新的认识,不能固守传统的高等教育思想。普及化高等教育不是低质量的高等教育,也不是少数人"圈养"、多数人"放养"的教育①,更非一个标准下少数人通过、多数人被淘汰的教育,而应是各级各类高等教育质量都得到不断提高的教育,是每一个接受高等教育的人都能得到应有发展的教育。素质教育不仅是全面素质的教育,而且是覆盖全体学生的教育,还是包括各级各类高等教育的教育。以素质教育思想指导普及化高等教育的发展,可以避免畸重畸轻,杜绝在高等教育发展中只片面地考虑少数学生发展、部分高校办学、个别层次或类型高等教育水平提高的现象,而要兼顾所有学生、所有高校发展的需要,达到全面提高高等教育质量的目的。

2. 有助于发展个性化的高等教育

普及化高等教育发展的难点在于学生个体的发展和高校的特色办学。在高等教育精英化阶段,虽然学生个体的发展也受到关注,但总体上教育模式是统一的,教育方法是一致的,教育的标准和要求是相同的。在高等教育大众化阶段,虽然统一的教育标准和方式有所松动,开始向差异化和多样化方向发展,但由于传统的观念影响甚深,精英化的质量标准常常对大众化高等教育具有重要影响。我国现代高等教育发展只有100多年的历史,在绝大部分时间里,就办学规模而言,高等教育都处于精英化阶段,只是在近10年里才快速进入大众化阶段,而且奇迹般地开始向普及化阶段迈进。因此,可以说,在我国高等教育发展进程中,大众化只是一个短期的过渡阶段②,基本上还来不及形成成熟的多样性的教育模式。如果不能建立适应每一个学生的教育模式,那么,要想在高等教育普及化阶段全面提高高等教育质量,只能是痴人说梦,美梦虽好,不能成真。所以,坚持弘扬素质教育,根据普及化阶段高等教育生源的特点和教育要求,以每一个学生素质的提高为根本目的,建立个性化的人才培养模式,才能实现发展普及化高等教育的初衷。只有这样,才能发挥普及化的全纳功能,不放弃任何一个大学生,从而全面提高国家人口质量。

3. 有助于进一步加强高等教育适应国家经济社会发展的能力

发展普及化高等教育有两个动因:一是民众接受高等教育的需求,二是国家经济社会发展对劳动者素质提高的要求。二者有联系,也有差别。人们往往将前者视作内动力,而将后者视作外动力。从某种意义上讲,发展普及化高等教育更多的是外动力作用的结果。这也就使得发展普及化高等教育必须适应国家经济社会发展的需要,更好地发挥高等教育的社会功能。恰恰在这个问题上,我国高等教育表现得还不是很尽如人意,高等教育与社会需求脱节的问题还比较突出。如果不解决好这个问题,发展普及化高等教育的结果可能是消极的:要么进展缓慢,要么严重不适应社会需要,激化高等教

① 别敦荣.普及化高等教育的基本逻辑[J].中国高教研究,2016(3):31-42.
② 别敦荣.创造性人才培养的新视野[J].中国高教研究,2016(12):11-18.

育发展与社会需要之间的矛盾。因此,坚持弘扬素质教育,提高大学生包括专业素质在内的全面素质,有助于增强大学毕业生适应社会的能力,可有效缓解高等教育发展与社会需求之间的矛盾冲突,从而使普及化高等教育能够更好地促进国家经济社会发展,促进社会和谐、文明与进步。

二、高等教育普及化阶段素质教育的特点

素质教育思想已经在我国高等教育阶段的精英化和大众化得到实践,因此,到了普及化阶段,它不是一个全新的高等教育思想,在继承和保留前两个阶段思想的合理内涵的基础上,应当获得更富有适应性的发展。普及化高等教育是平民教育,具有大规模、多样性、个性化和社会化等特点。[①]统计表明,世界上实现了高等教育普及化的国家(地区)共有68个,其中,高等教育毛入学率超过80%的国家(地区)有18个,毛入学率在60%～80%之间的国家(地区)有38个,毛入学率在60%以下的国家(地区)有12个。据预测,当我国高等教育发展进入普及化阶段的时候,将在2014年总规模的基础上净增800万人左右,我国高等教育总规模将达到4300万人以上。[②]要覆盖如此庞大的人口群,使每一个受教育者都能得到应有的发展,且适应国家经济社会发展的需要,这必然对素质教育提出新的要求。那么,是不是有另外一种思想,比如,通识教育、专业教育、卓越教育,或者"新工科教育",能够取代素质教育,而成为我国发展普及化高等教育的指导思想呢?我们认为,这些高等教育思想都有其特定的适用范围,与素质教育思想不在一个层面上,它们所发挥的作用是局部的,不是全面的。有鉴于此,我们认为,素质教育思想是指导我国发展普及化高等教育的基本指导思想,它的特点主要表现在以下四个方面。

1. 中国特色

素质教育是在中国高等教育实践中生长起来的教育思想,是适应中国国情的思想。经过20多年的发展,素质教育思想已经深入人心,深深地扎根于我国高等教育,对我国高等教育发展发挥了积极的促进作用。在我国高等教育发展史上,还没有哪一种高等教育思想如此广泛地为人们所认同。我们曾经向其他国家学习,借鉴和移植过一些国家的高等教育思想、人才培养模式和高校办学制度,虽然它们对我国高等教育发展产生过一定的积极作用,但并没有一种思想能够长久地对我国高等教育发展发挥影响。据统计,当我国高等教育进入普及化阶段的时候,我国高等教育总规模将会是美国的两倍以上,接近或达到所有发达国家高等教育的总规模。在一个人口众多、发展水平差别巨大的国家,高等教育要解决的问题与其他国家是不同的,我国发展普及化高等教育的目的是为了解决我国经济社会发展的问题,是为了满足我国人民群众的需要。驾驭如此庞大规模的高等教育,美国没有经验,欧洲更没有经验,只能靠我们自己摸索。

① 王严淞. 普及化高等教育理念及其实践要求 [J]. 中国高教研究, 2016 (4): 1-8.
② 别敦荣. 普及化高等教育的基本逻辑 [J]. 中国高教研究, 2016 (3): 31-42.

要解决我国高等教育的问题，不能寄希望于其他国家的高等教育模式，更不能依靠其他国家的高等教育思想，因为任何思想都是在特定的社会环境条件下产生的，离开了培育它的土壤，它就丧失了有效发挥作用的基础。素质教育是在我国高等教育改革与发展过程中产生的，是针对我国高等教育发展存在的问题提出来的，有着极强的针对性。素质教育没有过时，对我国发展普及化高等教育仍然有着重要的指导意义。

2. 多样性

我国高等教育已经发展成为规模庞大、层次多样、种类复杂的社会系统，迈入普及化阶段，上述特征将更加突出。普及化高等教育不是精英教育，也不是大众教育，它需要满足大多数适龄青年接受高等教育的需求，进而满足大多数国民接受高等教育的需求。这不是空想或臆想，而是事实。世界上有18个国家（地区）的高等教育毛入学率超过了80%，这样高的毛入学率绝不只是意味着高等教育规模的增长，它必将带来高等教育性质的改变，包括高等教育结构的多样化、复杂化以及高等教育构成要素的多样化。因此，当我国高等教育进入普及化阶段的时候，而且随着普及化程度不断提高，高等教育自身的多样化必将酝酿和产生多样化的高等教育思想。素质教育就是这样一种具有多样性的高等教育思想，能够包容各级各类高等教育发展的需要。它要求面向每一个学生，追求每一个学生素质的提高；面向全面素质，要求每一个学生都得到应有的全面发展；面向每一所高校，所有高校都要提高人才培养质量。这样的高等教育思想不会只有一种教育标准，也不会只有一种教育模式，它要求不同类型、不同层次的高等教育和高校在遵循其核心意旨的同时，根据自身的特点和定位，决定自身的教育标准，发展自身的教育模式，适应不同学生的发展要求。所以，素质教育具有多样性，能够指导我国发展普及化高等教育。

3. 适应性

对于高等教育而言，素质教育不是为了孤芳自赏，也不是为了就教育论教育，它要使高等教育全面提高质量，增强适应性，从而更好地满足国家经济社会发展的需要。可以说，素质教育立足于高等教育的发展，谋求学生素质的全面提高，以达到高等教育的外向性目的。这与我国发展普及化高等教育的目的是高度一致的。进入高等教育普及化阶段后，我国每年培养的各级各类高等教育毕业生将达到1000万人以上，如此庞大规模的新增劳动力无疑将有力地提升我国的劳动生产率，提高经济产业生产水平，促进国家和社会转型发展。从这个意义上可以说，我国经济社会转型发展在很大程度上取决于普及化高等教育发展的质量。在一个劳动力以中学毕业生为主的社会，要实现转型发展、建设学习型社会和创新型国家是不现实的。高新产业的繁荣发展，并在国家经济社会发展中占据重要地位，是以高等教育的普及化程度为基础的，因为它要求从业人员接受高质量的高等教育，并且要求高等教育源源不断地输送优秀毕业生，保证人力资本始终保持在一个较高水平上。素质教育将使我国的高等教育普及化发展拥有无限的社会功能空间，提高高等教育对经济社会发展的适应性，使二者之间形成相互促进、良性互动的关系。

4. 文化性

高等教育文化是在长期的实践中形成的人才培养体系及其内在的支持体系,包括高等教育思想以及与之相关的价值观和行为方式等,人们一般更愿意将后者,即影响高等教育人才培养过程的思想观念、价值观等看作高等教育文化。如此看来,素质教育本身就表现为一种高等教育文化,它是以素质和质量为核心、由一系列高等教育思想观念构成的文化形态。从这个意义上讲,文化性是素质教育的本质特征。作为一种高等教育文化,素质教育的价值在于被用来丰富高等教育文化,其更大的意义在于被用来取代另一种高等教育文化。长期以来,我国高等教育秉承专业教育思想,形成了一整套高度专门化的人才培养体系,这种专业教育文化的影响是全面而深刻的。专业教育本身没有错,但过度的专业化教育则使我国高等教育既不能满足受教育者个性化发展的要求,又不能满足经济社会发展对多样化高级专门人才的需要。40年的高等教育人才培养改革,包括人才培养模式改革、课程体系改革、学分制改革、选课制改革、大类招生大类培养制度改革、双学位制度改革、转专业制度改革,等等,都是针对过度专业化教育问题的,也就是要改革专业教育文化,建立一种新的高等教育文化。尽管改革取得了一定的进展,但与发展普及化高等教育的要求相比,仍有很大的差距。素质教育着眼于每一个学生个性的充分发展和高等教育质量的全面提高,与40年高等教育人才培养改革相向而行。因此,以素质教育思想为指导,发展普及化高等教育,有助于促进高等教育文化创新,建立以素质教育思想为基础的新的高等教育文化。

三、高等教育普及化阶段素质教育的策略

素质教育从提出至今已有20多年时间,所发挥的作用有目共睹,但由于眼界、机制和传统的高等教育文化的影响,素质教育并没有完全发挥应有的作用,尤其是作为一种新的高等教育文化的主导地位还没有确立起来。发展普及化高等教育,应当准确把握素质教育思想的精髓,遵循素质教育的核心意旨,采取有效的策略和措施,全面推进素质教育改革,使高等教育在规模扩张的同时,建立素质教育导向的高等教育文化。

1. 以素质教育思想整合其他高等教育思想

思想是行动的先导,是计划和实践的基础。在未来一个时期,我国高等教育发展主要面临两大任务:一是发展普及化高等教育,二是建设高等教育强国。普及化高等教育的实现指日可待,只要按照现行的高等教育发展节奏,我国很快就能迎来高等教育普及化的时代。但高等教育强国建设却远非一日之功,需要持续不断努力。尽管两大任务表面上看是不同的,但实质上是一致的。我们不是要发展一个低水平、低质量的普及化高等教育,而是一个高质量的普及化高等教育,这就是要建立一个高等教育强国。因此,素质教育在完成两大任务中担负着重大使命。应当积极推进高等教育思想创新,牢固地树立素质教育思想的主导地位,并以之为基础将其他各种高等教育思想统整起来,共同服务于高等教育的改革与发展。在以往的改革实践中,素质教育往往是孤立地单

独发挥作用,没有与其他高等教育思想相融合,更少发挥主导作用。高校在推进素质教育的时候,常常采用打补丁的方式,即成立文化素质教育中心,由该中心负责实施素质教育,而教务处及其他相关部门则很少参与或基本不参与。不能成为总的人才培养的指导思想,不能融入主流的教育教学过程中,素质教育的作用非常有限。这种做法不符合我国发展普及化高等教育和建设高等教育强国的要求。要发挥好素质教育思想的作用,应当在两个层面采取行动:一个是国家层面,一个是高校层面。在国家层面,素质教育应当成为发展各级各类高等教育政策的根本依据,各级各类高等教育发展都要着眼于保证每一个学生的充分发展和全面提高人才培养质量。在高校层面,素质教育应当成为全校所有教育教学活动的核心指导思想,人才培养方案、教育教学活动、师生教学行为、教学条件保障、教育教学管理等都要保证素质教育的落实,也就是要建立起以素质教育为导向的人才培养体系。

2. 完善以个性化教育为基础的人才培养方案

普及化高等教育是个性化的教育,没有个性化,普及化高等教育发展就不可能有稳固的基础。进入普及化阶段以后,高等教育不但规模大了,学生多了,而且学生构成变得复杂了,求学目的和要求也各不相同。在毛入学率40%、30%甚至更低的阶段,高等教育所面临的问题远远没有普及化阶段那么复杂。普及化不仅意味着接受高等教育的人多了,而且表明高等教育的性质发生了重大变化,高等教育几乎与每一个公民都发生了紧密的关系,必须使每一个公民都得到应有的充分的发展,否则,就没有实现其功能。为此,建立个性化的人才培养体系,保证每一个受教育者得到应有的发展,就成为发展普及化高等教育的根本任务。我国高等教育一向一致性有余、多样性不足,个性化发展不能说没有受到关注,但实际效果非常有限。我国发展普及化高等教育,必须解决个性化人才培养的问题。只有重视每一个学生的发展要求,为每一个学生提供有利于其发展的教育,发展普及化高等教育才有了最可靠的保障。个性化教育的基础在于人才培养方案,我国高校曾经对人才培养方案进行过多次修订和完善,取得了一些进展,但刚性过强的问题还没有完全解决,各学科和专业画地为牢,各种教学计划和课程模块壁垒森森,学生的选择往往被缩小到了最小范围,这些问题严重地制约了个性化教育的实现。所以,改革人才培养方案对发展普及化高等教育具有重要意义。改革可以在三个方面持续努力:一是制定个性化的人才培养目标。以提高每一个学生的全面素质为目标,完善人才培养目标与规格。二是进一步淡化专业界限。加强不同学科、不同专业课程和教学资源的交流与共享,转变学科专业孤立办学的局面。三是建构以学生为中心的教学模式。在各教学环节的要求和标准中,将学生的主动学习和全面发展作为基本要求,在所有教学活动中予以贯彻落实。

3. 大力发展师生学习共同体

素质教育不能只是政策口号,不能只是文化素质教育讲座,更不能只是课外文体娱乐活动和各种素质拓展活动,而应当是普及化高等教育的灵魂,是各级各类高等教育人才培养的指南,是高校各种具体的教育教学实践。素质教育要真正落到实处,归根结底,必须体现在师生的教学行为上,因为只有师生的教学行为才能产生最终的教育质量。如果师生的教学行为与素质教育的要求不相符合,不管政策强调得有多么重要,不管高校领导如何努力推进,都是不可能有好的效果的。我国一些高校师生的教学行为存在严重的问题,教师为了教学工作量而教学,学生为了完成学分要求而学习,师生之间的交流互动少之又少。以这种教学状况迎接普及化高等教育的到来,结果可想而知。改革是当务之急,不但是为了发展普及化高等教育,而且是为了提高当下的人才培养质量。建立师生学习共同体是改善高校教学过程中的师生关系、转变人才培养模式、提高高等教育质量的重要举措。师生学习共同体是一种教学活动主体关系形态,师生以共同成长、共同进步为目标,在课内课外、线上线下彼此信任、相互交流、紧密联系、频繁互动、友好和谐①,共同致力于高等教育目的的实现,从而使每一个学生成人成才、充分发展。建立师生学习共同体既是师生的事情,又不只是师生的事情。师生,尤其是教师应当转变观念,树立以学生为中心的思想,重视发挥学生的主体性,放下身段,围绕学生的学习与发展,主动地与学生建立互动频繁的紧密关系;学生要积极地、建设性地参与教学活动,以提高个人全面素质为目标,主动参加到师生学习共同体中去,发展良性互动的人际交往关系。与此同时,学校干部职工应当为师生学习共同体的建立提供支持和帮助,为师生学习共同体的活动创造条件。

4. 营造素质教育的文化环境

素质教育既是纲领,又是行动,是国家和各级各类高校发展高等教育事业的纲领,是提高高等教育质量的实际行动。对于高校而言,实施素质教育,既要有思想观念的更新,又要有人才培养体系的改革,还要有文化环境与氛围的营造。素质教育不是在真空环境下的实践,它所要面对的不只是教育思想、培养方案、课程设置、学习行为、办学条件等方面的问题,还有教育传统、师生员工的心理预期和心理定式、师生员工的行为习惯以及社会心理、社会舆论等方面的问题。前者往往可以通过正式的改革文件和行为逐步予以解决,后者则存在对象不明、作用不定且不易感知、难以把握的特点,所以,解决起来要更棘手一些。这就是所谓的文化环境。要推进素质教育,发展普及化高等教育,必须加强文化环境建设,营造有利的环境,提高高等教育改革与发展的成效。营造优良的文化环境,高校要立足自身,在全校倡行全面素质教育,创建风清气正的校风,创造干事创业的氛围,建立公平合理的激励机制。与此同时,高校还应当加强与社会各方面的联系与沟通,主动宣传改革宗旨、实施进展和相关成效,用积极的舆论引导社会公众,争取社会支持,为全面推进素质教育、更好地满足发展普及化高等教育的要求创造有利的社会环境。

（原载于《中国高教研究》2017年第7期,署名:别敦荣、夏颖）

---

① 瞿振元. 现代师生关系:学习共同体［N］. 中国青年报,2016-12-2（8）.

第八章
高等教育普及化背景下的研究生教育发展

　　普及化是我国高等教育发展大势。有人可能认为,普及化主要是高等教育向下延伸发展的趋势,而与居于最高端的研究生教育关系不大。表面上看,这样的认识似乎是有道理的,因为衡量高等教育普及化发展的成就主要采用适龄人口参与高等教育的比例,也就是说,高等教育普及化发展得越好,获得接受高等教育机会的适龄人口就越多,而这些新获得接受高等教育机会的适龄人口的去向主要是高职院校和一般本科高校,高水平大学在本专科(高职)教育方面的扩招幅度非常有限。实际上,普及化发展对高等教育的影响是深刻而全面的,简单地将普及化发展与本专科(高职)教育画等号,将它与研究生教育割裂开来,不符合普及化计量的原则。普及化不只影响本专科(高职)教育的发展,也影响研究生教育的发展,高等教育普及化与研究生教育之间存在复杂而多样的关系。改革开放以来,我国研究生教育经历了从恢复到快速发展的过程,取得了令世人瞩目的成就。研究生教育已经成为普及化高等教育不可或缺的重要组成部分。明确高等教育普及化背景下研究生教育发展的新特点、新任务,有助于科学理性地选择研究生教育发展的战略重点,准确定位研究生教育发展的方向和目标。

一、高等教育不同发展阶段研究生教育的特点

　　高等教育普及化不是一天实现的。高等教育发展是一个从较小规模到较大规模、从单一到多样、从简单到复杂的过程。普及化是在精英化和大众化发展基础上形成的高等教育发展新趋势。研究生教育萌发于高等教育发展的精英化阶段,伴随着高等教育的发展而发展,且常常成为高等教育发展的标志性成就。我国高等教育主要包括普通和成人两大部分,普通高等教育包括普通本专科(高职)教育和研究生教育。普及化高等教育发展不可能只是某一部分发展而其他部分处于停滞状态,它一定是各级各类高等教育共同发展,因此普及化高等教育的内涵中包含了研究生教育。也就是说,研究生教育与普及化高等教育不是分离的关系,而是所属关系。在不同发展阶段,高等教

育有着显著的差别，研究生教育的表现、构成及地位和作用各有不同，这就决定了不同高等教育发展阶段研究生教育表现出不同的特点。

（一）精英化阶段研究生教育的特点

20世纪中期以前，世界各国高等教育发展都处于精英化阶段；20世纪中期以后，各国高等教育发展呈现百舸争流的态势，一些国家的高等教育发展进入大众化阶段，部分国家的高等教育迈入了普及化阶段。统计表明，世界上约有2/3的国家的高等教育发展实现了大众化，只有少部分国家仍处于精英化阶段。在精英化阶段，高等教育整体上是精英化[①]的，主要特征表现在小规模和受教育者的家庭文化背景上。小规模就是接受高等教育的人数很少，占适龄人口的比例比较低，高等教育毛入学率在15%以下。受教育者的家庭往往拥有优越的社会文化资本，接受高等教育成为一种特权，而一般家庭子女和寒门子女很难拥有接受高等教育的权利。这就使得精英高等教育本身带有鲜明的阶级性，即为特权阶层服务。不过，在中国，1949年建立社会主义制度后，实行了大学"向工农开门"的政策，工人、农民家庭子女获得了接受高等教育的权利，"特权论"因此式微，社会主义的优越性得到体现。[②]如果将精英化阶段高等教育的阶级性特点放在一边，那么，它最显著的特点，可以说就是不发达，整个社会只有极少数人拥有接受高等教育的机会，社会既没有接受高等教育的庞大需要，也没有大规模高等教育发展所必需的生产条件。

在精英化阶段，高等教育不发达，构成相对单一，往往以普通本科教育为主，其他类型和层次的教育发展迟缓。研究生教育虽然兴起于19世纪中期，但由于社会需求有限，发展并不迅速，层次类型也是单一的。从世界历史和高等教育发展史看，19世纪是世界各国高等教育转型发展的关键时期，古典高等教育的基本模式逐步淡出历史舞台，只有部分理念和形式得以保留。20世纪上半期是世界局势动荡不安的时期，高等教育发展深受战争破坏，除少数国家高等教育有所发展外，多数国家高等教育处于维系生存的状态。在这样的背景下，研究生教育不可能独善其身。所以，到20世纪中期，研究生教育尽管得到了发展，而且硕士和博士学位制度基本建立起来了，但并未得到充分发展。

在精英化阶段，不发达的高等教育包含了不发达的研究生教育。以今天趋于发达的研究生教育为参照，处于不发达状态的研究生教育主要表现出以下几个特点。

第一，研究生教育发展处于起步阶段。作为正规教育层次的研究生教育兴起于19世纪中后期。此前一些高校已经授予硕士或博士学位，但当时的硕士或博士学位并不高于学士学位，而与学士具有同等标识意义，只是用词不同而已。后来，一些高校对已获得学士学位，长期在高校从事教学和研究工作，且已做出相当成就者授予博士学位。再后来，社会生产不仅需要获得学士学位的从业者，还需要更高层次的专业人才。为

---

① 这与今天很多人使用的精英教育概念不同。今天人们所谓的精英教育不是指精英化阶段的高等教育，而更多地指高等教育中的高层次教育，即主要指研究生教育和少数高水平高校的本科教育。

② 别敦荣. 大众化与高等教育组织变革 [J]. 清华大学教育研究，2006（1）：26–32.

了满足社会生产需要，高校发展了硕士和博士学位教育制度，这就有了正规的研究生教育。制度虽然建立了，但需求不旺、不多，所以，研究生教育并不发达。

第二，研究生教育主要为学术职业培养后继者。高等教育具有双重目的：一是服务社会需要；二是满足自身可持续发展需要。服务社会需要，就是为社会相关行业培养人才；满足自身需要，就是为高等教育培养后继人才。由于社会文化教育不发达，民众和各行各业从业者的教育程度都非常低下。在研究生教育发展之前，高等教育从业人员从毕业生中选聘；在研究生教育发展起来之后，硕士和博士学位逐渐成为学术职业从业者的必备条件。实际上，高校是最早需要硕士和博士学位获得者的社会组织，早期的硕士和博士学位获得者大多选择在高校从事教学和研究工作，其他职业较少有这种需要。

第三，研究生教育学科化（专业化）程度低。人类教育经历了一个由综合化走向学科化、专业化的过程，本科教育如此，研究生教育也是如此。在研究生教育初创时期，人类的文化科学技术已经初步完成了从古典向现代的转型，但早期的现代化程度不高，文化科学技术的学科化虽然有一定的进步，但整体上分化程度较低，学科门类还很少。所以，当时的研究生教育虽然有一定的学科意识，但学科之间的界限并不十分清晰，也较少刚性的学科教育要求，硕士和博士学位获得者大多有自己的主攻学科，但同时又通晓若干学科领域。这主要是因为学科分化不充分、研究生教育的学科化和专业化要求不高导致的。

第四，研究生教育的方式是师徒制。现代教育以班级授课制为基础，高等教育也是如此。作为高等教育组成部分的研究生教育，开始并没有沿袭班级授课制的教育模式，而是采取了古代手工业从业人员培养的师徒制模式，研究生在导师的指导下完成学业。早期的研究生教育没有体系化的课程，也没有固定的课表，研究生的学习要求完全由导师决定，包括毕业要求也由导师规定。在师徒制模式下，可以说，研究生教育完全由导师说了算，是一种彻底的导师负责制。当然，在研究生的培养中，其他教授也会参与，尤其是在研究生的毕业指导和毕业考核中，导师和研究生所在高校以及其他相关学科领域的教授可能受导师之邀，参与有关工作，为研究生培养做出一定的贡献。

（二）大众化阶段研究生教育的特点

20世纪中期以后，世界高等教育发展进入大众化阶段。自1947年美国高等教育毛入学率超过15%以后，其他欧美国家高等教育陆续进入大众化阶段。尽管20世纪50年代和60年代高等教育发展实现大众化的国家还不多，但70年代以后，大批国家，甚至包括一些新兴发达国家和部分发展中国家高等教育发展都进入了大众化阶段，还有部分国家实现了高等教育普及化。可以说，20世纪后半期是高等教育大众化的时期。在大众化进程中，高等教育的结构和体系逐渐多样化和复杂化，新的层次、类型和形式等不断出现，它们不但改变了高等教育的形态，而且强化了高等教育的功能，提高了高等教育的社会适应性。就规模而言，高等教育精英化有15个百分点的任务，大众化则要完成35个百分点的增长。与精英化阶段高等教育的一致性与同质化相比，大众化阶段高等教育的差异化和多样性特征日益鲜明。总体而言,高等教育大众化阶段初期的特点更接近精英化阶段的特点,大众化阶段后期的特点则更接近普及化阶段的特点。与精英化阶段相比,大众化阶段的高等教育充满变化,复杂性不断增强。

大众化发展是高等教育与社会关系发生重要改变的结果。社会生产和生活的现代化对高等教育发展提出了越来越多、越来越高的要求,高等教育不仅要不断扩大规模,延伸人才培养的服务范围,由为少数行业培养有文化的人才转变为为社会各行各业培养所需要的专门人才,而且要增强功能,拓展功能辐射范围和影响力。受教育者的构成发生了重大改变,除了精英化阶段那些拥有优越的家庭文化背景者外,越来越多的普通家庭子女依靠自身优异的学业成绩获得了接受高等教育的机会,受教育者的社会阶层逐渐下移。[①]在本专科教育得到突破性发展的同时,社会对研究生教育的需求日益增加,高校也越来越重视研究生教育发展,研究生教育进入了较快发展期。由于20世纪后半期是世界高等教育成长最显著的时期,研究生教育经历了从较小规模到较大规模、从单一类型到多样类型、从服务较少社会行业部门到服务大多数行业部门的重大转变,在整个高等教育中的地位愈益凸显,功能不断增强。概而言之,在高等教育大众化阶段,研究生教育主要表现出以下几个特点。

第一,研究生教育体系不断扩充。研究生教育在早期发展中往往处于自发状态,由有意愿的教授在少量学科组织开展,高校较少主动规划,更缺少体系化建设。随着社会对研究生教育的需求不断增加,研究生教育的作用日益显著,希望开办研究生教育的学科越来越多,尤其是当研究生教育成为衡量高校办学水平标志的时候,高校开始重视发展研究生教育,最初作为过渡学位的硕士学位被作为一个独立的学位层次得到发展。这样一来,就为研究生教育的规模化发展奠定了基础,为扩充研究生教育体系创造了条件。在高等教育大众化阶段,博士学位教育虽然得到了长足的发展,但由于专业博士学位制度还没有被广泛认可和重视,学术博士教育主要面向的还是高校教师和部分研究机构的研究人员,适应面相对比较窄。硕士学位的正规化发展以及专业硕士学位或课程硕士学位制度的建立,扩大了研究生教育的服务面,一种不同于前一阶段、新的研究生教育体系在部分国家建立起来了。

第二,研究生教育呈现多样性。研究生教育主要是20世纪中后期发展起来的。在大众化阶段,研究生教育的多样性特征越来越明显,层次和类型的多样性从整体上表明研究生教育体系实现了重构。在精英化阶段,研究生教育处于初创时期,精英性非常明显。高等教育进入大众化发展阶段后,要求高等教育结构进行调整。大众化程度越高,研究生教育愈益走向发达,多样性逐渐成为研究生教育发展的典型特征。研究生教育的多样性主要表现在层次和类型两个方面。就层次而言,硕士研究生教育制度正规化

---

① 别敦荣,朱晓刚. 我国高等教育大众化道路上的公平问题研究 [J]. 北京大学教育评论,2003(3):54–59.

解决了它面向更广泛的本科毕业生和在职人员的深造需求问题,打通了研究生教育服务社会各行各业的道路;就类型而言,学术学位教育的应用性发展和专业学位制度的建立不但丰富了高层次人才的类型,更增强了研究生教育的社会适应性。

第三,研究生教育服务社会生产生活的功能日益显著。早期的研究生教育犹如高等教育体系中的"阳春白雪",为人所景仰,但它的社会功能有限,不论是硕士学位教育还是博士学位教育,主要是为各高校培养师资后备人才,社会其他组织对研究生教育的需求少之又少。20世纪中后期,欧美国家在经历了战后恢复和调整后,先后开始了向高技术化和信息化的转型发展,欧美高等教育随之进入快速发展期,其他地区的一些国家也步欧美国家之后尘,高等教育相继走向了大众化。其本专科教育在得到快速、充分发展的同时,研究生教育的发展速度得到提升,由最初主要为学术职业培养后备人才逐步拓宽到为科研、生产培养高层次专业人才。在大众化阶段的后期,越来越多的硕士和博士毕业生走上社会各行各业,在很多原本不需要研究生学历从业人员的行业就业,成为相关企事业单位不可缺少的专业人才。

第四,社会化的研究生培养机制越来越重要。研究生培养原本只是高校的事情,甚至主要是各学科教授的事情,即便学校其他部门的人员也少能参与,包括招生、培养、考试和授予学位等事务,主要由各学科教授负责。到了高等教育大众化阶段,研究生教育规模扩大了,层次类型多样了,研究生培养不再局限于、也不能局限于高校内部,高校与社会联合或合作培养的方式逐渐在应用型研究生培养中发挥重要作用,尤其是专业学位研究生教育发展起来后,行业部门和企事业单位的参与更成为研究生培养不可缺少的机制。行业部门和企事业单位的参与不只丰富了研究生培养的途径,更充实了研究生教育的内涵,使研究生教育实现了理论与实际的有机结合。

(三)普及化阶段研究生教育的特点

普及化是高等教育发展的最高阶段。仅就规模而言,普及化的规模任务超过了前两个阶段的总和。前两个阶段为普及化高等教育发展确立了结构体系和文化基础,也就是说,高等教育普及化发展不是另起炉灶,全面新建高等教育结构体系和文化,而是在精英化和大众化的制度化成就基础上,适应社会发展新需要,实现更广泛、更重大的社会使命。从现象上看,普及化高等教育的规模前所未有,高等教育为社会各行各业培养专门人才,是社会各行各业高层次人力资源的源泉。实质上,高等教育普及化不只带来规模的增长,伴随规模的扩大,高等教育功能在整体上也超越了前两个发展阶段。需要明确的是,普及化发展不只是惠及毛入学率增长所覆盖的受教育群体,而是会带来整个高等教育体系和功能的转型与升级。

普及化阶段,高等教育发展的重心会经历从下移到上移的转变。在大众化阶段和普及化的初级阶段,随着高等教育受众面不断扩大,越来越多原先未能包括在受众群体中的人口获得了接受各级各类高等教育的机会,与相对较低层次的高等教育规模扩张幅度相比,研究生教育规模的增长占高等教育规模总增量的比例较小。也就是说,普及化高等教育发展的重心处于下移状态。就数量而言,精英化和大众化两个阶段加起来只有50个百分点的规模发展任务,普及化阶段的规模发展任务至少有50个百分点,甚至超过50个百分点的增长幅度,从初级阶段到中级阶段再到高级阶段,①高等教育毛入学率持续升高,但在学人口并非总是随毛入学率升高而增长。从很多国家的经验看,普及化发展到中级阶段前后,受人口变化和经济转型等多方面因素的影响,高等教育总规模可能趋于饱和;进入高级阶段后将达到充分饱和,高等教育总规模仅保持少量增幅,或略有减少。如果适龄人口减少幅度较大,则高等教育总规模减少幅度也会较大。在毛入学率和总规模的变化过程中,高等教育发展重心将经历一个先降后升的变化过程,研究生教育规模保持持续增长,但在初级和中级阶段,研究生教育规模占高等教育总规模的比例总是维持较小份额;进入高级阶段前后,高等教育总规模趋于饱和,研究生教育规模增长仍有空间,占比提高,高等教育重心随之上移。总体上看,在高等教育普及化阶段,研究生教育主要具有以下特点。

第一,研究生教育发展逐渐成为调节高等教育重心的砝码。普及化阶段高等教育发展是全面的,包括研究生教育在内的各级各类高等教育都会得到发展。发展的意义既有数量的增长,又有品质的改善和提高。量与质的变化在高等教育结构方面会有明显的反映,尤其是研究生教育量的增长及在高等教育结构中地位的变化,对高等教育发展重心有重要的调节作用。在普及化初期和中期阶段,研究生教育量的增长赶不上本专科教育量的扩充,研究生教育占比不足以改变高等教育重心下移的趋势;当本专科教育扩充趋势减缓,尤其是当普及化高级阶段来临后,适龄人口减少将导致本专科教育增长空间受限,即便有成年在职人员成为本专科教育的新受众,但实际增量非常有限,此时研究生教育还会保持量的增长趋势,研究生教育量的增长可能使高等教育发展整体重心上移,高等教育结构和质量整体得到改善。

第二,研究生教育成为支撑经济社会创新发展的重要力量。早期的研究生教育与经济社会创新发展没有直接联系,在高等教育发展与社会经济产业发展建立直接关系后,研究生教育发展获得了扩大规模、强化功能的动力,研究生教育开始走向多样化。20世纪后期,高新科技的迅猛发展和知识经济社会的到来,不仅为高等教育普及化注入了强大的活力,而且直接引发了研究生教育的快速发展。在科技创新成为经济社会发展的引擎之后,研究生教育不仅发挥了培养科技创新人才生力军的作用,而且成为科技发展和科技产业创新的温床,从而受到发达国家和众多发展中国家的高度重视。所以,在高等教育普及化阶段,创新是研究生教育的核心价值,研究生教育对促进经济社会创新发展具有十分重要的意义。

第三,研究生教育成为服务学习型社会建设的航标。活到老、学到老,人人学习,

---

① 别敦荣,易梦春.高等教育普及化发展标准、进程预测与路径选择[J].教育研究,2021(2):63-79.

自古以来就是社会的理想,是人类文明进步、和谐幸福的必由之路。高等教育普及化发展为建立学习型社会创造了可能,使学习型社会建设有了更广泛的教育基础。高等教育普及化发展不只是针对适龄青年人口,它还面向社会成年人,为成年人提供各种学历和非学历教育。进入普及化高级阶段以后,研究生教育的数量和质量都将得到长足的发展,学习型社会建设将拥有前所未有的、牢固的教育基础。研究生教育是整个社会教育体系的塔尖。当高等教育进入普及化阶段的时候,社会的教育体系达到了高度发达水平,研究生教育不仅成为决定高等教育发展方向的重要力量,而且为学习型社会建设树立了航标。

二、高等教育普及化对研究生教育发展的要求

高等教育普及化是一个过程。从毛入学率的上升到结构质量的优化改善,高等教育普及化都不会一蹴而就,需要经历一个逐步演变的过程。这个过程演进到一定程度,一般是到普及化的中级阶段后,规模往往进入微调状态,毛入学率和在学人数总规模可能有升有降,但幅度一般都不大;结构调整进入比较稳定状态,调整往往是局部适应性的;质量生成模式与文化基础基本能够满足受众和社会的需要,质量的优化和改善主要体现在满足个性化教育要求上。在普及化阶段,高等教育发展不单纯是适龄人口受教育权利多少的概念,而成为衡量整个社会劳动年龄人口受教育水平的重要标准,是检验国家人力资本实力和水平的重要指标。普及化程度越高、发展时间越长,高等教育的社会功能越显著。研究生教育是高等教育的"明珠",研究生教育发展的意义不仅在于它自身,还在于其放大和升华了普及化高等教育的功能。因此,在普及化阶段,研究生教育发展的任务和要求与前两个阶段既相联系又存在显著差异。

(一)普及化高等教育发展的任务

普及化高等教育是量与质的统一。在高等教育普及化进程中,数量因其自身的特性增长和变化是很自然的事情,但这并不意味着普及化只关注数量问题,质的规定性更能反映普及化的实质,质量的改善和提高是普及化之根本要求。研究生教育不是高于高等教育或游离于高等教育之外的存在,而是高等教育的重要组成部分。高等教育普及化发展包括了研究生教育发展,研究生教育量与质的发展变化对高等教育普及化的量与质发挥着杠杆作用,尤其是对普及化质的规定性具有显著的导向作用。

高等教育普及化的任务不是单一的,它既有对数量的追求,也有对质的探索寻求。相对而言,数量规模的外显性更强,而质量品性具有内隐性,它的发展变化往往是细微的,不经过长时间的累积,不易为人所感知。但这不表明高等教育普及化发展可以只关注规模数量的增长或变化,恰恰相反,在研究和谋划高等教育的普及化发展时,应当更加重视高等教育质量品性的改善和优化,高度重视质量品性各维度的表现和要求。一般而言,就一个国家而言,普及化高等教育发展的任务主要表现在以下四个方面。

第一,建构全纳性高等教育体系。高等教育的包容性随发展阶段的演变而不断增

强,进入普及化阶段后,高等教育应当更具有开放性,能够覆盖所有应当接受高等教育的人群,最大限度地满足人民群众对高等教育的需求。全纳性不只是对基础教育的要求,也是对高等教育的要求。1990年,联合国教科文组织在泰国宗迪恩召开"世界全民教育大会"(World Conference on Education For All)大会,通过《世界全民教育宣言》提出"全民教育"的愿景,强调:教育是人的基本权利;全民教育的目标是满足所有人基本的学习需要。[1]2008年,联合国教科文组织在瑞士日内瓦召开第48届国际教育大会,主题为"全纳教育:未来之路"(Inclusive Education:the Way of the Future)。教科文组织总干事奥德蕾·阿祖莱在大会上指出:"有质量的教育是指具有全纳性和致力于让所有学习者(不分性别、社会和经济地位、种族、地理位置、特殊学习需要、年龄和宗教信仰)全面参与的教育。"[2]建构全纳性的高等教育体系,就是要建立多元化的高等教育体制机制,为拥有接受高等教育权利且具备相应知识和能力基础的人打开通道,使他们能够顺利进入高等教育机构,实现他们的意愿。[3]这样的体制机制不是排他的,没有歧视性,向所有有接受高等教育意愿的人开放。这样的高等教育不同于以往任何时候的高等教育,它的目标指向是全民教育在高等教育层次的实现。

第二,建构协调融合发展的高等教育结构。普及化高等教育的规模有大有小,规模的大小不是由高等教育自身决定的,而是由社会人口总数和经济社会发展水平决定的。不论规模大小,普及化高等教育的结构都是复杂的,层次、科类和形式结构是高等教育量与质的复合体,结构的复杂程度取决于量与质平衡关系的状态。一般而言,规模越大,品质的差异性越大,结构越复杂;反之,规模较小,品质的同构性越强,差异性越小。当今世界,在高等教育普及化国家中,中、美两国的高等教育都是超大规模的,单就规模而言,中国更远甚于美国。[4]因此,中、美两国高等教育品质的差异性也远超其他国家。高等教育普及化追求差异化发展,扩大差异化是提高高等教育适应性的有效策略,但普及化发展并不只是追求差异化,它还注重差异的协调融合。只有协调融合发展的普及化高等教育,才能顺应经济社会发展的需要,满足不同人群接受不同层次类型高等教育的需求,维护高等教育发展秩序,促进高等教育发展与经济社会发展良性互动。协调融合发展有赖于不同层次、类型和形式的高等教育之间建立有效的耦合机制,使差异化的高等教育之间拥有"立交桥"可以互联互通,即本专科教育与研究生教育、高等

① 周红霞. 2030年教育:迈向全纳、公平、有质量的教育和全民终身学习——2015年世界教育论坛《仁川宣言》[J]. 世界教育信息,2015(14):35-38.

② UNESCO. General Presentation of the 48th Session of the ICE [R]. UNESCO International Bureau of Education, 2008.

③ 别敦荣. "双循环"视角下中国高等教育普及化发展的意义[J]. 中国高教研究,2021(5):22-28,35.

④ 别敦荣,易梦春. 普及化趋势与世界高等教育发展格局——基于联合国教科文组织统计研究所相关数据的分析[J]. 教育研究,2018(4):135-143.

职业教育与普通高等教育、全日制教育与非全日制教育、线下教育与线上教育等各层次、各类型和各种形式的高等教育不是相互隔绝的,而是有机融合、协调发展的。

第三,建构均衡的高等教育区域布局。普及化发展的考察范围一般为国家或地区(经济体),以国家为主。无论一国的国土面积大小、人口多少,高等教育都有区域布局问题。当然,在一些国土面积、人口规模很小的"袖珍"国家,高等教育区域布局问题不会凸显,也不大会成为受关注的问题。在大多数国家,区域布局都是高等教育发展不能回避的问题。在精英化和大众化阶段,高等教育往往在文化和经济比较发达的区域得到优先发展,尤其是一些优质高等教育资源得天时地利,常常在首都和中心城市得到较快发展。也有一些国家首都所在地的高等教育并不非常发达,而其历史文化名城和经济发达城市的高等教育发展水平比较发达,成为该国高等教育发展的优势区域。进入普及化阶段后,中心城市、经济发达区域的高等教育仍然表现出增长势头,但区域均衡发展成为高等教育发展的基本原则,欠发达区域高等教育发展越来越受到重视,成为政策关注的焦点。一些国家通过中央政策支持,在欠发达区域投资兴办高校,以满足欠发达区域人民群众接受高等教育的意愿和经济社会发展对高等教育的需要。当普及化中高级阶段来临的时候,高等教育发展渐趋饱和,高等教育规模增量接近甚至达到"天花板",区域均衡发展得到实现。区域均衡发展几乎是普及化高等教育的标配,不能达到区域均衡发展状态的普及化,不是高等教育发展的高级阶段。欠发达区域的经济社会发展不能完全依靠发达区域和中心城市高等教育的发展满足其需要,必须依靠高等教育在地化发展。所以,高等教育普及化发展追求区域布局的均衡化。均衡化不是完全一致化,不是均等化,而是不同区域在数量和质量上保持适度的差异,凸显地区特色和差别。

第四,建构适应和满足人与社会可持续发展的教育模式。高等教育有两大基本目的:一是促进人的发展,二是促进社会发展。两大目的是统一的,即促进社会发展是通过促进人的发展实现的,离开了人的发展,促进社会发展是不可能的。因此,培养什么人、为谁培养人和怎么培养人,就成为教育的基本问题。高等教育如果不能很好地解决这几个问题,它的功能就无从发挥,作用就无从体现。在高等教育精英化和大众化阶段,因教育发展不充分,关注人本身和健全人格发展缺少基本条件;到了普及化阶段,各级各类教育普及化程度都达到很高水平,高等教育理应回归基本目的——以人本身的发展为基础,促进社会可持续发展。在高等教育发展不充分的精英化和大众化阶段,为了竞争稀缺的高等教育资源,人们往往更关注眼前发展,重视短期利益,加之社会发达程度不高,社会生产对专业技能的需求非常迫切,在内外多重因素作用下,高等教育更重视社会生产需要,更关注学生职业能力的培养,而对人的内在素质和人格精神的培养塑造未能给予足够的重视。进入普及化阶段后,尽管学校仍然有水平高低之分、学生有能力大小之别,但高等教育的任务就是要使所有学生都得到和谐发展,将社会生产需要、职业能力要求和专业发展志向都融合到人的全面发展中,实现人的内在品质与外在素养的有机统一。这是普及化阶段各级各类高校人才培养模式建构的目标导向，是高等教育发展的根本任务。唯其如此，高等教育才能实现使人和谐发展的目的，也只有这样，高等教育才能借由人的和谐发展达到促进社会可持续发展的目的。

（二）我国研究生教育发展存在的主要问题

研究生教育有200余年的历史，我国研究生教育发展的历史也有百余年。在百余年的发展中，我国研究生教育未能做到一以贯之、持续不断，在"文革"结束后的40多年里才逐步建立了完整的研究生教育体系，实现了研究生教育从小到大、从单一到多样、快速而有质量的发展。1978年我国恢复招收研究生，当年共招收硕士生10708人。到2020年，我国在学研究生人数达到313.9万人，其中，博士生46.6万人，硕士生267.3万人；毕业研究生72.8万人，其中，毕业博士生6.6万人，毕业硕士生66.2万人。[①] 我国研究生教育发展与高等教育从精英化到大众化再到普及化的发展历程相吻合，尤其是21世纪以来，可以用突飞猛进来形容，就教育规模和授予学位数量而言，可与美国并驾齐驱。据统计，2017—2018学年，美国共授予硕士学位82.01万个，博士学位[②]18.4万个；2019—2020学年，授予硕士学位数增加到83.2万个，博士学位18.6万个。在当今世界各国研究生教育发展上，中、美两国的规模遥遥领先于其他国家。

毫无疑问，我国研究生教育发展取得了巨大成就，但与美国相比，差距还是明显的。美国自1869—1870学年开始授予博士学位，在我国1978年恢复发展研究生教育的时候，1979—1980学年，美国授予硕士学位30.51万个，博士学位9.56万个。我国恢复发展研究生教育的时间较短，发展需求大、任务重，尽管成就显著，但也存在一些不足，主要表现在以下方面。

第一，社会存量不足。我国研究生教育在学规模达到310万人以上，面向未来的高层次人才培养能力很强，但因为恢复发展时间短，且规模增长主要是近10年的事情，所以，毕业生规模较小，社会积累不足，社会人才队伍中拥有研究生学历的人才占比非常低。据统计，我国人口中拥有研究生学历的总人数为1076.55万[③]，与我国8.8亿劳动年龄人口数相比，高层次人才的积累太少。具有研究生学历的人才少，社会生产能力和水平、科技创新能力和高新科技产业发展水平都会受到较大影响。

第二，区域分布失衡。区域分布失衡是我国高等教育发展的短板之一，研究生教育发展也存在明显的区域分布不均衡问题，主要表现：与东部省份相比，中西部大多数省份的研究生培养单位少，学位点少，博士学位点更少，研究生教育办学规模小，且自我发展能力弱。尽管很多高校和政府部门为此做出了不懈的努力，但由于中西部地区大多数

---

① 教育部. 全国教育事业发展统计公报［EB/OL］.（2021-08-27）［2021-10-25］. http://www.moe.gov.cn/jyb_sjzl/sjzl_fztjgb/202108/t20210827_555004.html.

② 美国授予博士学位包括大多数2010年之前被列为第一学位的专业学位，如医学博士、法学博士。

③ 付凌晖，刘爱华. 中国统计年鉴（2021）［M］. 北京：中国统计出版社，2021：66.

省份文化科技基础弱、底子薄，加上地方经济社会发展水平和地域的劣势，中西部有关省份高校学科建设难度大，学科水平提升缓慢，研究生教育发展完全不能满足中西部地区经济社会发展对高层次人才的需要。不少中西部省份一个省的研究生教育培养能力不如东部地区一所高水平大学。不仅如此，东部地区高校培养的高层次人才不愿意到中西部地区就业发展，中西部地区高校培养的高层次人才流出人数远远大于回流人数。

第三，培养模式趋同严重。我国研究生教育的层次、类型多样化体系基本形成，硕士和博士学位教育体系完备，学术学位和专业学位教育授权体系逐步健全。据统计，2020年，全国有研究生培养机构827个，其中，普通高校有594个，科研机构有233个；研究生招生110.7万人，其中，博士生11.6万人，硕士生99.1万人。①截至2019年，共设置47个专业学位类别，硕士专业学位授权点5996个，博士专业学位授权点278个，累计授予硕士专业学位321.8万人，博士专业学位4.8万人。2021年，全国硕士研究生录取106.2万人，其中，专业硕士学位录取65.7万人，占全部录取硕士研究生的比例达到61.9%。②层次、类型的多样化要求研究生培养模式与之相适应，但令人遗憾的是，趋同问题比较普遍地存在，且非常严重。例如，硕士与博士的培养要求、教学内容、教学方式趋同，专业学位与学术学位的标准、课程开设、教学要求、教学内容与方法等基本相同，研究生教育与本科教育趋同的问题也比较明显。趋同现象对研究生教育质量有重要影响。

第四，文化基础薄弱。1978年，我国研究生教育几乎是白手起家，经过40多年的发展，如今已建立了比较完善的学位体系、培养体系、管理体系、条件支持和保障体系，建成了一个结构完备、规模巨大、运行规范的研究生教育系统。尽管研究生教育发展很快，成就巨大，但客观地讲，与欧美发达国家相比，我国研究生教育的文化基础薄弱，研究生教育出现的很多问题都与文化基础薄弱有密切关系。我国研究生教育存在功利性与学术性的矛盾冲突、内生动力与外在激励导向的矛盾、行政管控与自主办学的矛盾以及浮躁倾向、学术不当甚至失范等问题，这都与文化基础薄弱有千丝万缕的联系。研究生教育文化基础薄弱主要表现在：对研究生教育规律的认识肤浅，研究生教育理念和价值观错位，研究生培养的文化内涵不足，研究生教育评价标准和要求重外在表现，等等。

（三）普及化阶段研究生教育发展的主要任务

我国高等教育的普及化发展还只是刚刚开始，包括研究生教育在内，还远远没有达到普及化的峰值，既没有达到规模的峰值，也没有达到质量和品质的峰值。在高等教育普及化进程中，研究生教育发展既要为解决社会存量不足、刚需较大问题而增强人才培养能力，又要为解决培养模式过时、质量和品质提升空间大的问题而加强内涵建设，还要着眼未来，谋划可持续的高质量发展，建设更强大的研究生教育体系。正如教育部

① 教育部. 全国教育事业发展统计公报［EB/OL］.（2021-08-27）［2021-10-25］. http://www.moe.gov.cn/jyb_sjzl/sjzl_fztjgb/202108/t20210827_555004.html.
② 黄宝印. 我国专业学位研究生教育30年［J］. 中国研究生，2021（10）：16-31.

学位与研究生教育司司长洪大用所指出的："要着眼未来规划当下，适应高质量发展需要，全面深化改革，推动研究生教育体系调整升级，创造更多机会、更优品质、更佳体验、更强力量，因而具有更大影响的研究生教育。"①

第一，以提升品质为主导的适度增量与提升品质相结合。量与质的关系是我国研究生教育在发展中需长期面对的一对矛盾关系，与我国高等教育整体进程同步。总体上看，以往我国的研究生教育发展以量的扩张为主导。在高等教育普及化阶段，研究生教育的量与质的关系将发生新变化，应当把提升品质置于优先位置。一方面，研究生教育已经发展成为高等教育一个庞大的组成部分，提高现有研究生教育的质量是政府和高校不容回避的重大课题，也是社会的重大关注点。提升品质既是长期的使命，又是现实的任务，应成为研究生教育发展的优先项。另一方面，刚需仍然坚挺，在普及化阶段，至少在普及化的初中级阶段，研究生教育规模还应持续扩大，保持适度的增量，以满足民众、高校和社会对进一步发展研究生教育的需求。

第二，以中西部补强为主导的东部补缺与中西部补强相结合。我国幅员辽阔，高等教育分布广泛，东中西部经济、文化、科技、教育发展水平差异很大，高等教育发展水平存在明显的东强西弱现象，研究生教育也是如此。普及化要求高等教育实现区域布局的协调发展，不同地区之间保持合理的均衡关系，实现研究生教育区域协调发展是普及化的题中之意。由于多方面的原因，我国东部地区研究生教育发展水平较高，不仅规模大，而且实力强，而中西部地区明显处于弱势，且差距较大。在高等教育普及化阶段，应当把解决中西部地区研究生教育补强问题置于优先位置，对中西部地区研究生教育进行整体性扶持，实施"两手抓"，即一手抓增量，扩大中西部地区研究生教育规模，推动中西部地区研究生教育数量与东部地区协调均衡发展；一手抓质量提高，在研究生教育整体规模已经非常庞大的背景下，对中西部地区研究生教育的质量提高应予以重视。在重视中西部补强的同时，补齐东部地区的短板和缺口，对部分处于弱势的省份采取扶持政策，以实现东部地区各省份研究生教育协调均衡发展。

第三，以强化创新为主导的分类培养与强化创新相结合。在普及化阶段，研究生教育和本专科教育在整个高等教育体系中的地位和作用与精英化和大众化阶段是不同的，最显著的差异在于本专科教育的基础性更突出，研究生教育的尖端性更鲜明，即社会尖端人才主要由研究生教育培养。我国研究生教育存在的一个突出问题就是培养研究生创新素质的体制机制不完善，这与研究生教育的培养模式趋同和文化基础薄弱不无关系。在高等教育普及化阶段，应当把培养研究生的创新质素和能力置于优先地位，更加注重人才培养模式改革，减少知识性教育，充实培养过程的创新内涵，增加科学研究方法训练，加强创新能力和精神培养，建构社会尖端人才培养体系。与此同时，区分不同层次、不同类型研究生教育的使命和人才培养目标，改革和完善现行的研究生教育

---

① 黄宝印. 我国专业学位研究生教育30年［J］. 中国研究生，2021（10）：16-31.

工作，贯彻分类培养原则，建构与不同层次和不同类型研究生教育使命相符的多元化人才培养体系。

第四，以筑牢根基为主导的加强治理与筑牢根基相结合。研究生教育的基础在于本科教育，尤其是高水平大学本科教育质量对研究生教育质量有重要影响，甚至可以说，高水平大学本科教育是研究生教育的根基。发展研究生教育，不能就研究生教育谈研究生教育，应当运用系统思维，整体考虑高等教育发展。我国每年硕士生招生已达近百万人，学生基本来源于我国高校本科教育，提高本科教育办学水平，确保生源质量不断提高，使研究生教育能在更高的起点上培养高层次人才，是普及化高等教育背景下实现研究生教育高质量发展的重要任务。我国有近600所高校开展研究生教育，这些高校的本科是研究生教育招生的第一生源地。根据研究生教育人才培养要求，加强这些高校本科教育模式改革，强化本科教育与研究生教育之间的密切联系，是筑牢研究生教育根基之举。当然，我国的研究生教育还应当深化办学体制改革，建立良治和善治体制，优化研究生教育运行机制，建构更高效的资源配置体系，提高办学效率，以释放研究生教育发展的潜力。

三、高等教育普及化阶段研究生教育发展的战略重点

研究生教育发展的战略意义不言而喻。恢复研究生招生以来，研究生教育不但满足了千万学生追求更高素质、更高能力发展的要求，满足了建构完善、健全的高等教育体系的需要，而且满足了经济社会发展走向现代化对高层次专门人才的需要，保证了经济腾飞、社会进步所需要的高水平人力资源。如果没有过去40多年研究生教育的发展，不能想象我国会有今天的发展局面。在我国高等教育精英化和大众化阶段，研究生教育根据国情和需要，主要采取了规模扩张、体系建构、重点突破、治理改革、国际交流等战略措施，取得了历史性的成就，为普及化阶段的研究生教育发展奠定了牢固的基础。高等教育普及化是一个长期发展而逐步臻于完善的过程，研究生教育是这一过程的重要组成部分。高等教育进入普及化阶段后，研究生教育发展的战略选择应做出必要调整，以适应新形势、新任务，建构研究生教育发展的新格局。

（一）全面提升办学水平，形成高质量发展格局

提高质量是高等教育普及化阶段我国研究生教育发展战略的重中之重。我国拥有庞大的高等教育规模，仅研究生教育规模就超过了世界上绝大多数国家的高等教育在学人数总规模。据统计，世界上高等教育在学人数总规模超过100万人的只有35个国家。[①]客观地讲，我国研究生教育体系是稚嫩的，40多年的恢复发展虽然搭建了大规模研究生教育的框架结构，把规模做大了，但内涵和文化单薄，培养模式还不成熟，水平和质量还有很大的提升空间。310万人以上的研究生教育规模体现了我国强大的高层次

---

① 别敦荣，易梦春. 普及化趋势与世界高等教育发展格局——基于联合国教科文组织统计研究所相关数据的分析［J］. 教育研究，2018（4）：135-143，149.

人才培养能力和发展潜力,全面提升办学水平、提高研究生教育质量不仅是研究生教育发展和高等教育发展的需要,而且是国家经济社会转型发展和创新发展的迫切需要。

全面提升办学水平主要是高校的责任。我国高校承担了研究生教育的主要任务,在全国研究生培养机构中高校占71.82%,高校的办学水平提高了,大多数研究生培养单位的质量就有了保证。提升办学水平应当在培养模式上下功夫,传统上改善培养模式只需要解决高校内部的问题,改善师生关系,优化办学条件;在普及化背景下,研究生教育面临的形势和环境都发生了深刻的变化,研究生教育的边界从校内拓展到校外,毕业研究生所能到达的地方,就是研究生教育的边界。研究生培养必须与社会无缝对接,产教融合、校企合作是不可或缺的研究生培养模式。应当明确研究生教育质量标准,制定不同层次、不同类型研究生应具备的素质和能力框架,根据培养高水平研究生的要求,增加研究生教育资源供给,改善研究生教育条件,完善研究生教育质量保障机制,建立健全研究生教育高质量发展体系。全面提升办学水平,政府不可能置身事外。政府应当利用自身的权威地位,把握研究生教育发展的大势、大局,加强财政支持和政策调控力度,引导研究生培养单位重视质量,重视培养模式改革创新,重视研究生教育内涵建设;与此同时,发挥相关行业组织和相关学术组织参与治理的作用,建构研究生教育共同治理机制,建立促进研究生教育高质量发展的善治体系。

(二)加快填补发展洼地,构建均衡发展的研究生教育体系

扩大增量是高等教育普及化阶段研究生教育发展的战略重点之一。在研究生教育发展比较充分的东部地区,适度增加规模有其现实性和必要性,但加强中西部地区研究生教育的发展,增加硕、博士学位授权单位,增设硕、博士学位点,更具战略意义。在高等教育普及化进程中,至少在普及化的初中级阶段,高等教育规模还将保持一定的增长率,直至达到充分饱和状态;体系将更加完善,能够适应和满足我国经济社会发展和国际交流合作的需要;地区布局将更加均衡,东中西部和各省市区高等教育结构协调均衡发展;培养模式更加先进,办学水平和质量得到充分保证。从一般意义上讲,研究生教育发展与本专科(高职)教育的增量和结构调整没有直接关系,但与高等教育体系的整体优化和水平提升高度相关,与高等教育发展的整体适应性提高程度相关。优化高等教育整体布局,必须解决中西部地区研究生教育发展不足的问题,将洼地填平,让短板加长,使中西部地区达到与东部地区研究生教育均衡发展的水平,使中西部地区建立高层次人才培养以在地化为主、外地支援为辅的办学格局。

中西部很多省份的研究生教育基础较弱,有的甚至还达不到举办研究生教育的条件。这是客观现实。如果唯条件论,把条件看作僵化不变的,将阻塞这些地区研究生教育发展的通道,这些地方发展研究生教育的需求将得不到满足,这些地方经济社会发展因为不可能得到充分的高层次人才支持而难有大的作为。因此,在研究生教育发展政策上,不能简单粗暴地公事公办、照章办事,不能放任自流,政府应当积极作为,将解决中西部地区的问题置于优先地位,以提高中西部地区高校办学水平、促进中西部地区高等教育高质量发展为导向，编制并实施中西部地区研究生教育发展专项工程，有计划、有步骤地在中西部地区增设研究生学位授予单位和授权学位点，扶持中西部地区有关高校研究生教育的发展，扩大中西部地区研究生教育的覆盖面，提高中西部地区研究生教育的供给能力，实现研究生教育的充分发展，为更多有能力、有需求的大学生提供优质的研究生教育。[①]尤其是中西部地区地方政府及教育主管部门应当克服传统的"等靠要"工作习惯，明确研究生教育发展的战略意义，加强对地区高等教育发展的统筹和对研究生教育发展的调控力度，做好本辖区研究生教育发展战略规划，筹集研究生教育发展资源，推动辖区研究生教育不断迈上新台阶。中西部地区有关高校应当发挥主体作用，将硕、博士学位授权单位和学位点建设摆在学校办学的中心地位，内引外联加强学科建设，不断提高学科发展水平和人才培养能力，积极创造条件，争取获批硕、博士学位授权单位和开办学位点的资格。

（三）着力开拓新发展空间，造就科技产业创新发展生力军

提高科技产业创新发展能力是高等教育普及化阶段我国研究生教育发展的又一战略重点。21世纪，信息技术和国际互联网的迅速发展不仅带来了传统产业的升级换代，更催生了诸多新产业、新业态，其典型表现是高新科技产业蓬勃发展，引领了各国经济产业发展的方向。我国经济体量已经占世界第二位，但不论是传统产业的品质还是高新科技产业的潜力都还需要有更大的发展，发展高新科技、提高我国经济产业的高新科技含量，是实现经济产业现代化的必由之路。发展高新科技离不开创新型科技人才，尤其是高新科技领域的人才，这些人才需要经历本专科教育，但真正要造就高新科技产业创新发展所需的高层次人才，研究生教育必须发挥关键作用。我国经济社会发展对创新型科技人才的需求比以往任何时候都更加强烈、更加迫切。在普及化阶段，本专科教育的主要功能在于为学生打下扎实的学科专业功底，为他们谋求继续深造和终身持续发展奠定基础。研究生教育则担负着将科技创新人才的"毛坯"培养成为科技产业创新发展的生力军的任务，使他们毕业后能够直接进入经济产业部门，在科技产业创新发展中发挥先锋队的作用。

与其他国家相比，我国研究生教育发展与科技产业创新发展之间既有共性又有特性，共性在于都要遵循高等教育发展与经济社会发展相互适应、相互促进的规律[②]，特殊之处在于我国科技产业的创新发展只能依靠我国高等教育培养的人才。因此，我国研究生教育责任重大，使命光荣，有关研究生培养单位应当以服务国家战略的使命感，瞄准经济产业发展战略需要，建立健全高新科技人才培养体系，加强创新型科技人才培养，着力打造促进经济产业转型升级发展的新引擎，培植高新科技产业新业态发展的动力源。研究生培养单位应当适应高新科技发展趋势，积极组织学术力量，开办与

---

① 黄宝印，等. 世界主要国家研究生教育发展指数：内涵、框架与测度［J］. 中国高教研究，2021（11）：21-26.

② 潘懋元. 教育基本规律及其在教育研究中的运用［J］. 江苏教育研究，2009（2A）：3-6.

高新科技产业创新发展相关的学科专业,发展新兴学科专业的研究生教育,面向未来,超前培养高新科技产业创新发展所需要的高层次人才。与此同时,在现有与经济产业关系密切的学科专业研究生教育中,加强学科专业交叉融合,形成创新型人才培养模式,加强对研究生创新创业能力的培养,造就大批能促进经济产业全面转型升级发展的科技人才。

(四)创新来华留学教育模式,树立我国的留学生教育品牌

研究生教育应当对塑造我国的留学生教育品牌发挥关键作用。留学生教育是世界高等教育质量的风向标,留学生向哪里汇聚,就代表哪里的高等教育质量得到了认可和追捧。我国已经成为世界主要、亚洲最大的留学目的国,说明我国高等教育整体发展水平在国际上得到了广泛的认可。据统计,2018年,我国共有来自190多个国家和地区的留学生49万多名,其中,"一带一路"沿线国家来华留学生人数共计26.06万人,占来华留学生总数的52.95%。来华留学的学历生为25.81万人,占来华留学生总数的52.44%;来华留学的研究生为8.5万人,占来华留学生总数的17.27%。[①]应该看到,改革开放40多年,来华留学生教育取得了巨大成就,但如果与留学教育发达的美国相比,还存在不小的差距。根据美国国际教育协会(IIE)发布的《2020美国门户开放报告》,在2019—2020学年,美国共接收留学生107.54万人,其中,研究生为37.44万人。国际学生占美国高等教育总人数的比例为5.5%。与2018—2019学年相比,本科生数量小幅下滑,同比下降1.8%,而研究生数量呈增长趋势,同比微涨0.4%。与美国相比,来华留学生总规模还比较小,占高等教育在学总人数的比例还很低。来华留学生中研究生人数较少,占比偏低,这说明我国高等教育的吸引力还不够大,研究生教育水平和教育质量的国际认可度还有待大幅提高。在普及化阶段,我国将更有余力接收国际学生,满足他们在中国文化的滋养下接受高等教育的意愿,来华留学教育必定会有更大的发展,研究生教育应当发挥中流砥柱作用,使来华留学教育与出国留学教育保持高质量协调发展。

接收更多的国际学生不仅取决于我国经济社会发展对高等教育普及化的支持能力,而且取决于我国高等教育的国际适应性和国际认可度。提高国际适应性,应当改革高等教育人才培养模式,建立更具包容性的、能够适应不同文化背景的国际求学者需要的教育模式;提高国际认可度,应当遵循国际公认的高等教育质量标准,发展多元化高等教育,使来自不同国家的求学者抱着希望而来,带着满意而归。中国高等教育普及化发展的实力和水平可以用来华留学生的教育水平,尤其是来华留学研究生的教育接受能力和持续发展能力来衡量。因此,创新来华留学研究生教育模式具有重要的战略意义。我国来华留学研究生教育主要有两种方式:一是"小灶教育"方式,即为来华留学研究生单独开设课程,独立组织各种教育活动;一是随班就读方式,即将留学研究生编

---

① 196个国家和地区的49.22万名留学生去年来华留学〔EB/OL〕.(2019-06-03)〔2021-12-28〕. http://www.xinhuanet.com/politics/2019-06/03/c_1124578973.htm.

入同年级研究生班,让他们与中国研究生一起接受教育。多数研究生培养单位主要采取前一种方式,因为后一种方式不仅需要在留学生教育理念上解放思想,而且需要有很大的决策魄力和担责精神。有部分高校采取混合培养方式,即对部分课程采取合班上课教学,在其他教育教学环节上采取独立组织方式。这些方式都存在对来华留学研究生认识不足,教育针对性不强,留学研究生的学业适应性和社会适应性发展存在很多薄弱环节,很多留学研究生对自身学习和生活的美誉度不高等问题。创新来华留学研究生教育模式,应当转变观念,提高认识,从战略高度看待来华留学研究生教育发展,明确研究生教育发展的国际战略定位,制定来华留学研究生教育发展愿景;遵循国际研究生教育的基本共识,将国际规范与中国特色有机结合起来,建构具有广泛包容性的高质量国际研究生教育体系,增强来华留学研究生教育的适应性;完善来华留学研究生教育的要素标准,以国际视野、一流水平、中国特色要求各种教育教学和服务活动,从细节入手,提高来华留学研究生教育水平,树立我国普及化高等教育发展的国际品牌。

需要指出的是,当普及化高等教育步入高级阶段,达到充分饱和的时候,我国研究生教育总体规模也可能达到饱和状态。值得注意的是,饱和状态并不表明研究生教育规模不可能再有变化,而是表明规模总体上能够满足人民群众的需要,但也可能出现小幅的增减。与此同时,研究生教育体系和结构将发展到较高水平。到那个时候,研究生教育规模的增减、体系和结构的调整将不再是战略性问题,研究生教育水平、质量、适应性和满意度(国内声誉和国际声誉)将成为评价政策和实际工作的主要标准。这就意味着研究生教育发展的战略重点将发生转移。

(原载于《学位与研究生教育》2022年第2期,署名:别敦荣)

第九章
高等教育普及化与继续教育体系重构

　　我国的继续教育即将步入一个崭新的发展阶段。10多年来，继续教育发展出现了一些新的特征，包括一些普通高校将成人教育学院更名为继续教育学院，有的普通高校甚至表示不再招收成人教育学生，而要专注于发展继续教育，尤其是比较高端的继续教育。如果说这些变化还只是序曲的话，那么现在继续教育变革的正剧已经拉开了帷幕。教育部统计数据显示，2019年我国高等教育毛入学率超过了50%[①]，2020年这个数据上升到了54.4%[②]。这表明我国高等教育发展进入了普及化阶段。高等教育普及化发展将催生全民终身学习的内动力，同时也将强化全民终身学习的外动力。继续教育是全民终身学习的基础，高等教育普及化的持续推进，将从根本上改变继续教育的发展格局，为全民终身学习提供最可靠的保障。为适应继续教育发展的新形势、新要求，改善和重构继续教育体系势在必行。本章将围绕重构继续教育体系的要求，对高等教育普及化发展与继续教育变革的关系、重构继续教育体系所涉及的理论基础以及如何重构继续教育体系等问题进行探讨，以期引发学界同仁对继续教育发展新形势的关注，共同助力开创继续教育发展新格局。

一、高等教育普及化与继续教育发展

　　高等教育普及化与继续教育发展之间有着密切的关系，这种关系会随着高等教育普及化的逐步推进而结合得越来越紧密。继续教育不是今天才有的，可以说，它是一种古老的教育形式。但我们今天要讨论的继续教育，是建立在普及化高等教育基础之上的，它有着特别的内涵和意义。也就是说，今天的继续教育与以往的继续教育是不一样的。这种差异主要表现为继续教育的条件是不一样的。

[①] 2019年全国教育事业发展统计公报［EB/OL］.（2020-05-20）［2021-06-24］. http://www.gov.cn/xinwen/2020-05/20/content_5513250.htm.

[②] 杨飒. 2020年全国教育事业统计主要结果发布［N］. 光明日报，2021-03-02（11）.

（一）继续教育发展的条件

继续教育不是无源之水。继续教育发展的条件与其他教育发展所需要的条件并不完全相同，这是由继续教育的性质所决定的。一般来讲，继续教育发展需要有四个方面的条件。

1. 教育条件

继续教育与其他教育是一种"叠床架屋"的关系，它是教育的教育，是受教育者在接受了一定程度的教育后，再接受一定的教育。从这个意义上讲，继续教育发展的基本条件，首先是教育。如果没有教育的发展，不可能有继续教育。这里就有一个问题：一个人初中毕业以后就业了，后来再去接受教育，这算不算是继续教育？一个人高中毕业后就业了，后来又回到学校接受学历教育，这算不算继续教育？提出这两个问题，想表达的是，继续教育与教育程度是什么关系？笔者认为，继续教育应该是高等教育之后的一种教育。如果把上面所说的情况都看作继续教育，那就有泛化继续教育概念的嫌疑。上述情况可以看成终身学习的表现，但并不能纳入继续教育的范畴。当然，一些企业针对职工开展的培训教育，是有继续教育意义的。

2. 知识和技术条件

从知识和技术条件的角度来审视继续教育的发展，应该说，在农耕时期或者在工业文明的早期，都很难发展起真正的继续教育。因为那时的知识和技术变化有限，只有知识和技术不断发展，企业生产工艺和装备不断更新，技术要求不断提高，人们需要不断地更新知识以适应新技术、新工艺、新设备在生产和生活中的应用时，继续教育的需求才能不断地被激发出来。就继续教育的发展历史看，自20世纪后半期，继续教育不断加速发展，社会对继续教育的需求越来越大、要求越来越高。不只是企事业单位的要求越来越高，职工个人的要求也越来越高。在教育不发达的情况下，一次性教育（不管是小学教育、中学教育，还是高等教育）盛行，一个人一生只需要接受一段时间的正规教育就足够管一辈子。[①]因此，继续教育发展的条件是知识和技术的快速变化，尤其是20世纪后期以来，知识和技术更新越来越快，继续教育发展也越来越快。

3. 经济条件

办教育要有经济条件，继续教育也不例外。开办继续教育需要经济基础，继续教育的运行需要经费，职工工读结合也需要经费支持，这就是继续教育的经济问题。在国民教育体系发展不足、不能满足适龄人口的初次教育需求的阶段，继续教育发展的经济基础无疑是不足的。比如，2000年以前，由于经济条件不允许，我国高等教育发展严重不足，要想发展体系化的继续教育是不现实的，因为它缺乏必要的经济基础。2000年以来，在高等教育得到大规模发展以后，特别是一些制度性变革激发了社会办教育的积极性后，不仅基础教育体系非常完备，毛入学率和净入学率都达到了很高的水准，而且

---

① 别敦荣. 构建服务全民终身学习的教育体系必须大力推进高等教育普及化［J］. 终身教育研究，2020（2）：4-7.

高等教育发展也进入了普及化阶段。更让人欣喜的是，社会资本投资教育的积极性被调动起来了，民办教育得到大规模发展。这样一来，教育和继续教育的经济基础有了好转，继续教育大规模发展有了可靠的经济保障。

4.社会条件

我国有"活到老，学到老"的文化教育传统，民众爱学习，但也有人信奉读书无用论。继续教育要成为一种社会需要、建立一种遍布全国的体系，需要一种普遍存在的社会心理或社会文化。如果没有对于知识和技术的追求，形成一种社会文化、社会心态，是很难的。在2000年之前，我国生产水平还不高，各级教育往往都表现为终结性教育。比如，20世纪80年代，大学毕业生是稀缺人才，一个单位分配来一位大学毕业生常常会引起轰动。大学毕业生在单位是"公众"人物，往往也受到重视，单位离不开他，所以，他也没有太强烈的接受继续教育的愿望。[①]所以，很多硕、博士点每年的报名人数达不到招生人数，即便当时一个点一年也就一两个指标。很多导师只好自己去找生源，动员他们发现的人才报考硕士、博士。我们再看看现在的研究生招生，几乎每年都创报名人数新高，表明继续深造已经成为一种社会共同心理。再看看一些知名大学双休日的景象，来自社会各方面的人员利用节假日纷纷到学校接受继续教育。现在很多企事业单位也有继续教育项目，不仅在内部开展培训教育工作，而且与高校合作，将技术管理人才派往高校进修学习。这表明社会文化心态发生了变化，这种变化与教育本身的发展密切相关，与高等教育发展更是高度相关。没有高等教育的快速充分发展，继续教育发展的条件是不充分的。

（二）高等教育的发展阶段和继续教育

按照马丁·特罗的理论，高等教育的发展包括精英化、大众化和普及化三个阶段。前两天，一位学者朋友跟笔者讨论了两个问题：研究生教育有没有精英化、大众化、普及化的可能？可不可以提出一个数量标准，来衡量一个国家（地区）的研究生教育发展水平？现在社会各界都比较认同马丁·特罗关于高等教育发展阶段的理论，觉得它能够用来比较好地衡量一个国家（地区）高等教育发展的水平。高等教育发展与继续教育关系密切，在高等教育进入普及化阶段之前，尤其是在精英化阶段，很难说有真正意义上的继续教育。为什么这么讲呢？上面讲到，精英教育往往是一次性教育，即一次教育管终身的终结性教育。在高等教育精英化阶段，成人教育得到了快速发展，因为社会上存在大量未接受教育的人口。在这样的背景下，成人教育事业要为没有接受过教育或接受教育不多的社会成员提供教育，这些社会成员往往已经处于成人阶段。这个时期的成人教育，主要以基础教育阶段的成人教育为主，高等教育阶段的成人教育则表现为一种补偿教育，即普通高等教育招生规模有限，很多人因此丧失了接受高等教育的机会，他们只好接受成人高等教育。到了大众化阶段，尤其是到了大众化

---

① 别敦荣.一流本科教育应服务于学生的终身发展［J］.终身教育研究，2019（3）：3-9.

阶段后期,成人教育和继续教育并驾齐驱,继续教育的动机被激发出来。这从我国20世纪70年代后期80年代初期成人教育的大规模发展中得到验证。其时,广播电视大学报名火爆,普通高校的夜大学、函授大学以及自学考试,都吸引了数以百万计的人去投考。那么,这些教育活动是不是继续教育?可以说,这些教育活动属于成人教育,但很难说是继续教育。

真正的继续教育是在高等教育进入大众化阶段以后才慢慢发展起来的。这一趋势对一些成人教育机构来说感受最明显,因为参加成人高考的成年人越来越少,而另外一种需求——短期性的、专业性的、集中性的学习需求越来越大。到了高等教育大众化阶段的中后期,成人教育和继续教育形成了一种新格局,即由以成人教育为主、继续教育为辅转变为二者并驾齐驱,甚至开始地位互换。继续教育与成人教育关系和地位的变化是多种因素作用的结果,但高等教育肯定是其中发挥关键作用的因素。

进入普及化阶段后,高等教育还会在规模和质量方面得到深度发展。我国高等教育还只是处于普及化的初级阶段,未来还会向普及化的中高级阶段发展。这些发展无疑将对继续教育产生重大影响。传统的继续教育体系将越来越不适应普及化的深度发展,所以,重构继续教育体系正当其时。

(三)高等教育普及化推动继续教育体系重构

高等教育普及化可划分为三个阶段:初级、中级和高级阶段,毛入学率为50%~65%是初级阶段,66%~80%是中级阶段,80%以上是高级阶段。[1]很多人可能会怀疑,高等教育普及化阶段毛入学率还能达到80%以上?根据联合国教科文组织的统计数据,世界上高等教育毛入学率超过50%的国家(地区)共有76个,其中,有26个国家(地区)的高等教育毛入学率超过了80%,还有3个国家超过了100%。在这76个国家(地区)中,有56个国家(地区)是2000年以后实现普及化的。这说明高等教育普及化是大势所趋;同时也说明,普及化从初级阶段向高级阶段发展,也是必然趋势。鉴于我国高等教育适龄人口规模和经济社会发展状况,未来我国高等教育规模还会进一步扩大,毛入学率会不断上升。与之相适应的是,社会人口中接受了高等教育的人口数会不断增加,教育内部结构也将发生大变革,普通教育系统、成人教育系统、继续教育系统之间的结构关系将会随之发生变化,继续教育体系重构是大势所趋。

在高等教育普及化的初级阶段,这种重构可能刚刚开始。等到高等教育普及化的中级阶段之后,整个社会的人口状况、人口结构会发生巨大变化。根据最新的人口普查统计数据,我国接受了高等教育的人口有2.18亿人。整理教育部近10年的统计年报数据可以看出,每年我国普通本专科招生人数、成人本专科招生人数、研究生招生人数和高等教育在学总人口数,都呈递增趋势。2020年,我国高等教育在学人口已达4183万人,

① 别敦荣,易梦春.高等教育普及化发展标准、进程预测与路径选择[J].教育研究,2021(2):63-79.

高等教育毕业生走上社会后,社会上接受了高等教育的人数不断增加。可以想见,继续教育所面对的、要为之提供服务的人数将呈增长趋势。

表9-1 近10年我国各类各级高等教育人数统计

单位:万

年份	普通本专科录取人数	成人本专科录取人数	研究生招生人数	高等教育在学总人数
2020	967.45	363.76	110.66	4183
2019	914.90	302.21	91.65	4002
2018	790.99	273.31	85.80	3833
2017	761.49	217.53	80.61	3779
2016	748.61	211.23	66.71	3699
2015	737.85	236.75	64.51	3647
2014	721.40	265.60	62.13	3559
2013	699.83	256.49	61.14	3460
2012	688.83	243.96	58.97	3325
2011	681.50	218.51	56.02	3167

如表9-1所示,近年来,每年接受高等教育的人口都达到1000万人以上,10年后社会上将增加1亿以上接受了高等教育的人口。也就是说,10年以后,我国接受了高等教育的总人口将达到3亿多人。3亿多人是个什么概念?现在,我国劳动年龄人口有9亿多人,10年以后可能还是有9亿人左右,那就意味着全国有1/3左右的劳动年龄人口接受了高等教育。继续教育所面临的就是3亿多人的教育需求。到那个时候,我国高等教育体系,乃至整个教育体系,跟现在相比,会有显著的变化,与现在、过去所面对的问题将大不一样。

所以,研究教育问题,要用前瞻性的眼光来看待各级各类教育未来的发展,着眼于社会发展的整体宏观背景分析教育发展和改革的取向。

二、继续教育体系重构的理论基础

教育是有理论指导的社会活动。各级各类教育既有共同的理论,也有自身的理论。这是由各级各类教育所承担的人才培养任务不同所决定的。在零散化时期,继续教育的理论可能没有那么丰富,也没有形成体系。在高等教育普及化发展的今天,继续教育已经是受到公众、高校、政府以及各种社会组织高度重视的事业,发展态势非常好。在这种情况下,重构我国继续教育体系,是必要之举。重构继续教育体系,必须厘清几个理论问题。

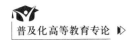

（一）继续教育的范畴

教育范畴可以从多方面进行考察。继续教育的范畴是指它的覆盖面，从不同的角度可以探知继续教育的不同指向及其作用所及的范围。

1. 受众

受众即接受继续教育的人。从严格意义上或从最狭义的范围上讲，继续教育的受众群体主要是接受了高等教育的人在就业以后，再接受各种形式、各类层次教育的人。如果从比较宽泛的意义上讲，很多没有接受高等教育的人就业后再回来接受一些技术培训和教育，也是继续教育的对象。我国高等教育人口数量庞大，现有2亿以上的人口接受了各级各类高等教育，所以，即便是从最狭义的范围看，我国继续教育的受众也不是一个小数字。根据上面的分析，10年以后，将有3亿以上的人口接受高等教育，这个数量超过了世界上绝大多数国家的总人口，美国也不过只有3亿多人。即便他们中只有10%或20%左右的人接受继续教育，那也是一个庞大的数量。在接受了高等教育的人口中，有专科层次、本科层次的，还有研究生层次（含硕士、博士）的。教育的基础层次不同，对继续教育的需求也是有差别的。因此，重构继续教育体系，要充分考虑我国社会人口接受高等教育的层次、类型的不同。现在，从每年新增就业人口数来看，接受了高等教育的人口数超过了其他教育层次，也就是说，接受高等教育的人口已经是主流，他们是旺盛的继续教育潜在受众之一。明确继续教育受众的特点，对于重构继续教育体系很重要。

2. 目的

普及化高等教育的受众有各种各样的目的，其多样化的程度超过了精英化和大众化高等教育的受众。[①]继续教育覆盖了从青年到老年各年龄阶段的人群，他们接受继续教育的目的各不相同。接受继续教育的青年人以职业继续教育为主，他们更渴望学习新知识、新技术，以适应生产生活技术更新的要求；中年人接受继续教育，目的可能多样化，有为了学习新知识、新技术的，也有为了充实自己、提高自身素质和能力的，还有为了丰富生活、提高生活品位的；老年人接受继续教育，大都抱着丰富退休生活，以便老有所为、老有所乐的心态。庞大的人群、多样化的目的，有鉴于此，继续教育体系应当具有广泛的适应性，不仅要适应各种教育层次受众的需求，还要适应各种不同目的的需求。

3. 内容

教育的针对性既表现在方法上，也表现在内容上。继续教育以其内容的多样性和高度的弹性，适应了不同年龄、不同教育层次、不同教育类型的人的需要，成为各级各类教育中最不成"体系"的教育。一般而言，继续教育有与普通高等教育重合的内容，有适合在职人员职务岗位需要的内容，有适应知识技术更新换代的内容，有满足受众业余兴趣爱好的内容，有丰富人们精神生活和满足身心健康需求的内容，还有服务受众

---

① 别敦荣.普及化高等教育的基本逻辑［J］.中国高教研究，2016（3）：31-42.

闲余生活和修身养性的内容。总之,继续教育的内容可能是千差万别的,只要人们有需要,继续教育都可以满足。各不相同的教育内容都有其适应性,在继续教育体系中都应当有它们的位置。

4. 形式

教育总是通过一定的形式发挥作用。从形式上看,继续教育的机构、组织方式、学制要求等各有不同。就机构而言,它们可以由正规的高校提供,也可以由专门的继续教育机构开办,还可以由企事业单位自办,此外,还有各种非正式的社会培训机构参与。就组织方式而言,它们可以由企事业单位组织,也可以由受众自己申请就学,还可以由各种举办继续教育的单位组织。就学制要求而言,有全日制的,有短期集中班,还有利用业余时间、晚上或双休日学习的。继续教育包含了各种不同的形式,这些各不相同的形式有机整合在一起,便构成相互关联的继续教育体系。

综上所述,继续教育的范畴十分广泛,为了满足受众的不同需求,继续教育应当是一个结构多样、纷繁复杂的体系。

（二）继续教育的功能

教育有层次和类型之分,不同层次和类型的教育有着不同的功能,但这些各不相同的功能都有一个共同的内核。这个共同的内核就是教育的基本功能,即人本功能,教育以育人为根本,不论何种层次、何种类型的教育,它的出发点都是人。对人的不同理解和不同对待,导致了教育功能的差异化。不同层次和类型的教育将人培养成不同目标和规格的人,这些人走上社会以后,将在各行各业发挥不同的作用。这种作用被称为教育的社会功能。这样来看,教育既具有人本功能,又具有社会功能。继续教育也不例外,它一方面发挥着人本功能,另一方面发挥着社会功能。

1. 人本功能

凡教育都有人本功能,都会促进人的认知的发展,促进人的态度和情感的改善和提升,所以,继续教育也要关注自身的人本功能。哪怕是最严格的专业培训、岗位教育、任职培训,也有人本功能。有些人认为,职业培训主要是为在职人员更新知识和技术服务的,所以,它主要发挥的是社会功能,包括促进生产工艺技术的更新和完善,提高社会生产水平。只有当继续教育表现为老年教育的时候,才需要更多地关注人本功能,因为老年人不需要工作了,他们接受继续教育主要是为了丰富老年生活,怎么快乐怎么学。从这个方面讲,继续教育体现出一种鲜明的人本价值。这当然是对的。但是,继续教育以岗位培训、再次提升的形式实施时,也有其人本意义。就像有些人认为大学的专业教育不具有通识教育的意义、个性教育的意义一样,事实并非如此。所有的教育,不管什么内容、什么形式,都具有人本意义。明确继续教育的人本功能,对于重构继续教育体系有着特殊的指导价值。这种特殊性在于不要把继续教育看得太现实化、太简单化、太功利化,要看到继续教育是个人自我完善的基本途径。从这个角度来开发和发展继续教育,更有助于人的全面发展。

2. 社会功能

总体上看,继续教育的社会功能最受重视,比如,大多数企业的新员工入职要进行岗位培训。为什么要培训?为了让新员工学习企业文化、工作技术、生产设备的操作技能,等等。这些培训有助于新员工为上岗做好准备,服务于企业的经济利益,有助于维护企业的和谐运行。现在各类企事业单位都非常重视员工培训,这样做有发挥培训的人本功能的一面,但更多地还是从社会功能方面考虑的。即便是员工个人所追求的培训进修,其社会功能也是员工接受继续教育的主要考量。因此,如何发挥好继续教育的社会功能,对于国家、社会发展和进步有重大促进作用,尤其是在科技迅猛发展的背景下,在产业更新、技术创新需求越来越强烈的时代,发挥好继续教育的社会功能,是重构继续教育体系必须高度重视的问题。

(三)继续教育的逻辑

教育有自身的逻辑。所谓逻辑,是指教育之所以能组织开展并发挥功能的基本遵循。每一种教育、每一类教育、每一种形式的教育,都有它特定的逻辑,继续教育也不例外。继续教育主要有四重逻辑。

(1)效益本位。效益本位是指发展继续教育主要考虑的是提高企业和单位的价值和经济效益。可以说,企事业单位面向职工组织开展的继续教育,都是由效益本位的逻辑主导的。效益本位的逻辑决定了继续教育的形式,决定了继续教育的受众规模,也决定了继续教育的内容。在各种继续教育中,效益本位可能是最突出的。

(2)知识(技术)本位。知识(技术)本位与效益本位有关,但它们之间也有差别。效益本位的继续教育可以不在乎技术和知识的进步,比如,岗前培训,往往没有对知识和技术更新的考虑,而更多地着眼于岗位的基本要求、职业的基本规范培训。知识(技术)本位的继续教育,主要是基于知识和技术的发展与创新,基于装备的更新,通过继续教育让员工能够掌握和运用,以维持生产管理的正常运行。在新技术、新知识的刺激下,经济社会发展的需要能够激发出大量的继续教育的需求。重构继续教育组织体系,对于按照知识(技术)本位的逻辑实施继续教育,更要从知识(技术)发展和创新的诉求方面来考虑。

(3)个性本位。个性本位是一切教育都包含的逻辑。在继续教育中,它不一定是单独存在的,可能同时存在于效益本位和知识(技术)本位的继续教育中,也可能存在于下面会谈到的兴趣(闲暇)本位的继续教育中。教育都有人本价值,个性本位就是人本价值的反映。重构继续教育体系,不能单纯只从效益、知识(技术)角度考虑问题,还要从效益、知识(技术)与人的关系,与社会的关系等角度来考虑。这样,发展和实施继续教育,才更能体现教育的意义。

(4)兴趣(闲暇)本位。继续教育是多种多样的,兴趣(闲暇)本位的继续教育更多地面向已经退休或接近退休的人口群体。当然,这不是说青年、壮年就没有兴趣(闲暇)本位的继续教育需求了。现在,很多小孩在上兴趣班,包括各种学科的、艺术的、体育的兴趣班和非兴趣班，那这些培训是继续教育吗？这个问题可能得不出一个简单的答案，我们暂且不在这里作答。但有一点是可以肯定的，即并不是所有的培训都是继续教育。这里所谈的继续教育，主要是面对成年人的。兴趣（闲暇）本位的继续教育主要是面向老年人的，是为了让老年人老有所为、老有所乐的。发展继续教育，不能忽视兴趣（闲暇）本位的作用。

（四）继续教育的特点

继续教育与普通教育不同，它们各有特点。继续教育有什么特点？从现在和未来的发展看，尤其是着眼于未来重构继续教育体系的时候，其特点主要表现在以下五个方面。

（1）规模大。我国的继续教育是大规模的，这是由我国的人口数量决定的。由于我国人口数量巨大，随着普及化高等教育发展，继续教育人口数量将显著增长。它将来的规模可能超过国民教育体系的规模。现在，国民教育体系有2.89亿人在接受教育，全国人口中接受了高等教育的人口达到2.18亿人，如前所述，10年后我国将有3亿多人接受了高等教育。这就意味着继续教育可能超过国民教育体系的受众人数。因此，规模大是继续教育的突出特征。

（2）多样性。大众化、普及化高等教育都具有多样性，但继续教育的多样性与前者不同，几乎表现在各个方面，从对象的广泛多样到内容的多样适应，从形式的多种多样到举办者的复杂多样，从教育目的的直接多样到教育效果的多样满足，继续教育是彻彻底底的多样。比如，有一两天的继续教育，也有三五年的继续教育；有纯粹为了休闲娱乐的继续教育，也有为了学历学位的继续教育。总之，继续教育是一个庞杂的体系，多样性是其典型特征。

（3）职业性。接受继续教育有的人为了娱乐，有的人为了修身养性，但提高在职员工的知识和技术水平，提升他们的职业能力，是继续教育的主要目的，职业性是继续教育的主要特征之一。如果将职业性从继续教育剥离，可以想见，不仅继续教育的规模会缩小，它的社会意义也会大打折扣。继续教育的主要受众是劳动年龄人口，他们接受继续教育的需求，除了与家庭教育、休闲娱乐、修身养性有关外，大部分与职业发展和生产管理相关。满足他们的职业发展需要是劳动年龄人口接受继续教育的主要目的。

（4）灵活性。继续教育有与国民教育重合的部分，但更多的是独立于国民教育之外的各种没有固定学制的教育，其学习时长与受众的需求直接相关。继续教育与国民教育重合的部分，只能反映受众的教育意愿，不具有自身的个性特征。独立于国民教育之外的继续教育才能真正反映其自身的特点，即高度的灵活性。继续教育一切以受众的要求和特点为转移，受众有什么要求，继续教育就提供什么教育；受众需要怎么接受教育，继续教育就提供相应方式的教育。这种灵活性反映了继续教育以学员为中心的宗旨。

（5）个性化。个性教育是所有教育的目标指向，但在国民教育中，因为传统教育思想观念根深蒂固，以知识为中心和以教师为中心对教育的影响深入骨髓，尽管现代教育思想观念的传播由来已久，但个性化导向的教育仍难见明显成效。继续教育却不能不

满足受众的要求，它必须以受众为中心，让受众获得所需要的教育，让受众感觉到从教育中收获了知识、技术、成长和快乐。当然，应当明确的是，这里的个性化教育主要是指继续教育与受众需求之间的匹配度高，更确切地说，继续教育能够满足受众个体的教育需要，它不是针对学生个性发展进行的全面发展的教育。

三、继续教育体系重构的路径

我国教育事业发展已经进入新阶段，高等教育大众化和普及化发展带来了继续教育形势的重大变化，继续教育从来没有像今天这样面临如此繁重和复杂的使命。重构继续教育体系是形势发展的需要，是继续教育办人民满意教育的必由之路。应当承认，重构继续教育体系不是一项简单的工作，而是一个复杂的系统工程。重构工作可以从多方面进行思考和设计，这里主要从五个方面进行讨论。

（一）重构继续教育组织体系

现行的继续教育组织机构很多，非常庞杂，相互之间缺乏协调，整体功能不能满足继续教育发展的需要。继续教育组织体系大致包括开放大学、普通高校、企业培训机构、社会培训机构和其他有关组织。重构继续教育体系就是要重新梳理这些组织机构之间的关系，建构合理有效的结构，更好地开展继续教育，满足人民群众的教育需求。与此同时，借助网络和信息技术的有利条件，发展新的继续教育形式，为更多民众提供更好的继续教育。在继续教育的组织者、开发者群体中，有没有谁可以主导继续教育？开放大学有没有可能在新的体系中成为继续教育的主体部分？毫无疑问，在继续教育发展方面，开放大学有独特的优势，基于互联网的技术支持体系和远程教育的专门性使开放大学具有成为继续教育主体部分的能力。普通高校也有优势，比如，专家队伍、师资队伍及其完善的学科专业是其最大的优势。企业培训机构能够找准员工需求，而社会培训机构更灵活。继续教育体系重构需要更好地发挥这些组织者、开发者的优势和特长。以开放大学为基础，重构国家继续教育体系，可能是一条比较有效的路径。

（二）发展继续教育的利益共同体

继续教育有一大批利益相关者，他们既包括继续教育的组织者或提供者，又包括继续教育的直接和间接受益者，还包括为继续教育提供支持和服务的组织机构，等等。具体而言，继续教育的利益相关者不只有企业和个人，还包括个人、家庭、个人任职的单位等。因为继续教育既有人本功能，又有社会功能。有必要建立一个具有广泛代表性的继续教育共同体，共同协商制定或实施继续教育的相关政策，支持继续教育更好地发挥人本功能和社会功能。继续教育的利益共同体可以是多样化的，既可以按提供者来组建，又可以按获益者来组建，还可以根据地区来组建，或者根据继续教育受众的教育需求差异来组建。总之，要通过组建继续教育共同体，协调继续教育的政策和标准，开展相关质量认证，以促进继续教育健康发展。

（三）开发优质的继续教育资源

继续教育体系有一个关键要素是任何时候都不能忽视的，它就是继续教育资源，包括现场教学课程资源、网络教学课程资源以及社会化教学资源等。继续教育非常倚重现场教学,它可以让受众面对面接受教育培训,还可以使学员面对面相互交流、学习。这是一个具有无限潜力的领域,在互联网和信息技术普及化应用的时代,继续教育应当更多地开发网络资源。要发展好各种形式的继续教育,最关键的是要开发优良的继续教育资源。现场的教学资源比较好开发,因为这些教育机构,特别是普通高校的教育资源本来就很丰富。网络教育资源是一种取之不尽的资源,也是能够适应最广大受众需要的资源。借助网络教育资源,继续教育可以被送达任何需要的人手中。继续教育资源是重构继续教育体系的基础。有健全高效的体系,加上丰富、充分、优良的继续教育资源,继续教育才能得到良性发展。

(四)建构继续教育质量保障体系

继续教育越发达,越需要质量保障,质量保障体系是继续教育健康发展的制度屏障。如何才能做好质量保障呢?一般来讲,不外乎以下几个方面:一是继续教育组织内部质量保障。内部质量保障是基础,缺乏内部质量保障的继续教育可能难以令人信服。现在,很多继续教育组织没有建立质量保障机制,有的甚至没有这个意识,这是不对的。二是政府教育部门的质量保障。与国民教育一样,政府教育主管部门也负有质量保障的职责。政府不能放羊,听之任之,也不能管得过多、管得过死,应当宽松有度,当管则管,不当管则不管。三是社会化的质量保障。要建立健全社会化的质量保障机制,发挥好质量保障为继续教育保驾护航的作用。将三方面质量保障机制有机协调起来,建立一个统一的继续教育质量保障体系,有助于我国继续教育持续健康发展。

(五)建立继续教育问责机制

继续教育不是在真空中进行的,它实质上是一种社会活动。继续教育不仅涉及人与人、组织与组织之间的关系,还涉及组织与人、人与教育结果之间的多重复杂关系。在复杂的继续教育的社会关系中,保障各方利益和权益,是继续教育组织和监管机构不能回避的任务。应建立继续教育问责机制,继续教育一旦出了问题、事故、纠纷,都需要进行问责。第一,要有受众投诉机制。对于继续教育的受众,如果他们感觉没有受到公平的教育,没有获得应有的教育,性价比不对等,就可以投诉。第二,要有舆论监督机制。继续教育的受众是社会上各年龄段的人群。继续教育质量既影响受众个人,还影响社会生产管理,因此,需要有舆论的监督。第三,要有政府的监管追责机制。现在,政府对社会培训,特别是面向中小学生的培训监管已经开始,那继续教育呢?不仅要有监管,出了问题还要追责。第四,要有继续教育组织的自我整改机制。继续教育机构出问题不奇怪,需要建立一种自我整改机制,既要允许它改正,又要督促它整改。将这四类监督问责机制建立起来,发挥它们各自的作用,就能使继续教育建立起一种优质导向的促进机制,确保继续教育更顺利、更健康地发展。

(原载于《终身教育研究》2021年第4期,署名:别敦荣)

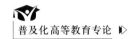
第十章
高等教育普及化发展与构建服务全民终身学习的教育体系

　　构建服务全民终身学习的教育体系既是国家经济社会发展的民生政策,也是教师事业发展客观而意义深远的要求。如果在十年前或更早的时候提出这个政策,是不切实际的,因为在教育事业发展不充分,尤其是高等教育供给严重短缺的时期,从教育体系角度发展全民终身学习只能是一种理想,不具有现实的基础。今天,我国教育事业发展取得了举世瞩目的成就,教育体系渐趋完善,满足了大多数适龄人口的教育需求。据统计,2018年全国共有各级各类学校51.88万所,各级各类学历教育在校生总人数达到2.76亿。①九年义务教育巩固率达到94.2%,高中阶段毛入学率达到88.8%。②更令人欣喜的是,高等教育毛入学率达到了48.1%。基础教育规模庞大,普及化率达到了较高的水平,且发展态势良好;高等教育发展即将迈入普及化阶段,实现全民终身学习已经具备了坚实的基础。构建服务全民终身学习的教育体系,不仅要继续提高基础教育的质量,扩大职业教育的覆盖面,而且要继续大力推进高等教育普及化,完善普及化体系,提高普及化程度,优化普及化质量,使服务全民终身学习的教育体系发挥更大的功能。

一、普及化高等教育是全民终身学习的动力源

　　活到老,学到老,是我国最古老的终身学习思想,也是人类的教育理想。从人类生存发展的基本需求看,活到老,学到老,是可以实现的。人们在个体和社会生活中,无时无刻不在学习,无时无刻不在改变和调整自己,以适应个体的生命状态和自身生活的环境。这种学习更多的是一种自然状态的学习,是在劳动、工作和生活中学习,是一种

---

　　① 2018年全国教育事业发展统计公报［EB/OL］.（2019-07-24）［2019-08-24］. http://www.moe.gov.cn/jyb_sjzl/sjzl_fztjgb/201907/t20190724_392041.html.
　　② 中华人民共和国2018年国民经济和社会发展统计公报［EB/OL］.（2019-02-28）［2020-02-15］. http://www.gov.cn/xinwen/2019-02-28/content_5369270.htm.

自发的行为。这也是人的生存本能。学习使人类进步，为此，人们兴办学校，不断增加教育层次，区分教育类型，满足不同人群的学习需要。可以说，学校教育是促进人类学习的关键机制。

教育与人类的进步相伴相生。教育的目的在于提高民众的学习能力，人类的教育由自发走向人为经历了漫长的历史过程，即便到了人为阶段，最初也主要是个体行为，即家长和个人有意且有条件接受教育，所以，在很长一个历史时期内，教育的规模很小，教育的覆盖面也很窄。人类的现代化与教育的普及化同频共振，随着现代化的不断推进，教育经历了普及扫盲教育、普及小学教育、普及初中教育、普及高中教育和普及高等教育的过程。当然，在不同国家，经济社会发展水平有高有低，教育的普及化进程各不相同。就高等教育发展而言，美国在20世纪70年代中期率先进入普及化阶段，随后其他一些发达国家先后实现了高等教育普及化。时至今日，全球有68个国家（地区）实现了高等教育普及化。而值得注意的是，这些国家（地区）基本上都是发达国家（地区）或比较发达的国家（地区），没有一个欠发达国家（地区）的高等教育进入普及化阶段。[①]

基础教育培养人的基本素质，包括提高人的基本学习能力。所有的教育都能为人的终身学习提供帮助，但不同层次和类型的教育发挥的作用存在很大差异。基础教育的目的是为人类提供基本的文化和文明素质养成教育，是每一个人所必需的教育。基础教育从启蒙开始，是人实现从生物人向社会人过渡的关键力量。在教育不发达或不太发达的国家（地区），基础教育没有完全实现普及化，接受了基础教育的人一部分继续升学，另一部分则直接走上社会，在社会各行各业就业。对后一部分人而言，终身学习可能主要是在工作和生活中学习，他们中的绝大多数不太会去主动争取更高层次的教育或者获得新的学校教育。这一方面与他们所从事的职业有关，他们所从事的职业对于继续教育的需求往往比较弱；另一方面与他们的学习能力有关，他们所获得的学习能力难以满足其终身学习的要求。所以，除了继续升学的那部分人以外，接受了基础教育后的直接就业者对于建构服务终身学习的教育体系的要求并不强烈，自我提升与发展的意愿较低。换句话说，在基础教育欠发达或不太发达的阶段，建构服务全民终身学习的教育体系缺乏必要的条件。

普及化高等教育释放了全民学习的潜能，并为全民学习提供了无穷的可能。高等教育是建立在基础教育之上的专业教育，在精英化阶段，文化科学知识和技术的更新比较缓慢，接受了高等教育也就意味着完成了人一生的所有教育，所以，高等教育不仅是个人的终结性教育，也是社会教育体系的最顶端；在大众化和普及化阶段，高等教育规模不断扩大，教育层次和类别不断增加，多数民众接受了不同层次、不同类别的高等教

---

① 别敦荣，易梦春. 普及化趋势与世界高等教育发展格局——基于联合国教科文组织统计研究所相关数据的分析［J］. 教育研究，2018（4）：135-143.

育,与之相匹配的是各生产行业的技术更新不断提速,高新科技产业层出不穷,社会文明进步的步伐不断加快,具有高等教育学历不再是人们任职的护身符,也不是人们终身生活的唯一依靠,从业人员必须不断提高素质、更新知识、掌握新技术,才能适应生产发展和社会进步的要求。所以,客观上,生产发展和社会进步提出了终身学习的需要。而且这种需要与高等教育发展水平有着密切的关系,高等教育普及化程度越高,民众终身学习的动机越强。在知识经济和信息社会,全民终身学习是社会现代化的重要标志,只有普及化高等教育才能将全民学习的潜能激发出来,并为全民学习提供各种可能。

二、普及化高等教育是全民终身学习教育体系的支柱

全民终身学习有两个核心内涵:一是全体国民,包括每一个公民;二是终身学习,持续一生。从学校教育看,任何人都不可能在学校学习一辈子。终身学习取决于两个条件:一是个人在任何一段学校教育结束后,都有继续学习的能力和需求;二是社会建立了能够满足个人继续学习的教育体系,包括学校教育和非学校教育。一个人经历幼儿园、小学、中学、大学,获得中小学毕业证、学士硕士博士学位,一般要到30岁。我国人口的平均寿命为77岁[①],全民终身学习的目标就是要使每一个人在他结束学校教育后的40、50、60年甚至更长的时间里保持持续的学习动机,且能够得到必要的学习支持。

服务全民终身学习的教育体系,各级各类教育都是不可缺少的组成部分。基础教育是人不可或缺的,也是社会不可或缺的,还是完善的教育体系不可或缺的。基础教育的基础性主要表现在两个方面:一是人的基本素质养成教育;二是高等教育的前置性教育。在全民终身学习教育体系中,基础教育往往达到了高度普及化的水平,成为每一个社会公民在青少年阶段成长所必不可少的经历。据统计,我国学前教育毛入园率达81.7%,小学学龄儿童净入学率达99.95%,初中阶段毛入学率达100.9%,高中阶段毛入学率达88.8%。[②]从统计数据看,我国基础教育普及化已经达到相当高的水平,尽管在量的发展上还有一定的空间,但发展的重点更在于质的提高。因此,服务全民终身学习,完善基础教育的主要任务是:第一,查漏补缺,不漏掉一人。重点是完善面向社会弱势群体的基础教育体系,包括残障青少年教育体系、少数民族青少年教育体系和学习困难的青少年教育辅助体系等。第二,提高基础教育质量。基础教育是一个人终身学习的起点,基础教育质量高,终身学习的潜力大;反之,基础教育质量低,终身学习的潜力小。

现代高等教育是连接基础教育与社会生活的桥梁。现代社会,科技不断进步,社会日益发达,高等教育逐步从精英化阶段走向大众化阶段,并进入普及化阶段,高等教

---

① 2018年我国卫生健康事业发展统计公报［EB/OL］.（2019-05-22）［2020-02-23］. http://www.nhc.gov.cn/guihuaxxs/s10748/201905/9b8d52727cf346049de8acce25ffcbd0.shtml.

② 2018年全国教育事业发展统计公报［EB/OL］.（2019-07-24）［2019-08-24］. http://www.moe.gov.cn/jyb_sjzl/sjzl_fztjgb/201907/t20190724_392041.html.

育的发展不仅使其自身的社会作用日益显著,而且使基础教育的作用得到了更好的发挥。没有高等教育的发达,基础教育促进人终身发展的作用难以实现,普及化高等教育是建立全民终身学习教育体系的支柱。在高等教育没有进入普及化阶段之前,建构终身学习教育体系不可能实现,因为高等教育的不充分发展不仅使大多数适龄人口没有接受高等教育的机会,他们的教育潜能难以得到发挥,而且使基础教育发展的通道不畅,宝塔型的教育体系不可能服务全民终身学习。

高等教育普及化程度越高,全民终身学习教育体系的功能越强大;受教育程度越高,终身学习的动力越大,对终身学习教育体系的依赖性越强。高等教育普及化程度越高,越有可能建成服务全民终身学习的教育体系。高等教育普及化有三个发展阶段:初级、中级和高级。在普及化的高级阶段,民众接受高等教育为工作和生活所必需,绝大多数人上了大学,得到了自己所希望的高等教育。只有高等教育普及化程度不断提高,终身学习教育体系才能不断得到完善,其服务终身学习的能力才越大,功能才越显著。

三、不断提升高等教育普及化水平,服务全民终身学习

构建服务全民终身学习的教育体系是一个系统工程,不仅需要经过长时间的不懈努力才有可能建成,而且需要各级各类教育体系充分而有效地发挥各自的功能。当然,它还需要文化科技和经济社会的发展做保障。从我国各级各类教育发展的实际状况看,构建服务全民终身学习教育体系的短板在高等教育,这不仅因为高等教育普及化程度较低对全民终身学习影响很大,而且因为高等教育内涵发展不足制约了开发人才终身学习的潜能。所以,大力推进高等教育普及化不只关系到高等教育本身发展的问题,还关系到全民终身学习教育体系建设的问题。

过去,我国高等教育长期维持精英教育规模,近20年来我国高等教育不仅规模增长较快,实现了大众化,迈入了普及化阶段,而且在内涵建设上也取得了一些重要进展。总体上讲,发展不足仍然是我国高等教育面临的重大挑战。当前和未来一个时期,我国高等教育发展的重大主题是推进普及化向高级阶段过渡,主要有三个任务。

第一,不断提高现有高等教育的质量。提高高等教育质量本身就是提高民众终身学习的动力和能力,提高质量有助于巩固存量,实现内涵发展,加强服务全民终身学习的教育体系建设。我国高等教育总规模已经达到4000万人的在学人口,高等教育体系的层次和类别结构不断完善,因此,高等教育存量发展应当高度重视深化人才培养过程改革,更新教育教学方法,建立新的多样化的人才培养模式,造就复合型、创新型和应用型人才。

第二,扩大高等教育受众覆盖面。高等教育发展不足是一个客观事实,约一半的适龄人口没有接受高等教育的机会,更多的劳动年龄人口没有接受高等教育。这对建构服务全民终身学习的教育体系是一个不小的挑战。满足更多人接受高等教育的需要,应加强高等教育体系建设,扩大高等教育的吸纳能力,让更多的适龄人群和劳动人口有

机会圆自己的"大学梦"。有预测表明，我国高等教育规模要达到8000万人以上，才能较好地满足全民接受高等教育的意愿。所以，政府应当持续不断地增加年度招生计划，使更多的人能够上大学，提高全民的普通素养和专业能力。扩大高等教育办学规模，涉及高等教育和基础教育：一方面需要高等教育扩容，增加招生计划，新建一批大学；另一方面需要基础教育提高质量，为高等教育扩大招生培养更多合格的生源。

第三，增强高等教育服务全民终身学习的能力。高等教育的功能不只体现为培养大学生的终身学习能力，而且体现为向更多社会民众提供终身教育的机会，包括进修访学、更高的学历学位教育、培训和继续教育以及成人教育等。高等教育体系在全民终身学习教育体系中具有特殊的地位，其特殊性表现在大学是全民终身学习的主要支撑机构。大学应当将服务全民终身学习作为重要使命，不断提高服务能力，为建立高水平的全民终身学习教育体系发挥积极作用。具体来讲，大学应当加强成人教育和继续教育，为更多在职职工和其他民众提供各种可能的教育和培训；应当加强学历学位教育，包括成人学历学位教育，满足民众继续深造的需求；应当利用信息和网络技术，面向全社会提供丰富的教育资源，包括网络课程、网络教学等，为民众随时随地接受高等教育提供支持和服务，使更多民众终身学习的愿望得到满足，从而达到提高全民教育文化素质的目的。

（原载于《终身教育研究》2020年第2期，署名：别敦荣）

第三编　普及化高等教育发展战略

　　高等教育自身对普及化的影响是全面而深远的。在普及化阶段，国家需要对高等教育整体布局和战略做出调整，需要高校改革运行机制和办学模式。从这个意义上讲，普及化带来的是一种系统性变革。变革有主动的，也有被动的。主动的不一定能产生积极的效果，被动的也不一定会带来消极的后果，但有一点是可以肯定的，即开展普及化高等教育发展战略和策略研究，在宏观和微观两个层面探讨普及化高等教育发展问题，有助于理性分析形势，明确发展要求，采取更适切的发展策略，以推进普及化高等教育良性、持续发展。

　　我国幅员辽阔、人口众多，各地自然条件和社会文化差异巨大，高等教育发展水平非常不均衡。这不仅要求国家采取差异化发展战略，而且要求地方根据自身特点和实际情况，采取特色化战略，以提高普及化高等教育的发展效率、效益、水平和质量。高等教育发展水平的不均衡还表现在高校之间，这不是指不同层次、不同类型高校办学水平和质量的不均衡，而是指不同地区、不同隶属关系的高校之间存在的差异和差距，因此，不同高校应对普及化高等教育发展要求的策略也应是有差别的。

第十一章
普及化趋势与我国高等教育发展的战略选择

　　普及化是21世纪世界高等教育发展的主要趋势。世界主要发达国家的高等教育发展起步较早，高等教育毛入学率基本都在20世纪末突破了50%，高等教育发展进入普及化阶段。我国的高等教育发展起步相对较晚，在21世纪初才迈入大众化阶段，但随后发展速度很快，仅用了10年左右的时间，就进入大众化阶段的中后期，目前正快速迈向普及化阶段。现代高等教育发展的主要动因源于经济社会发展需求的扩大，高等教育发展不仅表现为规模的增长，而且表现为质性的变化。规模增长是20世纪中后期以来世界高等教育发展的主要特征，规模增长到一定程度就带来了对既定的高等教育系统的冲击，高等教育的受众、功能、组织形式等必定发生重大的改变。据预测，就我国而言，未来3~6年高等教育毛入学率将超过50%。为了能够顺利过渡到高等教育普及化阶段，我国已经开始着眼未来进行战略部署。

一、我国高等教育的普及化发展趋势

　　发展高等教育是人类社会文明与进步的重要途径，尽管规模增长会带来一些问题，但是任何一个发展中国家都不会有意终止其高等教育规模的扩张。我国高等教育发展起步较晚，在100多年的发展过程中经历了许多坎坷，但不管是过去还是将来，让更多的人接受高等教育始终是其发展宗旨。

（一）我国高等教育的发展历程

　　我国高等教育的发展历程大致可以分为两个阶段：第一阶段为1949年以前的清朝末年和民国时期，现代高等教育产生并得到了初步发展；第二阶段为1949年以后，新的高等教育体系建立起来，20世纪末发展速度逐步加快。19世纪后期，清政府开办的部分洋务学堂已具有高等教育的性质，1904年清政府颁布了"癸卯学制"，第一次形成了从初等教育到高等教育完整的现代学校教育制度。20世纪20年代到30年代，随着现代科学在我国逐步得到发展，通过借鉴西方的经验，结合中华文化和传统，现代高等教育制度逐步构建起来。在国外接受过良好科学教育的人才纷纷回国，并在高等教育的发

第三编
普及化高等教育发展战略

展中发挥了重要作用，一批知名大学发展起来，并形成了自身的办学理念和教育教学制度。1937年卢沟桥事变后，日本开始全面侵略中国，中国高等教育受到重创。但即使是在战火中，高等教育的发展依旧没有中断，大学纷纷内迁，在异常艰苦的环境中坚持办学，培养人才，开展学术研究，学生规模和教师规模都保持了一定的增长。总体看来，1949年以前中国高等教育的发展是十分有限的，但在艰苦的探索过程中所积累的宝贵经验为高等教育之后的发展奠定了基础。

1949—1956年，通过调整院系、改革学制、改革课程等方式，我国建立起了新的高等教育体系，高等教育规模稳步增长，在校生规模由约11.7万人增长到约40.8万人。1957—1959年，受整个社会发展环境的影响，我国高等教育在校生数在三年内翻了一番，显然，这种增长是不可持续的，很快被调整，1961年开始，高等教育规模逐步回归理性的扩张。[①]但在随后的10年"文革"时期，高等教育陷入停涨期。这一时期高等教育规模非常小，按照马丁·特罗教授的划分标准，其处于精英高等教育阶段，但与欧美国家不同的是，此时高等教育的受众并非是那些出身好、天赋异禀的民众，而更多的是平民子弟，这一特殊现象在某种程度上使我国高等教育具备了部分普及化高等教育的理念。[②]改革开放以来，我国高等教育开始进入稳步发展时期，政策环境逐步开放，高等教育规模得到增长，教育理念不断更新，制度体系逐渐完善，高校办学条件和水平都有显著提升。经过30多年的稳步发展，尽管在办学模式、教学方式等方面保留了部分以往的痕迹，但总体来看，我国高等教育正在快速向普及化阶段迈进。

（二）我国高等教育规模增长趋势

改革开放初期，我国高等教育迅速恢复了秩序，规模逐步扩张，1990年毛入学率达到3.4%。1999年高校扩招后，高等教育规模有了迅猛增长，到2002年，我国高等教育总规模达到1463万人，毛入学率达到15%。[③]随后，我国高等教育毛入学率以年均近2%的增长量不断攀升，到2015年，高等教育在学总规模达到3647万人，毛入学率达到40.0%[④]，步入高等教育大众化发展的中后期[⑤]。总体来看，我国高等教育规模发展的速度之快在世界上是罕见的。世界主要发达国家高等教育毛入学率从5%达到大众化水平的15%，美国用了30年，日本用了23年，英国用了16年，韩国用了14年，澳大利亚和德国均用了10年；根据48个国家高等教育发展的统计数据，从大众化阶段进入普及化阶段

① 陈武元，洪真裁. 建国后17年中国高等教育发展评价与启示［J］. 东南学术，2007（3）：114-115.

② 别敦荣，王严淞. 普及化高等教育理念及其实践要求［J］. 中国高教研究，2016（4）：1-8.

③ 教育部. 各级教育毛入学率［EB/OL］.（2016-07-06）［2017-09-01］. http://www.moe.gov.cn/s78/A03/moe_560/jytjsj_2014/ 2014_qg/201509/t20150901_204903.html.

④ 教育部. 2015年全国教育事业发展统计公报［EB/OL］.（2016-07-06）［2017-09-01］. http://www.moe.gov.cn/srcsite/A03/s180/moe_633/201607_270976.html.

⑤ 别敦荣. 谋划世纪中叶发展愿景的战略举措——《高教30条》精神解读［J］. 湛江师范学院学报，2012，33（5）：5-7.

137

所花的时间一般为20～25年。①作为一个人口大国，我国的高等教育毛入学率从5%提高到15%，仅用了九年，毛入学率从15%到40%，仅用了13年。从区域发展来看，截止到2015年末，我国已有八个省份的高等教育毛入学率突破50%，其中，上海、北京、天津的高等教育毛入学率分别在2002年、2003年、2005年突破了50%。

从高等教育在学总规模的增长趋势看，在经历了1999—2005年大幅增长后，我国高等教育规模增长已趋于平稳，近三年的年增长率都维持在2.4%～4.1%。若以近五年来最低的年增长率2%计算，到2020年我国高等教育在学总规模将达到约4027万人，增幅为380万人。以高等教育毛入学率作为主要衡量指标，相关学者对我国高等教育进入普及化阶段时间的预测主要有以下几种结果：2019年至2020年之间②、2018年至2022年之间③、2020年④和2022年⑤。2016年4月发布的《中国高等教育质量报告》称，预计到2019年，我国高等教育毛入学率将达到50%以上。⑥综合以上预测，尽管我国高等教育规模增长已趋于平缓，但在未来3～6年进入高等教育普及化阶段已毫无悬念。

（三）我国高等教育普及化发展的推动力量

随着时间的推移，我国高等教育普及化发展趋势越来越明朗。在过去30多年的发展中，多种力量推动了高等教育规模的扩张，包括政府政策的直接推动、社会经济发展的需求、民众自身发展的需求，等等。就实际情况来看，在未来很长一段时间里，这些推动力量还将继续发挥作用，其中，最主要的是来自民众自身发展的诉求、社会经济发展的需要以及国家竞争力提升的需要。

第一，民众自身发展的诉求。受限于经济社会发展水平等因素，在很长的一段时间里，我国只有非常少的民众有机会接受高等教育。随着社会不断发展和进步，人们的物质生活水平不断提高，对自身发展的向往和追求也不断增强，接受高等教育的诉求也越来越强烈。接受高等教育的需求主要来自两个群体：高等教育适龄人口和非适龄人口。从适龄人口的需求来看，我国高中阶段的毛入学率自2010年起就突破了80%，2015年达到87.0%⑦，这说明绝大多数的适龄人口都已接受了高中教育。高考报名人数

---

① 高书国，杨晓明.中国人口文化素质报告［M］.北京：社会科学文献出版社，2004：226.

② 别敦荣.普及化高等教育的基本逻辑［J］.中国高教研究，2016（3）：31-42.

③ 易梦春.我国高等教育普及化进程及其影响因素——基于时间序列趋势外推模型的预测［J］.中国高教研究，2016（3）：47-55.

④ 高书国，杨晓明.中国人口文化素质报告［M］.北京：社会科学文献出版社，2004：230.

⑤ 胡德鑫，王漫.2016—2032年我国高等教育规模的趋势预测［J］.教育学术月刊，2016（6）：3-7.

⑥ 教育部.首份高等教育质量"国家报告"出炉［EB/OL］.（2016-04-08）［2016-09-01］. http://www.moe.edu.cn/jyb_xwfb/s5147/201604/t20160408_237162.html.

⑦ 教育部2015年全国教育事业发展统计公报［EB/OL］.（2016-07-06）［2016-09-20］. http:// www.moe.gov.cn/srcsite/A03/s180/moe_633/201607/t20160706_270976.html.

占18岁人口的比例和高中毕业生升大学的升学率都在不断攀升。^①随着人们对知识、对真理、对自身发展的不懈追求,高中教育已不能满足人们的教育需求。非适龄人口接受高等教育的需求主要分为两类:一类是接受本专科教育的需求,一类是接受研究生教育和继续教育的需求。攻读成人本专科是我国高等教育非适龄人口首次接受高等教育的一大途径,成人本专科在学人数在过去的20年里不断攀升,从1996年的265.57万人增长到2015年的635.94万人。^②在未来一段时期,这样的需求还会继续存在。随着时代的进步、社会条件的改善,越来越多的适龄人口接受了本专科教育,渴望接受研究生教育和继续教育的人也会越来越多。1996年,硕士研究生招生考试报考人数约为20万,而到2016年,报考人数上升到177万^③,增长了785%。由此可见,不论是适龄人口还是非适龄人口,接受高等教育已经成为广大民众共同的诉求,而这也是推动高等教育向普及化阶段发展的重要力量。

第二,社会经济发展的需要。高等教育发展能够促进经济发展和社会进步已是普遍共识。我国高等教育进入大众化阶段以来,各行各业都从高等教育所带来的高水平人力资本中获益。^④随着经济持续稳步增长,社会信息化程度和知识经济成分的提高,人们对高等教育通过知识创新和高科技孕育新的经济生长点的期望值增大,经济社会发展对知识创新、技术创新、制度创新的依赖程度也越来越大,对高等教育的依赖性不断增强。^⑤从目前我国经济发展情况看,随着经济增长速度的减缓,提质增效、转型升级的要求更加紧迫。创新驱动发展是目前我国推动经济发展的首要战略,力图改变以传统劳动力和资源能力驱动的经济发展模式,通过科技创新来驱动经济发展,而这需要大量接受过高等教育的高级专门人才。在过去很长一段时间内,劳动力总体素质不高、创新能力不足限制了经济发展的转型升级和现代化社会的建设,到2014年,我国就业人员中接受过大学专科以上教育的比例仅有16.05%。^⑥所以,将主要劳动年龄人口平均受教育年限从2015年的10.5年提高至2020年的11.2年,新增劳动力平均受教育年限从13.3年提高至13.5年,成为我国未来五年教育发展的一大目标。^⑦由此可见,经济转型升级、

① 易梦春. 我国高等教育普及化进程及其影响因素——基于时间序列趋势外推模型的预测 [J].中国高教研究, 2016 (3): 47-55.

② 教育部2015年全国教育事业发展统计公报 [EB/OL]. (2016-07-06) [2016-09-20]. http://www.moe.gov.cn/srcsite/A03/s180/moe_633/201607/t20160706_270976.html.

③ 中国教育在线. 2016全国研招调查报告 [EB/OL]. (2016-08-30) [2016-09-20]. http://www.eol.cn/html/ky/report2016/index.shtml.

④ 别敦荣. 普及化高等教育的基本逻辑 [J]. 中国高教研究, 2016 (3): 31-42.

⑤ 杨亚军、李洪天. 高等教育对经济社会发展的作用机制述评 [J]. 黑龙江高教研究, 2006 (6): 17-19.

⑥ 国家统计局人口和就业统计司. 分地区全国就业人员受教育程度构成 [EB/OL]. (2015-03-14) [2016-09-20]. http://www.yearbookchina.com/navipage-n2016-030140000040.html.

⑦ 教育部. "十三五"规划的核心理念是促进人的全面发展 [EB/OL]. (2016-09-10) [2016-09-01]. http://www.moe.gov.cn/s78/A24/s7670/s7672/201603/t20160328_235577.html.

创新驱动发展战略的推进都将进一步推动我国高等教育规模的发展。

第三，国家竞争力提升的需要。在全球化时代，国际竞争越来越激烈，竞争不是仅体现在经济方面，而是体现在社会发展的方方面面。尽管我国已经成为仅次于美国的第二大经济体，但在综合竞争力方面还有很大的提升空间。在《2016—2017年全球竞争力报告》中，我国综合排第28位，我国在"市场规模"方面已位居全球首位，"宏观经济环境"方面排在全球第8位，但在除此之外的"制度建设""基础设施""卫生与初等教育""创新水平"等10项指标中，我国均排在了第30位之后，在"高等教育与培训"指标上排名第54位。①从高等教育的发展来看，发达国家大都在20世纪末就已进入普及化发展阶段，美国、英国、日本、韩国的高等教育毛入学率分别在1975年、1996年、1993年、1988年突破了50%。发达国家在1994年的高等教育平均毛入学率就达到51.61%。②在国际竞争的压力下，出于提升国家竞争力的需要，我国高等教育规模还将进一步增长。

二、我国高等教育发展的主要特点

在过去几十年的发展过程中，伴随着规模的扩张，我国高等教育系统的各方面都发生了重要变化，在教育理念、教育体系、发展方式等方面都形成鲜明特点。

（一）平民教育理念贯彻始终

从我国高等教育发展的历程可以看出，不论是在精英化阶段，还是在大众化阶段，平民教育理念都得到了充分体现。从接受高等教育的机会来看，我国高等教育始终立足于平民阶层，向普通民众开放，同时还向经济困难的学生提供学费或助学金支持。1949年我国高等教育毛入学率仅有0.26%，就规模而言，处于高度精英化发展阶段，但当时实行的是大众化文化教育政策，"大学必须为广大工农青年和工农干部开门"③。1950年颁布的《高等学校暂行规程》明确规定："凡满十七岁、身体健康，在高级中学或同等学校毕业或有同等学力，经入学考试及格者，不分性别、民族、宗教信仰，均得入学。"④这表明，我国高等教育具有鲜明的平民教育特征。1977年"文革"结束后高校恢复招生考试，面向"工人、农民、上山下乡和回乡知识青年、复员军人、干部和应届高中毕业生"招生，入学选拔标准严格实行"分数面前，人人平等"。1995年颁布的《中华人民共和国教育法》规定：中华人民共和国公民不分民族、种族、性别、职业、财产状况、宗教信仰等，依法享有平等的受教育机会。1999年，为了满足更多的普通民众接受

① World Economic Forum. Global Competitiveness Index [EB/OL]. [2016-09-30]. http://reports. weforum.org/global-competitiveness-index/country-profiles/#exonomy=CHN.

② UNESCO. Gross Enrolment Ratio by Level of Education [EB/OL]. [2016-09-10]. http://data. uis.unesco.org/index.aspx? queryid=142&lang=en#.

③ 别敦荣，朱晓刚. 我国高等教育大众化道路上的公平问题研究 [J]. 北京大学教育评论，2003（3）：54-59.

④ 中央人民政府教育部. 高等学校暂行规程 [J]. 人民教育，1950（5）：68-69.

高等教育的需求，我国实行了高等教育大扩招，1998年毛入学率仅有6.8%，到2002年毛入学率增长到15.3%，步入高等教育大众化阶段。由此可见，不论是小规模时期还是大规模时期，我国高等教育都保持了面向平民阶层、保障普通民众接受高等教育的权利，通过不断扩大高等教育的容量，来满足广大民众接受高等教育的需求。从教育目的来看，我国高等教育保持了与普通民众的生活和社会生产的紧密联系。1950年的《高等学校暂行规程》指出，要培养"具有高级文化水平，掌握现代科学和技术的成就，全心全意为人民服务的高级建设人才"。当我国高等教育进入大众化发展阶段，普通民众接受高等教育的机会显著增加，为了满足广大民众多样化的需求，我国高校纷纷开办各种层次和类别的课程与专业，大力推动应用型专业的发展，同时还开设了各种职业教育科目和培训项目。这种以满足平民需求为导向的高等教育理念和实践使我国高等教育的发展拥有广泛的群众基础。随着高等教育大众化和普及化的不断推进，平民教育理念也在我国高等教育中不断深化。

（二）高等教育系统庞大、年轻

经过10多年的迅猛发展，我国高等教育已经发展成为一个年轻而庞大的系统。从学生规模来看，我国高等教育在学总规模位于世界首位。联合国教科文组织统计数据显示，2014年世界高等教育总在学规模约为2.07亿人[1]，我国高等教育规模所占比例达到17.2%。我国和印度已超越美国成为世界高等教育规模最大的两个国家。从高等院校的规模来看，2014年我国的高等院校数仅次于美国，位居世界第二，约占世界高等学校总数的11%。[2]截至2016年5月30日，我国高等学校共计2879所，其中，普通高等学校2595所（含独立学院266所），成人高等学校有284所[3]。在普通高等学校中，就办学类型来看，可分为本科院校和高职（专科）院校；就主办单位来看，分为公办、民办、内地（祖国大陆）与港澳台地区合办、中外合办四种类型，具体的院校数量和校均规模如表11-1所示。

表11-1 我国普通高等学校规模

	普通高等学校	本科院校	专科院校	公办院校	民办院校	内地（祖国大陆）与港澳台地区合办	中外合作办学
校数/所	2595	1236	1359	1854	734	2	5
校均规模/人	10197	14444	6336	—	—	—	—

数据来源：教育部公布的相关年份统计数据。

---

[1] UNESCO. Education: Enrolment by Level of Education ［EB/OL］. ［2016-09-10］. http://data.uis.unesco.org/index.aspx? queryid=130&lang=en.

[2] 教育部高等教育教学评估中心. 中国高等教育质量报告2014［M］. 北京：教育科学出版社，2016：16.

[3] 教育部. 2016年全国高等学校名单［EB/OL］.（2016-06-03）［2016-09-20］. http://www.moe.gov.cn/srcsite/A03/moe_634/ 201606/t20160603_248263.html.

从高等院校的校龄来看,这个庞大的系统还非常年轻。1949年我国高等学校共有205所,经过大规模"院系调整"后,到1953年仅剩181所,普通高等学校总数在2015年达到2560所。若忽略在此期间的高校撤并情况,则可认为目前92.9%的高校都是在这62年中建设起来的。以此方法推算可知,约30%的高校校龄小于10年,约59.30%的高校校龄小于15年,约73.60%的高校校龄小于35年,约84.90%的高校校龄小于40年,具体见表11-2。目前我国民办院校、内地(祖国大陆)与港澳台地区合办院校、中外合作办学院校的办学历史很短,民办院校的平均校龄只有16.3年,内地(祖国大陆)与港澳台地区合办院校、中外合作办学院校的平均校龄只有7.5年和6.6年。[1]总体来看,我国大部分高等院校办学历史还不长,超过一半的高校办学历史不到15年,拥有60年以上办学历史的高校只占极少数,整个高等教育系统还非常年轻。

表11-2   2015年我国普通高等学校校龄情况

校龄	<62年	<60年	<40年	<35年	<30年	<15年	<10年
学校范围	92.90%	92.40%	84.90%	73.60%	60.30%	59.30%	30.00%

注:本表数据由1953年、1975年、1980年、2000年、2005年、2015年普通高等学校数推算而得;原始数据源于1985—2015年的《中国统计年鉴》。

(三)规模、结构、质量协调发展

我国高等教育在较短的时期内实现了快速发展,依靠的主要是外延式发展方式,包括实行大扩招、新建或升格高校、增加学科和专业等。但在规模扩张的同时,高等教育的整体办学条件也有了大幅提升,结构逐步优化,质量建设稳步推进。从生均教育公共财政支出经费来看,2015年普通高等学校生均公共财政预算教育事业费支出达到18143.57元,公共经费支出达8280.08元;2005年普通高等学校生均公共财政预算事业费支出为5375.94元,公用经费支出为2237.57元。[2]10年间,高校生均公共财政预算事业费支出增长了约237.5%,公用经费支出增长了约270.0%。从层次结构来看,我国高等教育在大力发展本科教育规模的同时,也扩大了高职(专科)和研究生教育的规模。从科类结构来看,高等教育发展包含了科类结构的调整。1978年教育部发布了《关于做好高等学校专业设置和改造工作的意见》,提出了新时期高等学校专业设置与改造的原则;1984年教育部组织对专业目录进行修订;20世纪90年代,我国高等教育大幅压缩学科专业数量,拓宽专业口径,重点发展急需学科专业和新兴学科专业。从组织类型结构来看,我国高等教育包含了七种类型,即普通高等教育、成人高等教育、网络高等教育、

---

① 平均校龄根据相应高校在其网站主页公布的创办时间测算而得。

② 2003年全国教育经费执行情况统计公告〔EB/OL〕.(2004-12-30)〔2016-09-09〕. http://www.moe.gov.cn/srcsite/A05/s3040/200412/t20041230_78205.html;2004年全国教育经费执行情况统计公告〔EB/OL〕.(2005-12-30)〔2016-09-09〕. http://www.moe.gov.cn/srcsite/A05/s3040/200512/t20051230_78264.html.

在职人员攻读研究生、研究生课程进修班、学历文凭考试和高等教育自学考试。随着高等教育总规模的扩张,各种教育类型也在不断发展,其中,普通高等教育发展最为迅猛,网络高等教育也在近10年里得到发展,逐步发展成为与成人高等教育并驾齐驱的一种重要形式。尽管自学考试教育、在职研究生教育、研究生课程进修班等在我国整个高等教育体系中所占比例不大,但也可以满足部分民众的高等教育需求。

从空间布局来看,高等教育扩招以来,我国更加注重缓和高等教育区域发展的矛盾,新建本科院校向非省会城市倾斜,新增招生计划向中西部地区倾斜,特别支持部分中西部地区的本科高校和部分高等职业学院提高办学水平,使高等教育空间布局更加均衡。2000年以来的新建本科院校分布于全国201个地级城市,覆盖全部地级城市的60.36%;针对制约中西部高等教育发展的薄弱环节和突出问题,实施了"中西部高校基础能力建设工程""中西部高校提升综合实力工程""东部对中西部地区高校对口支持"等10项工程建设;中西部高校从2000年的544所增长到2014年的1363所,增加了1.5倍,中西部高校数量占全国的53.9%;东部与中西部地区高考录取率上的差距从2007年相差17个百分点降低为6个百分点。[1]

在规模增长和结构调整的同时,我国也不断加强高等教育质量建设。从20世纪80年代开始,为了保证基本的办学质量,我国颁布实施了一系列重要法规、条例。1985年教育主管部门颁布了《关于开展高等工程教育评估研究和试点工作的通知》,开展高等工程教育评估研究和试点工作,建立起高校评估制度;1986年颁布《普通高等学校设置暂行条例》;1986—1989年,开展了以本科教育评估为主的学校整体办学水平试点评估、专业水平试点评估和课程教学质量试点评估;1990年颁布的《普通高等学校教育评估暂行规定》提出,建立健全包括"合格评估""办学水平评估""选优评估"和"学校内部评估"在内的高等教育评估体系和评估制度;1999年颁布《高等学校本科专业设置规定》,规定了高等学校专业设置的基本标准;2003年将原有的三种类型的评估形式合并为一套完整的评估体系,建立起"五年一轮"的普通高等学校教学工作水平评估制度;2011年以来,我国高等教育质量保障建设又有了新发展,逐步建立起了分类指导、分工负责的高等教育质量监测评估制度,包括高等职业教育人才培养评估制度、"五位一体"本科教学评估制度和研究生教育学位及学科评估制度,分别实施了高职高专院校人才培养工作评估、本科院校分类评估,组织研究生学位授权点审核和合格评估,推行本科工程、医学专业认证,邀请国外评估机构开展国际评估,建立本科教学状态数据平台并发布质量报告,大力推动高校内部质量保障体系的构建。

(四)以重点建设带动全面提升

从发展历史来看,我国高等教育稳步发展的时间还不长,大多数高校所拥有的社会

---

[1] 教育部. 高等教育第三方评估报告(摘要)[EB/OL].(2015-12-04)[2016-09-10]. http://www.moe.gov.cn/JYB_xwfb/xw_fbh/moe-2069/xwfbh_2015n/xwfb_151204_sfcl/201512/t20151204_222891.html.

资源还极其有限，若想在短期内全面提高办学条件和水平，进入世界一流大学行列，着实不易。所以，在不断扩大高等教育规模满足广大民众的高等教育需求之外，我国始终将重点建设作为高等教育发展的主要战略。重点建设主要包括重点大学建设、重点学科专业建设。

在重点大学建设方面，在改革开放以前，我国就开启了重点建设一批大学的计划。1954年教育部发布《关于重点高等学校和专家工作范围的决议》，首次指定北京大学、清华大学、中国人民大学等6所高校为全国性重点大学，开启了重点大学的建设之路；1959—1960年，又陆续确定64所高校为重点建设的学校；1978年最终确定了88所大学为重点建设大学。①改革开放以后，我国加大了对重点大学建设的力度，在20世纪90年代，启动了重点建设100所左右的高等学校和一批重点学科的"211工程"，以及为创建世界一流大学和高水平大学的"985工程"。目前"211工程"大学共有112所，"985工程"大学共有39所。2008年以来，我国对"211工程""985工程"等重点建设项目共投入专项资金近900亿元人民币。②2006年，为了大力推动职业教育的发展、提升高等职业院校的办学水平，我国实施了"国家示范性高等职业院校建设计划"，投入20亿元人民币重点支持100所高职院校的建设；2010年又在已建设100所国家示范性高等职业院校的基础上，新增100所左右国家骨干高职院校，继续推进高职院校的重点建设工作。在重点学科建设方面，1987年我国开展高等学校重点学科评估工作，由此拉开了国家重点学科建设的序幕。在进行国家重点学科建设的同时，中央各部委和地方教育主管部门也开始进行部、省级重点学科建设，逐渐形成了完整的重点学科建设体系。21世纪初期，为了进一步推动学科发展，引入竞争机制，带动高校全面发展，我国启动了"985工程"优势学科创新平台和"特色重点学科项目"，对非"985工程"、非"211工程"高校中的特色和优势突出的学科和国家重点学科给予支持。

通过这些项目的实施，我国高等教育在人才培养、科学研究和社会服务方面的整体实力有了显著的提高。随着高等教育进入新的发展时期，新的重点建设项目陆续出台。2012年我国启动了《高等学校创新能力提升计划》，即"2011计划"，力图通过任务牵引和中心建设推动高校创新、转变发展方式，促进高等教育质量的提高。③2015年我国提出《统筹推进世界一流大学和一流学科建设总体方案》，对新时期高等教育重点建设做出了新的部署，将"985工程""211工程""优势学科创新平台"和"特色重点学科项目"等统一纳入"双一流"计划当中，创新重点建设机制，以学科建设为基础，推动高等教育内涵式发展。在高等教育规模不断扩张的过程中，重点建设始终是我国高

---

① 别敦荣.大学排名与中国的世界一流大学建设［J］.教育科学文摘，2015（3）：41-43.

② 教育部.刘延东副总理在国务院学位委员会第三十二次会议上的讲话［EB/OL］.（2016-03-08）［2016-09-10］.http://www.moe.gov.cn/jyb_xwfb/moe_176/201603/t20160308_232316.html.

③ 教育部.实施"2011计划"提升高校创新能力［EB/OL］.（2013-03-11）［2016-09-10］.http://www.moe.gov.cn/publicfiles/business/htmlfiles/moe/s7244/201303/148418.html.

等教育发展的重要策略。通过重点建设，国家集中有限的财力，调动多方优质资源，办好一批高校、学科和专业，解决国家和地方经济、科技和社会发展的重大问题。同时，通过重点建设，推动高等教育体制改革，提高教育质量、科研和管理水平。

（五）多样性发展格局基本形成

随着大众化的不断深入，我国高等教育多样性发展的格局已基本形成。从教育类型来看，我国高等教育主要分为普通高等教育体系和成人高等教育体系。2015年我国有普通高校2560所，研究生培养科研机构217个，在校生达到2816.44万人；有成人高等学校292所，在校生有635.94万人。①在普通高等教育体系中，已形成层次结构完整的本专科（高职）教育、硕士研究生教育和博士研究生教育；2015年本专科在校生达到2625.30万人，有在学硕士生158.47万人、在学博士生32.67万人。普通高等教育的学校类型多样，有本科院校、高职（专科）院校和研究生培养机构，2015年三种类型的学校数量比例约为1.54∶1.69∶1；根据办学主体划分，高等学校的类型有公办院校、民办院校、内地（祖国大陆）与港澳台地区合办院校、中外合办院校，2016年以上院校分别达到1854所、734所、2所、5所；公办院校还可以分为中央部属院校、部省共建院校、地方院校。从学位类型来看，分为专业学位和学术学位。专业学位以硕士层次为主，有40种，博士层次专业学位有教育博士、工程博士、临床医学博士等6种，学士层次专业学位有建筑学1种；2013年专业硕士和学术硕士在校生数的比例达到1∶1.77。从学生构成来看，普通教育体系中既有传统生源，也有非传统生源。从教育形式来看，主要是全日制教育，但随着学生结构和需求的多样化，在职教育也逐渐增多。成人高等教育体系的学校类型有远程教育学院、广播电视大学、职工大学、业余大学、职工医学院、管理干部学院等；教育形式分为脱产、业余、函授和远程网络教育等。总体来看，我国高等教育的多样性特征已十分明显。

（六）与社会发展的融合度逐步扩大

改革开放以后，我国高等教育体制改革逐步推进，高等学校的办学自主权逐步扩大，高等学校同生产、科研和社会其他方面的联系不断加强，高等教育的发展与社会发展逐步融合。主要表现在两个方面：一是社会力量参与办学的情况逐渐增多；二是高等教育发展与社会发展需求结合得更紧密。

在计划经济时代，我国高等教育是由政府投资包办的事业，办学经费均由政府下拨。改革开放之后，社会、经济发展迅速，有限的教育财政拨款已不能满足高等教育发展的需要，社会力量参与办学逐步得到发展。1997年《社会力量办学条例》和2003年《民办教育促进法》的颁布，增强了社会力量参与办学的积极性。民办普通高校从

① 教育部. 2015年全国教育事业发展统计公报.［EB/OL］.（2016-07-06）［2017-09-09］. http://www.moe.gov.cn/srcsite/A03/s180/moe_633/201607/t20160706_270976.html.

1999年的25所增加到2015年的459所,由社会参与办学的独立学院发展到275所。①社会力量参与办学的另一种形式是高校与社会企业、团体合作培养人才、开展研究。为建立高校与行业联合培养人才的新机制,2010年起,我国实施了系列"卓越计划",推动高校与有关部门、行业企业共同制定培养目标、共同设计课程体系、共同开发优质教材、共同组织教学团队、共同建设实践平台,探索协同育人的新机制。

随着大众化的不断推进,我国高等教育为社会各行各业输送的人才越来越多,对社会发展所发挥的作用越来越大,高等教育发展与社会发展需求的结合日益紧密。为了满足社会经济发展对应用型和技术型人才的需求,我国高等教育在人才培养类型上做出调整,大力培养既具有理论基础又具有实践能力的人才。在过去的十几年里,我国高等教育不断调整本专科学科结构,使其满足行业企业的需求。为适应社会经济形势对研究生教育需要的变化,从2009年起,我国持续扩大专业学位研究生教育的规模,调整学术型和专业型研究生的比例。在科学研究方面,更加注重社会发展的实际需求,加强产学研合作,推动科研成果的转化。2009年以来,我国采取了构建产业技术创新战略联盟、共建行业特色高校、创新校地合作模式、建立研发和产业化基地、建设国家大学科技园等多项措施,推动高校深入开展产教融合、合作办学。2016年发布的《关于加强高等学校科技成果转移转化工作的若干意见》,要求各高校要引导科研工作和经济社会发展需求更加紧密结合,为支撑经济发展转型升级提供源源不断的有效成果。

(七)现代化教育体系建设逐步推进

现代信息技术正深刻影响世界,改变着人们的生产方式、生活方式以及学习方式。全民教育、优质教育、个性化学习和终身学习已成为信息化时代教育发展的重要特征。我国高等教育重视信息化建设,致力于建构现代高等教育体系。我国在《教育信息化十年发展规划(2011—2020年)》(以下简称《规划》)中指出,以教育信息化带动教育现代化,是教育事业发展的战略选择。要求进一步加强基础设施和信息资源建设,重点推进信息技术与高等教育的深度融合,促进教育内容、教学手段和方法的现代化。具体目标包括:第一,加强高校数字校园建设与应用,构建先进、高效、实用的高等教育信息基础设施,建立高等教育资源共建共享机制,提升高校教师的教育技术应用能力;第二,加快对课程和专业的数字化改造,创新信息化教学与学习方式,提升个性化互动教学水平,创新人才培养模式;第三,构建数字化科研协作支撑平台,不断提高教师、科研人员利用信息技术开展科研的能力;第四,利用信息化手段,推进产学研用合作,加快科研成果转化,提高高校服务经济社会发展的能力,依托信息技术,面向社会公众开展学科教育、科普教育和人文教育等。以此为目标,《规划》还提出了优质数字教育资

---

① 教育部. 2015年全国教育事业发展统计公报[EB/OL].(2016-07-06)[2017-09-09]. http://www.moe.gov.cn/srcsite/A03/s180/moe_633/201607/t20160706_270976.html.

源建设与共享、学校信息化能力建设与提升等五项行动计划。^①从实际情况来看,我国高等教育信息化建设的速度很快,数字校园或智能校园建设已经成为各高校发展的战略任务,基础设施信息化的建立和改造工作受到高度重视,高等教育资源共享平台、信息化教学资源开发以及信息化学习环境建设得到加强,远程教育、教育技术、大数据应用、MOOCs等都在高校的办学中得到广泛应用。

(八)以改革促进高等教育发展

改革是我国高等教育发展的主要动力源泉。通过持续不断的改革,我国高等教育体制发生了很大变化,民间资本开始进入高等教育领域,大大激发了高等教育体系的活力,为高等教育规模增长奠定了基础。随后,我国在高等教育的人才选拔、教育教学、管理体制等方面都进行了深刻的改革。在人才选拔方面,我国不断深化招生考试制度改革,促进教育公平。2014年出台的《关于深化考试招生制度改革的实施意见》要求,通过改革招生计划分配方式、考试形式和内容、招生录取机制、监督管理机制等,形成分类考试、综合评价、多元录取的考试招生模式,健全促进公平、科学选才、监督有力的体制机制。^②在教育教学方面,围绕提高人才培养质量,我国实施了"高等学校本科教学质量与教学改革工程""基础学科拔尖学生培养试验计划""卓越计划"和"科教结合协同育人计划"等,深化人才培养机制改革,探索多样化的人才培养模式。在管理体制方面,形成了中央和省两级管理,以省为主、统筹管理的新体制。^③近年来,我国着力推进高等教育综合改革,以增强教育教学活力,突破人才培养体制机制障碍,全面提高高等教育质量。^④

(九)高等教育国际化不断加强

高等教育国际化是我国改革开放事业的重要组成部分。最初我国主要以派遣学生出国留学、选派教师出国进修作为高等教育国际交流与合作的方式。^⑤20世纪90年代以后,政府先后颁布了《中外合作办学暂行规定》《自费出国留学中介服务管理规定》《中华人民共和国中外合作办学条例》等行政法规,为高等教育国际化的深入发展提供了政策指导。从实际效果看,我国高等教育国际化的深度和广度不断得到拓展,在规模扩张和水平提高上都取得了显著进展。从出国留学人员来看,近五年出国留学人数、

---

① 教育部. 关于印发《教育信息化十年发展规划(2011—2020年)》的通知[EB/OL].(2012-03-13)[2017-09-09]. http://www.moe.gov.cn/publicfiles/business/htmlfiles/moe/s3342/201203/xxgk_133322.html.

② 中国教育在线. 考试招生制度改革方案发布[EB/OL].(2016-09-10)[2017-09-09]. http://www.eol.cn/html/ky/zsgg/.

③ 纪宝成. 世纪之交中国高等教育管理体制改革的历史回顾[J]. 中国高教研究,2013(8):6-13.

④ 教育部. 坚定不移推动高等教育内涵式发展着力提升人才培养水平[EB/OL].(2012-12-18)[2017-09-09]. http://www.moe.gov.cn/s78/A08/A08_ztzl/s6799/s6800/201212/t20121206_145213.html.

⑤ 别敦荣,陈梦. 全球化时代我国大学的国际化战略[J]. 清华大学教育研究,2013(3):48-54.

公派出国人数、留学回国人数都大幅增加，出国留学人数和公派留学人数都翻了一番，留学回国人数增长了203.4%。从外国来华留学生来看，不论是非学历学生还是学历学生都在不断增加，其中，学历学生增长幅度不断加大。作为高等教育国际化的重要形式，中外合作办学的规模也在稳步增长，本科及以上中外合作办学的规模在五年内增长了一倍多。

三、我国高等教育发展的战略选择

我国即将迎来高等教育普及化时代。就我国高等教育自身的发展状况看，虽然从规模上达到普及化的要求不是很困难的事情，但质性的挑战和问题还有很多，例如，办学理念还比较陈旧，办学经费和资源还不足，办学效率、教育质量和水平还有待提高。面对高等教育发展新态势，我国已经并将继续采取一系列应对政策和战略，迎接普及化阶段的到来。

（一）"双一流"建设战略

多年来，通过实施重点建设战略，开展"211工程""985工程"和"特色重点学科项目"建设等，不仅让部分高校办学水平得到了提高，而且高等教育整体水平也有了显著提升。但与此同时，重点建设也存在身份固化、竞争缺失、重复交叉等问题，需要加强资源整合，创新实施方式。[1]在高等教育大众化深化的攻坚阶段，如何解决质量问题，提升高等教育发展水平，实现从高等教育大国向高等教育强国的转变？2015年10月我国发布了《统筹推进世界一流大学和一流学科建设总体方案》，确立了2020年、2030年、21世纪中叶的发展目标，通过建设一流师资队伍、完善内部治理结构、构建社会参与机制、着力推进成果转化和国际交流合作等措施，推动一批高水平大学和学科进入世界一流行列或前列，加快高等教育治理体系和治理能力现代化，提高高等学校人才培养、科学研究、社会服务和文化传承创新水平。[2]

（二）内涵式发展战略

自1999年大扩招以来，我国高等教育主要采取的是外延式的发展方式，通过增加高校的数量、扩大办学规模、新建学科专业、扩大校园面积、扩建基础设施、引进新的教职员工，带来了高等教育井喷式的快速扩张，满足了数以千万计的民众接受高等教育的需要。[3]当高等教育进入平稳增长、即将迈进普及化阶段的关键时期，必须实行以质量提升为核心的内涵式发展战略，构建面向全体国民的、更稳定、更具包容性和弹性的高等教育体系，以应对可能到来的一系列变化。内涵式发展的要求主要有以下几点。第

---

① 教育部. 推进世界一流大学和一流学科建设［EB/OL］.（2016-09-10）［2016-10-15］. http://www.moe.gov.cn/jyb_xwfb/xw_zt/moe_357/jyzt_2015nztzl/2015_zt15/.

② 教育部. 统筹推进世界一流大学和一流学科建设总体方案［EB/OL］.（2016-09-10）［2016-10-15］. http://www.moe.gov.cn/jyb_xwfb/xw_zt/moe_357/jyzt_2015nztzl/2015_zt15/.

③ 别敦荣. 论高校内涵发展［J］. 中国高教研究，2016（5）：28-33.

一,转变外延式的发展理念,探索和遵循高等教育普及化阶段的发展规律和要求,更加注重规模、质量、结构、效益的协调统一发展。第二,调整发展结构,继续向中西部地区和经济欠发达地区倾斜,增加这些地区适龄人口接受高等教育的机会,实现区域间高等教育均衡发展;明确和规范所有高校办学定位,在本专科教育和研究生教育之间建立起有序的结构,相互之间保持合理的张力,以保证高等教育体系整体能够发挥应有的功能。[①]第三,构建和完善质量保障体系。通过深入推进管办评分离,构建高等教育质量保障公共治理新格局,强化高校办学主体意识,完善内部质量保障体系。

(三)多元化发展战略

在普及化阶段,高等教育规模进一步扩大,接受高等教育的学生类型越来越多样化,大规模的非传统生源逐渐成为高等教育的受众人群。不同年龄阶段、不同生活背景的学生在求学目标、学习能力、学习方式等方面都有很大不同。采取多元化的发展战略,提高高等教育的包容性,构建起能够提供多样化、个性化教育的高等教育体系,是我国高等教育发展战略的必然选择。多元化发展主要包括以下方面。第一,教育理念多元化。在普及化阶段,高等教育功能将发生重大变化,它的主要目的是为大多数民众的生活做准备,提高人们对不断变化的社会的适应能力。由于高等教育受众求学目标的多样性,教育理念也应该更加丰富、包容和多元。第二,人才培养模式多元化。普及化高等教育是个性教育[②],为了满足学生个性化、多样化的发展需要,为社会发展培养多种多样的高素质人才,要建立起与之相匹配的多元化的人才培养模式。第三,管理模式多元化。我国高等教育的组织系统非常庞大,要使庞大的系统具有生机活力,必须使各高校找准自己的方向,走特色化发展道路,同时建立高等学校分类体系,实行分类管理;发挥政策指导和资源分配的作用,引导高等学校合理定位,克服同质化倾向,形成各自的办学理念和风格,在不同层次、不同领域办出特色。第四,办学主体多元化。我国高等教育发展的基本矛盾将长期维持"穷国办大教育"的形势,即高等教育大发展的强烈需求与公共财政资源不足之间的矛盾将长期存在。解决这一矛盾的根本出路在于办学主体多元化,即继续开展办学体制改革,充分发挥社会力量办学的积极性,发展各种形式的民办高等教育,积极开展公办、民办之间以及中外高校之间的合作办学。

(四)开放发展战略

社会化是普及化高等教育的重要特征,高等教育的专业性决定了它从一开始就与社会有着不解之缘。[③]在国际化、全球化时代,普及化高等教育培养的人才将在社会人口中占据很大的比例,将直接参与社会各行各业的建设与发展,且将大规模地参与国际交流和全球事务的处理。为此,推进开放发展战略,增强高等教育的开放性,是保证普及化高等教育发展且有效发挥其功能的重要手段。开放发展包括对内开放和对外开

---

① 别敦荣.普及化高等教育的基本逻辑[J].中国高教研究,2016(3):31-42.

② 别敦荣,王严淞.普及化高等教育理念及其实践要求[J].中国高教研究,2016(4):1-8.

③ 别敦荣,王严淞.普及化高等教育理念及其实践要求[J].中国高教研究,2016(4):1-8.

放。对内开放主要是继续加强高等教育与社会的融合,加强产教研融合机制创新,参与国家创新体系建设,构建开放的合作办学体系和开放式人才培养体系,完善社会参与治理体系,提高治理能力,建立全面开放的社会化高等教育办学和运行机制,增强高等教育发展的生机与活力。对外开放主要是进一步加强国际交流与合作,开放教育市场,适应国际交往与发展的需要,更稳健地推进"走出去"办学,主动融入"一带一路"进程,使高等教育具有更强的国际适应性和竞争力。

(五)创新发展战略

我国高等教育发展所面临的形势是独特的,国际经验可资借鉴,但不能照搬。实现高等教育普及化,必须解放思想,创新发展理念,突破传统思维的桎梏,积极探索自主发展的新模式。创新发展主要包括以下方面:第一,人才培养创新。在全球化趋势下,作为后发国家,我国必须适应自身经济社会发展要求,构建有效的普及化高等教育人才培养体系,培养具有创新精神和实践能力的新型人才。创新性人才的培养要有新的思路,要改变惯用的"圈养"模式,根据普及化高等教育的特点,在人才培养过程和要素上下功夫,将创新元素融入其中。第二,科学研究创新。科学研究作为高等学校的主要职能,在高等教育普及化阶段能够发挥更积极的作用。科学研究的创新包括创新科学研究的组织和管理机制,激发师生的创新活力;打破院系藩篱、学科壁垒,加大高校与社会、高校与高校之间的合作,实现协同创新。第三,社会服务创新。进入高等教育普及化阶段,高校与社会的联系将更加紧密,社会服务的形式、内容将更加多样化,高校应当更加积极主动地开放办学,构建紧密的产教研融合体系,不断实现研究成果的应用转化;构建跨地区创新创业平台,在更大范围内发挥服务社会的职能。

(原载于《清华大学教育研究》2017年第3期,署名:别敦荣、易梦春)

第十二章
高等教育普及化的动力、特征和发展路径

高等教育普及化不只是高等教育的问题,而且是整个教育系统的问题。高等教育普及化与基础教育、职业教育、成人教育等都高度相关,是高质量教育体系的一个根本点。实现了高等教育普及化的教育体系才是高质量的教育体系。自2019年我国高等教育毛入学率超过50%以后,未来我国高等教育发展将始终处于普及化进程之中,我国高等教育发展跌出普及化阶段的可能性几乎为零。因此,关注高等教育普及化发展,探讨普及化高等教育发展问题,是高等教育研究工作者肩负的时代责任。近年来,随着高等教育毛入学率上升,高等教育普及化问题开始受到学术界的关注,不少学者对高等教育普及化发展的一些问题进行了研究,但总体而言,现有研究尚处于初步探讨阶段,研究的深度和广度还非常有限。高等教育普及化是一个非常广阔的、内容丰富的研究领域,在高等教育精英化、大众化发展阶段探讨过的问题,在高等教育普及化大背景下均可再思考,进行更深入的研究。

一、高等教育普及化的动力

从世界整体高等教育发展情况来看,现在关于高等教育发展有完整统计资料的国家(地区)共计195个,其中,76个国家(地区)高等教育毛入学率超过50%,就规模而言,实现了高等教育普及化,占比超过195个国家(地区)的1/3,且绝大多数是发达国家(地区)。可见,高等教育发达与否,与社会经济发达程度高度相关。迄今为止,尚未出现国家社会经济高度不发达,高等教育却进入普及化阶段的现象。

高等教育已进入普及化的国家(地区),普及化程度亦有高低之分。笔者将高等教育普及化分为初级、中级和高级三个阶段,其普及化水平依次为65%以下、65%~80%、80%以上。目前,高等教育普及化程度位于高级阶段的国家(地区)有26个,充分说明高等教育普及化程度可达到80%、90%甚至100%。为什么要让如此多的人接受高等教育?普及小学、初中教育可以理解,高等教育需要普及吗?笔者认为,高等教育向普及化发展主要缘于内部动力、外部动力的相互作用。

（一）内部动力：激发受教育者的求学意愿

高等教育普及化需要更多的生源，受教育者的求学意愿是高等教育发展的第一动力。这个动力可能受到外部社会因素的影响，但意愿毕竟是人内在的一种心理倾向，高等教育的生源主要来源于中等教育毕业生，其求学意愿还是属于教育内部的事情。

我国高等教育在规模上迈入了普及化的门槛，完成初中级阶段的普及化任务，向高级阶段发展，需要更多的生源。现在面临的一个突出问题是高考录取率已经很高，达到85%以上，如果没有更多的人参加高考，发展普及化高等教育是不可能的。实际上，就高等教育净入学率看，我国可能还只有40%左右，约60%的适龄人口没有获得接受高等教育的机会。为这部分人提供接受高等教育的机会，是发展普及化高等教育的主要任务。在一定程度上，高考录取率可以反映高等教育生源的求学意愿，报名人数不踊跃，是不是适龄人口的求学意愿不高？这个问题要做具体分析，要有调查研究。

就适龄人口而言，高中毕业上大学是一条必由之路，除非毕业生没有意愿。当然，如果制度限制了，那就是另一个问题了。我国高中教育普及化程度不低，已经达到90%以上。我国高中教育由两部分构成：一部分是普通高中教育，一部分是职业高中教育。初中毕业生通过中考，一部分人去了普通高中，另一部分人去了职业高中。长期以来，上了普通高中就可以参加高考，上了职业高中就直接就业。近年来，职业高中毕业生可以参加职业高考，但这个口子很小，只有很少的职业高中毕业生可以得到机会。这样看来，参加高考的考生主要是普通高中毕业生，大多数职业高中毕业生没有机会参加高考。激发受教育者的求学意愿主要是激发职业高中毕业生接受高等教育的意愿。职业高中毕业生继续深造求学的意愿主要受到两个问题的约束：第一个是高考政策对职业高中毕业生的开放度。只有更开放的高考政策，才能激发更多职业高中毕业生上大学的意愿。第二个是职业高中的教育水平和质量。职业高中的教育水平和质量不高，学生对职业高中的学习不感兴趣，对未来的学习不抱希望，这个问题值得重视。必须提高职业高中的教育水平和质量，让学生对学习感兴趣、对学习充满期待，这样他们才会有继续求学的意愿。

学生的求学意愿靠谁来激发？学生自我激发非常重要，如果学生自己没有意愿，其他的条件都不能充分发挥作用。学生自我激发需要一些条件。党和政府非常关心青少年的发展，为青少年提供更多更好的教育，是党和政府孜孜以求的教育事业发展目标。解决制度问题需要党和政府有更大作为，改革相关的不合理的制度，开放职业高中参加高考的大门，打通全体适龄青年进入高等教育的通道。激发学生的求学意愿，教师可以发挥积极作用。教师的工作就是服务学生，培养学生，帮助学生成长，让他们走上社会后成为对社会有意义的人。古人讲，有教无类。教师要有一种信念，接受教育的人越多越好，学生接受的教育越多越好。让更多的人接受高等教育，是高等教育工作者应有的基本信念。教育能够促进人的全面发展，能够让人更完美、更完善、更有益于社会，更能促进社会的文明与进步。这是教育的基本价值，也应当是高等教育工作者坚定的信念。

经验表明，发展普及化高等教育的内部动力源于求学者的意愿。我国高等教育从小到大、从少到多、从弱到强的发展过程，正是内部动力的不断激发提供了源源不断的生源，保证了高等教育发展对生源的需要。进一步激发内部动力是发展普及化高等教育的重要条件。针对我国高等教育潜在生源的变化，解决中等教育有关的制度和质量问题，是激发普及化高等教育发展内部动力的现实要求。

（二）外部动力：促进经济社会发展

高等教育有显著的经济功能。基于经济社会发展的需要，很多国家通过立法和各种财政行政手段，鼓励和支持发展高等教育。普及化高等教育发展得以实现的根本动因主要是经济社会发展的需要，包括个人愿意接受高等教育，很多人也是因为经济目的。这就是说，在发展普及化高等教育的时候，我们丝毫不能忽视经济社会发展的需要。

经济效率的提高离不开技术的进步，生产工艺和生产设备的更新是技术进步的结果，技术的进步是高等教育所培养的人的杰作。先进的生产工艺和生产设备需要掌握了先进技术的人来操作，接受了高等教育的管理和技术人员是经济效率提高的基本保证。因此，发展高等教育、实现普及化，是经济发展的需要。从相关国家的情况看，普及化高等教育与经济发展水平之间存在密切的正相关关系，所有发达国家的高等教育都进入了普及化阶段，普及化高等教育为经济社会发展提供了更多更高水平的管理和技术人员。就我国经济社会发展来讲，40多年的改革开放促进了经济社会的高速发展，尽管经济总量上去了，达到了世界第二的水平，但经济社会发展质量还不高，经济的可持续发展能力还不强。转型发展、实现高质量发展是我国经济社会发展的新需要。这一新需要不仅需要高等教育培养质量和水平更高的生产管理和技术人员，而且要求高等教育培养更多人才。因此，发展普及化高等教育是我国经济社会发展的现实需要。

社会中的每一个人都有生活的需要，青年人要有工作，有了工作才能获得工资收入，生活才有保障。为了工作、为了生活，青年人产生接受高等教育的意愿，这成为高等教育发展的主要动力。在经济社会，人的价值取决于经济地位，年轻人只有谋得好职业、好工作，得到高收入，解决了生活问题，才能彰显其价值。这种价值取向不仅在青年人中有广泛的市场，而且为众多家长和民众所认同。教育研究人员对此也进行了论证，有学者提出人力资本理论，认为人的受教育水平对受教育者的人力资本有重要影响，受教育水平高，人力资本更大。正因为如此，20世纪后半期以来，因为技术在经济社会产业的广泛应用，经济社会发展对高等教育发展提出了前所未有的巨大需求，不仅如此，接受高等教育可以获得更大的经济回报。这也直接刺激了各行各业在职人员接受高等教育或继续教育的需求。经济社会发展需求和更大的经济回报的双重影响，导致了世界高等教育在20世纪后半期的快速发展。21世纪以来，互联网和信息技术广泛而深层的应用，不仅创造了更多的工作机会，还为从事信息和网络工作职业的青年人带来了丰厚的经济待遇。高等教育发展借此更上层楼，普及化发展步伐加快，成为世界高等教育发展的主要潮流。

改革开放以来,我国高等教育发展的过程也证明了外部动力的重要影响。在我国经济发展需求不旺的时期,高等教育发展步伐缓慢,直到世纪之交,我国高等教育发展仍处于精英化阶段。21世纪以来,我国经济社会发展走上了快车道,在一个时期甚至保持了高速增长,经济生产发展对管理和生产技术人员的受教育程度提出了更高的要求,高等教育发展有了更可靠的经济社会基础,高等教育发展也进入了快车道。曾经甚嚣尘上、影响深重的读书无用的社会心理被经济高速发展的洪流冲散了,青年人对高等教育的渴求被唤醒了,民众对子女接受高等教育的期望被激发。在上述双重动力的作用下,我国高等教育在短时间内完成了从精英化向大众化再向普及化的过渡。以我国经济社会发展的惯性和已经激发起来的民众对接受高等教育的渴求,我国高等教育普及化的发展速度不会太慢。如果要保持普及化高等教育持续健康发展,强化外部动力还是有空间的。这就是我国经济社会发展更加依赖高新技术发展,高新技术产业的壮大将对普及化高等教育提出更高的要求。

二、高等教育普及化的特征

普及化阶段的高等教育不同于大众化和精英化阶段的高等教育,这种差异不只是表现在受教育人口的数量上,还表现在其他方面。我国高等教育普及化发展只是刚刚开始,我们甚至还可以说,我国高等教育仍主要表现为大众化的特点。普及化高等教育只有得到了充分发展之后,它的特征才能比较典型地表现出来,才能为人们所观察和感知。尽管不能直接观察我国高等教育普及化发展的特征,但通过对较早进入普及化阶段国家高等教育特点的研究,结合我国国情和高等教育发展趋势,可以预计我国高等教育普及化发展可能具有的主要特征。

(一)规模大

高等教育普及化的直接结果是社会在职人员中接受了高等教育人口的比例将得到提升。我国高等教育普及化深度发展将直接面对两大群体:一是60%左右的适龄青年人口,二是9亿多劳动年龄人口中没有接受高等教育的中青年人群。这两大群体的总人数是十分庞大的,如果他们中有一定比例的人获得接受高等教育的机会,那么,我国高等教育在学人数还将有较大增加。

根据教育部统计公报,2020年我国高等教育在学人数为4183万人。根据我们的研究,随着高等教育普及化的不断推进,高等教育在学人数将逐步增加。预计到2030年前后,我国高等教育毛入学率将达到65%,高等教育在学总人数将达到5000万人以上,我国高等教育规模仍将领跑世界。届时我国将新增1亿以上接受了高等教育的劳动人口,我国劳动年龄人口中接受了高等教育的人数将达到3亿以上,高等教育对经济社会发展的贡献将达到新的水平。

据统计,我国现有高等教育在学人数居世界第一位。在全世界,高等教育在学总人口达100万人以上的,有35个国家。其中,高等教育在学总人口超过1000万人的有三个国家,除我国外,还有印度和美国。印度高等教育在学总人口位居世界第二位,约为3000万人;美国居第三位,约为1900万人。从未来发展来看,唯一有可能超过我国的只有印度一个国家,其他国家,包括美国在内,因为其总人口数量有限,都不可能超过我国。即便是印度,在可预见的将来,其高等教育在学总人口要超过我国,也并非易事。所以,我们说,我国普及化高等教育是超大规模的,我国的高等教育发展实践前无古人,需要我们积极而稳健地探索,以走出一条适合我国国情的高等教育普及化发展之路。

(二)重公平

高等教育由精英化走向普及化的发展过程,是高等教育普及化发展、逐步让所有适龄人口接受高等教育的过程,这是公平特征的重要体现。

目前我国仍有一部分适龄青年没有接受高等教育,这部分人大致分为三类:① 仅接受中等职业教育的学生,他们中的大多数毕业后选择直接就业,不再继续深造。② 义务教育阶段辍学的学生,他们会连带失去接受高等教育的机会。③ 因自身原因,如患有残疾等没有机会接受完整基础教育的学生,自然也失去了接受高等教育的学习机会。如果从地域分布来看,以上人群中的大多数处于偏远农村地区、老少边穷地区。未来高等教育普及化的主要任务是如何解决这些人接受高等教育的问题,满足此类弱势群体接受高等教育的需要,为他们提供接受高等教育的学习机会,彰显出普及化高等教育重视公平的特征。

公平程度越高,高等教育越发达。面对以上弱势群体,未来发展普及化高等教育的任务更艰巨,因为要让他们具备接受高等教育的学习能力和水平更困难,但是,在高等教育普及化发展过程中必须注重此类人群的教育公平问题。

(三)个性化

高等教育发展进入大众化阶段后,高校生师比往往会不断上升。高等教育就学人口的不断扩大,意味着学生的构成越来越多样,学生个体的教育需求、学习兴趣差别越来越大。普及化更增强了高等教育内在的复杂性和差异性,学生的个性差异会达到前所未有的程度,人才培养应当全方位地满足学生个性化发展的需要。这就意味着普及化高等教育将是个性鲜明的教育。

高等教育的个性化首先表现为满足学生需求成为办学的最高准则。在普及化阶段,"一切为了学生、为了一切学生,为了学生的一切",这三个"一切"将得到最大程度的实现。尽管关心爱护学生、以学生为本等教育理念长期作用于高等教育,但办学中知识本位、社会本位的现象还是比较明显的,学生常常被置于被动的被教育者、被管理者地位,他们的个性特征得不到尊重,教育教学制度和过程常常把学生作为某种"器物"来塑造,真正触及学生需要的教育非常少,更遑论触及学生的心灵和精神了。发展普及化高等教育,不能见物不见人,要将学生置于教育的中心地位,将学生的需求树立为人才培养的航标。这既是一条基本的教育原则,又是普及化高等教育的基本宗旨。

办人民群众满意的高等教育,是政府政策的基本导向,也是高等教育实践的根本遵循。从学生需求出发,发展富有最大包容性和弹性的高等教育,满足千差万别的受教育要求,是发展普及化高等教育的主要任务。如果用难度来衡量不同阶段高等教育发展的话,普及化阶段的难度是最大的,因为普及化阶段的个性化要求更突出,也更不容易满足。正因为如此,普及化高等教育的意义非比寻常。发展普及化高等教育,要注重学生的个性化发展,真正从本质上而非仅从形式上实现普及化。

(四)多样性

普及化高等教育不仅要满足个性差异显著的受教育者的需要,而且要满足经济社会发展的需要。这两重需要有交叉重叠,更有差异,它们同时作用于普及化高等教育,将高等教育的多样性推高到极致,从而使高等教育具有极强的适应性。多样性不是普及化高等教育所独有的特性,高等教育大众化的过程就是一个多样化的过程。就世界各国高等教育发展而言,大众化是20世纪后半期的主要趋势,尽管这个时期是社会变化不断加剧的时期,但与21世纪相比,不论是从知识和技术的更新速度还是从产业升级换代频率来讲,都是人类前所未有的。正是这一巨变催生了世界高等教育普及化趋势的加速推进。据统计,2000年以前,世界上只有20个国家高等教育毛入学率超过50%,但2000年以后,又有56个国家(地区)加入了高等教育普及化的队伍。可以想见,未来一个时期,还会有更多国家(地区)的高等教育将向普及化阶段发展。

普及化不只在于入学人数的增加导致毛入学率升高,更在于高等教育发生实质性的变化。这种变化的一个显著表现就是形态的多样化。高等教育普及化程度越高,其形态就越多样,这是高等教育适应学生和社会双重需要的应对之变。多样化首先表现在高等教育机构的多种多样上,不同的高等教育机构满足不同的教育需要。当然,也有传统的高等教育机构改变自身的形态,或者发展新的形态,以适应新的教育需要。不管是哪种情况,都会带来高等教育的多样性。

多样性还表现在高等教育质的多样性及其差异化上。就质的规定性而言,高等教育原本是一个具有高度一致性的事业。在高等教育发展过程中,这种质的规定性会随着需要的变化而发生改变。比如,最初高等教育主要通过传授普通知识,培养有知识的人,在知识和技术被广泛地应用于社会生产和生活以后,技术的应用性需要在高等教育中得到重视,这样,在普通知识教育之外,又发展起了应用技术教育,以培养工程技术人才,满足各行各业对技术人才的需要。普及化阶段高等教育质的规定性还表现在分层分类上,不同层次、不同类型的高等教育不只有量的比例和结构关系,更有质的差别。这些质的差异更凸显了普及化高等教育满足人的发展和社会发展双重需要的适应性。

(五)有质量

普及化不是无质量底线的高等教育发展。普及化是有质量的高等教育发展,这是它的生命力之所在。普及化不是不要质量,不是低质量,它不必然带来质量滑坡。普及化的基础是多样化,没有多样化就不可能有高等教育大众化和普及化的发展。多样化的高等教育之间有共性的部分,也有差异的部分,共性部分有共同的质量标准,差异部分也有不同的质量标准。这样看来,多样化高等教育之间的质量标准是存在差异的。如果用一个标准来衡量普及化高等教育,很可能得出其中一部分的质量是低质量的,或者说是达不到合格标准的结论。这样的高等教育质量观不符合普及化发展的需要,这样的质量要求也是不合理的。不符合统一质量标准的高等教育未必是没有质量的,也未必是低质量的。普及化有自身的质量观,这种质量观可能与传统的高等教育质量观存在差异,但它更具有包容性,它不仅包括了传统的高等教育质量观,还包括了适应大众化和普及化发展要求的质量观。从根本上讲,普及化的质量观有两个基本含义:一是符合普及化高等教育受众的需要;二是符合社会生产的需要。只要是能够满足这两大需要的高等教育,都是有质量的。

如果一定要用高低来衡量的话,有质量既包括高质量、高水平,也包括一般质量和一般水平。前面讲普及化高等教育是个性化的,个性化即差异化。不同的高等教育受众对教育质量的需求不同,尤其是当普及化不断推进的时候,越来越多的那些在传统标准下不可能入学的社会人群获得了接受高等教育的机会,无论学校、教师和他们自己多么努力,他们都不可能完成传统高等教育的任务,而且传统的高等教育也不符合他们大多数人的需要。他们对高等教育有自己的需要。从这个意义上讲,高等教育质量和质量标准不是恒定的,它应该根据高等教育受众的不同特点进行调整,以能够满足受众的需要。

教育面对的是人,人是教育之所以存在的原动力。研究、认识人的特点及其教育需要,是教育的出发点。普及化高等教育面对的人是多样的,满足最广泛的不同人群和个人的教育需要,以提高他们的社会生存和发展能力,完善他们的人格修养和心智结构,是普及化高等教育的主要使命。

三、高等教育普及化的发展路径

普及化不可能自发实现,普及化发展一定是政府、高校和社会各方共同努力的结果。高等教育普及化进程受到多种因素的约束和影响,需要持续的动力推动和条件支持。为顺利推进我国高等教育普及化由初级向中高级阶段发展,未来需要在生源渠道、资源投入和质量保障等多方面积极作为。

(一)积极扩充高等教育生源

生源问题是发展普及化高等教育必须面对的第一现实问题。一般情况下,我国每年高考人数为1000万人左右,高考招生人数约为900万人,全国平均高考录取率接近90%,实际参加高考而未被录取的人只有极少数。近两年,高职院校每年扩招100万学生,高考生源不足的问题更加突出。在这种情况下,完成高等教育普及化任务,提高毛入学率,所需要的生源从哪里来?

据统计,2019年我国九年义务教育巩固率为94.8%,小学学龄儿童净入学率达到99.9%,初中阶段毛入学率达到102.6%,高中阶段毛入学率达到89.5%。由此可见,如果不考虑教育结构的影响,只要教育质量有保证,各级基础教育都是可以保证有足够多的学生进入高等教育的。但是,据测算,尽管我国高等教育毛入学率已经达到54.4%,但净入学率约为40%,这就是说,实际有60%左右的适龄人口没有获得接受高等教育的机会。更让人不能理解的是,高考录取率反映出来的生源"枯竭"问题又是怎么产生的呢?简而言之,有两个原因需要引起重视:第一,职业高中毕业生参加高考的人数非常有限。第二,弱势群体和一部分辍学学生没有顺利完成中等教育。解决好这两部分人的受教育问题,对扩大普及化高等教育生源是有帮助的。

1. 构建更具包容性的高考招生制度

高考改革除了要在考试科目和内容改革、填报志愿方式改革等方面下功夫外,还要根据未来高等教育普及化发展的需要,开放更多生源,建立能包容更多不同情况考生的高考招生制度。高考招生制度要更有利于促进中小学教育高质量发展,有更多的学生爱学习、有志于接受更高层次的教育。要使各类潜在的高等教育受众不会因中学类别、年龄、背景、身体条件等原因被排除在高校入学选拔之外,进一步打通生源通道,增进高等教育招生考试的公平性。

2. 提升弱势群体的基础教育质量

在近60%没有获得接受高等教育机会的适龄人口中,有很大一部分是没有顺利完成中等教育的弱势群体。他们的共同特点是:即便有机会接受基础教育,但因为他们接受的基础教育质量较低,不足以支持他们通过高考获得接受高等教育的机会。发展普及化高等教育,必须注重弱势群体的基础教育质量,提升基础教育的办学水平,让弱势群体真正掌握科学文化基础知识,提高学习能力、适应能力。

3. 注重拓展非传统生源

高等教育普及化不单面向适龄人口,还面向全社会。普及化高等教育能够满足成年在职人员的高等教育需求。这一部分生源通常被称为"非传统生源"。实际上,在高等教育普及化水平较高的国家,其非传统生源的比例往往比较高,有的国家的非传统生源比例高达40%以上。我国高等教育快速发展是比较晚近的事情,毛入学率跃升的速度较快,这就意味着尽管我国高等教育毛入学率已经超过50%,但各行各业在职人员中积累的没有接受高等教育的人数非常多。由于一些体制机制的限制,我国非传统生源接受高等教育的困难较大,受教育成本较高。发展普及化高等教育,应当建构适应非传统生源的人才培养体制机制,让更多的非传统生源能够工读结合,以保障他们接受高等教育的基本权利。

(二)积极保障高校办学资源

发展普及化高等教育,需要提供更多的教育机会和更好的教育条件,因此,必然需要更多的办学经费和教育投入,以支持完善校园建设,强化师资队伍建设,改善教育教学设施条件。一般而言,高等教育投入主要包括政府投资、学生缴纳的学杂费、社会资本投资和捐资等。

高等教育进入大众化阶段以来，几乎所有国家都高度重视发展高等教育，增加政府财政拨款。我国有2700多所普通高校，其中，公办学校有2000多所，其办学经费主要来源于中央和地方财政拨款。政府财政拨款继续增加的趋势是存在的，但短期内要政府大规模增加高等教育投资，难度较大。就学杂费而言，由于不同家庭对高等教育学杂费的负担能力不同，如果依靠提高学杂费来增加学校办学资金，不能从根本上解决问题。社会资本投资举办的民办高校有700多所，这些民办高校解决了700多万名学生接受高等教育的问题。应该说，社会资本对促进高等教育大众化和普及化发展做出了重大贡献。我国高校获得的社会捐资一直呈增长趋势，但增幅有限，总额有限，且主要集中于极少数高水平高校。

基于以上实际情况，发展普及化高等教育，需要有筹集办学资金的新思维，需要在政策制度方面打通高校筹资渠道，增加高校财政收入，保障普及化高等教育持续推进所需要的办学资金。第一，应当进一步鼓励社会力量办学，采取有效措施，调动社会力量兴办高等教育的积极性，疏通社会资金流入高等教育的渠道。第二，积极探索政企、校企合作办学机制，鼓励地方政府和企业共建高校或开办教育项目，在减轻政府教育财政压力的同时合理发挥社会资本的作用。第三，鼓励有资源、有条件的高校在教育资源薄弱地区开设分校，带动当地高等教育资源的整合和拓展。第四，进一步完善社会和个人捐资办学制度，完善高校校友捐赠机制，推动高校建立"教育发展基金"。

（三）加强高等教育质量保障体系建设

质量是高等教育的生命线。发展普及化高等教育，必须注重质量，必须满足受教育者和社会对质量的要求。质量较低，或没有质量，都不符合发展普及化高等教育的初心。要建立健全质量保障机制，高校需更加重视教育质量，积极采取有效措施，不断提升教育质量，提高办学水平。一般而言，高等教育质量保障机制建设可以从以下三个方面开展。

1. 加强和改善政府保障机制

我国政府一直高度重视高等教育，20世纪后期以来，致力于建设五位一体的高等教育质量保障体系，对促进大众化和普及化高等教育发展有重要意义。健全和改善五位一体的质量保障机制，适应普及化高等教育发展的要求，应当树立先进的质量观和教育观，完善政府作为利益相关者的治理机制，提高质量保障能力；与此同时，要维护高校法定的自主办学权，提高高校办学活力。就政府而言，可以运用的政策杠杆很多，比如，评估认证、行政问责、财政项目拨款、招生计划控制，都可以用于普及化高等教育质量保障。这也是国际上比较通行的质量保障机制。

2. 完善社会保障机制

与精英化和大众化相比，普及化高等教育的受众面最广，因而社会关注度最高。民众和各种社会组织对高等教育质量的兴趣超过了以往任何时候，作为重要的利益相关者，他们常常通过联合办学、支持办学和社会舆论等参与高等教育发展，表达诉求，监督办学机构运行与办学质量。社会保障机制多种多样,且相互之间独立发挥作用,难以协调整合。比如,一些研究机构和新闻媒体发布大学排行榜、高等教育排行榜等,营造社会氛围和舆论,以影响高等教育决策和教育评价。一些企事业组织则通过进入高校理事会、董事会,或与高校建立联合办学机构或机制等,参与高等教育发展,把社会各方面的意愿、诉求反映给高校,或者直接参与高等教育过程,包括课程设计、人才培养方案修订与完善、指导毕业生实习和毕业设计等,对高等教育质量产生影响。对社会保障机制影响高等教育质量的问题,政府和高校都应引起重视,要进行合理引导,使社会保障机制为高等教育普及化保驾护航。

3. 健全高校内部保障体系

高校是普及化高等教育发展的第一主体,这里的高校指的是所有高校,不特指哪一类高校。高校内部保障又称"自我保障",即高校自身建立起一套质量保障体系,以确保自身高等教育质量,并向社会、政府证明教育质量可靠、可信。近年来,应政府要求,高校每年发布教育质量报告,这是一种质量宣示。它意在表明高校内部所建立的质量保障体系,包括质量标准、质量评估机构、教学督导机构和各种教学指导委员会等,都在正常发挥作用,高等教育过程和学生发展质量是值得信赖的。发挥内部质量保障体系的作用,是高校应对高等教育普及化发展的必要策略。内部质量保障体系还有一个功能,就是将政府和社会的质量保障作用在高校内完成转化,将内外两种努力结合起来,共同为保证和提高高等教育质量服务。

高等教育普及化发展的策略还有很多,需要政府、高校和社会各方加以重视,比如,加强对普及化高等教育发展的治理、加强学生的学业和学术指导、提高教师发展的有效性和先进性、优化高等教育布局。我国尚处在高等教育普及化初级阶段,关注和研究高等教育普及化发展面临的问题,探讨持续健康推进高等教育普及化发展的战略措施,是非常有必要的,有助于推动我国高等教育普及化向中高级阶段发展。

(原载于《高等教育评论》2021年第1期,署名:别敦荣)

第十三章
我国普及化高等教育发展
所面临的西北部现象及其破解策略

  我国（港澳台地区除外）高等教育发展已经拉开了普及化大幕，未来将进入普及化深度开拓发展阶段。与精英化和大众化阶段相比，高等教育普及化阶段要解决的问题有相同之处，也有不同之处。一般来讲，精英化和大众化阶段主要是满足优势人群的高等教育需求，为发达和比较发达地区的经济社会发展服务。到了普及化阶段，高等教育必须扩大服务范围，进一步解决相对弱势人群的受教育机会问题，在更大范围内促进教育和社会公平；与此同时，更多地向欠发达或不发达地区辐射，与区域布局发展相适应，实现不同地区之间均衡发展，以促进国家和地方经济社会协调发展。我国地域辽阔，东南西北自然环境条件和经济社会发展水平差异巨大，文化基础和高等教育发展水平呈现非常不平衡的局面。据统计，截至2020年，我国高等教育毛入学率达到54.4%[1]，但净入学率可能仅为40%左右。也就是说，还有约60%的适龄人口没有获得接受高等教育的机会。发展普及化高等教育，首当其冲就要解决这部分人接受高等教育的问题。就地域分布看，这部分人主要集中在我国辽阔的西部和北部地区。据统计，2021年，四川高中阶段招生91.14万人，其中，中等职业学校招生占比为46.24%；[2]云南高中阶段招生68.94万人，其中，中等职业学校招生占比为47.76%。[3]与之相对照，据山东省教育厅发布的2020年统计数据表明，全省高中阶段教育共招生93.38万人，其中，中等职业学校招生29.75万人，占比为

  [1] 教育部. 2020年全国教育事业发展统计公报［EB/OL］.（2021-08-27）［2022-03-06］. http://www.moe.gov.cn/jyb_sjzl/sjzl_fztjgb/202108/t20210827_555004.html.

  [2] 二〇二一年四川教育事业统计主要结果发布［EB/OL］.（2022-03-04）［2022-03-06］. http://edu.sc.gov.cn/scedu/c100494/2022/3/4/534a1367a67b49e49af8822be617cbf6.shtml.

  [3] 云南省2020/2021学年初全省教育事业发展统计公报［EB/OL］.（2021-03-24）［2022-02-28］. https://jyt.yn.gov.cn/web/ac1f1eb64e6d4e36999869a47598935d/28d7a83ab4be4c3f8874d54ddb8afa7f.html.

31.24%。①由于我国高校招生考试制度的限制，显然，与山东相比，四川和云南适龄人口接受高等教育的机会可能要少15%以上。长期以来，人们比较关注的是中西部地区高等教育发展滞后的问题，但从实际地域范围看，西部和北部地区的问题更集中，西北部现象更典型。发展普及化高等教育，必须消解西北部现象，促进西北部地区与东南部地区高等教育均衡协调发展，建构全国高等教育事业高质量发展的新格局。

一、西北部现象及其影响

西北部现象是指我国西北部地区高等教育发展明显滞后，与东南部地区不均衡不协调。我国地域辽阔，在地理和文化意义上有东、西、南、北之分；在行政和经济意义上，除了有传统的六大区之分，即东北、华北、华东、中南、西北和西南地区外，还有东、西部地区以及东、中、西部地区的划分等。各类区划的原则不同，分区的范围各异，意义也有显著差别。本文所指称的西北部地区和东南部地区主要是基于区域高等教育发展程度差异而提出的，与基于行政和经济意义的区划相比，它更准确地标示了我国高等教育发展水平的地区分布状况，有利于国家更精准地编制高等教育普及化发展布局战略规划，从全局协调均衡发展角度进行高等教育普及化发展的战略决策；有利于有关地方政府更精准地明确地方高等教育发展形势，更科学合理地确立地方高等教育发展定位和战略举措。

考察我国高等教育区域分布，可以明显发现存在发展程度差别显著的两大地区，即西北部地区和东南部地区。西北部地区是指地理位置上偏西部和北部的地区，具体来讲，包括北京和辽宁以北、京广线以西的各省、直辖市和自治区所覆盖地区，主要包括黑龙江、吉林、内蒙古、山西、陕西、宁夏、甘肃、青海、新疆、西藏、四川、重庆、云南、贵州、广西和海南16个省份。该地区面积广袤，占全国陆地总面积的80.51%，人口占全国总人口的比例为34.28%。②这些省份高等教育整体发展水平偏弱，与东南部地区相比，存在明显的差距。诚然，在这些地区，个别省份高等教育发展在若干指标上可能并不一定排名靠后，比如，四川、陕西和重庆在有些发展指标上排名比较靠前，但整体表现仍处于弱势。除了总体上的西北部现象外，还存在省域内的西北部现象，即在多数省份的西部和（或）北部地区，高等教育发展滞后问题也非常明显。这种现象我们称之为"西北部现象"。

---

① 2020年山东省教育事业发展统计公报［EB/OL］.（2021-03-22）［2022-02-20］. http://edu.shandong.gov.cn/module/download/downfile.jsp?filename=ddd3149ca07744d8910920999248d140.pdf&classid=0.

② 国家统计局，国务院第七次全国人口普查领导小组办公室.第七次全国人口普查公报（第三号）——地区人口情况［R］.北京：中国统计出版社，2021（5）：8-9.

（一）西北部现象的总体表现

我国经济社会发展现代化主要是从东南部地区开始的。与之相适应，长期以来，国民经济和社会发展水平总体表现出东南部地区较高、西北部地区较弱的态势，而这一现象也存在于高等教育发展中。改革开放以来，我国高等教育发展取得了举世瞩目的成就。就西北部地区而言，不论是从整体上看还是历史比较地看，当前高等教育发展都处于历史上最好的时期。但与东南部地区相比，高等教育的数量与质量都存在较大差距，主要表现为"三少一小"，即高校数量比较少、高水平高校比较少、高等教育规模比较小以及每10万人口中高等教育人口数比较少。

第一，高校数量比较少。据统计，截至2020年6月，我国共有普通高校2740所，其中本科院校有1272所，高职（专科）院校有1468所。从地区分布看，东南部地区共有1756所高校，占全国高校总数的64.09%；西北部地区共有984所高校，占比为35.91%。从各省份拥有高校数量看，东南部地区各省份平均有117所高校，西南部地区各省份平均有61所高校。东南部地区除上海、天津列第23、24位外，其他省份都排在15位（含）以前。在高校数排名前15位的西北部地区省份中，只有四川列第5位、陕西列第13位。在全国高校数超过100所的12个省份中，西北部地区只有四川一省，见表13-1。

表13-1　2020年我国各省份各类高校数

单位：所

序号	省份	高校数	"211工程"高校数	"985工程"高校数	一流建设高校数	一流学科建设高校数
1	江苏	167	11	2	2	13
2	广东	154	4	2	2	3
3	山东	152	3	2	2	1
4	河南	151	1	0	1	1
5	四川	132	5	2	2	6
6	湖北	129	7	2	2	5
7	湖南	128	4	3	3	1
8	河北	125	1	0	0	2
9	安徽	120	3	1	1	2
10	辽宁	116	4	2	2	2
11	浙江	109	1	1	1	2
12	江西	105	1	0	0	1
13	陕西	96	8	3	3	5

续表

序号	省份	高校数	"211工程"高校数	"985工程"高校数	一流建设高校数	一流学科建设高校数
14	北京	92	26	8	8	26
15	福建	89	2	1	1	1
16	山西	85	1	0	0	1
17	云南	82	1	0	1	0
18	广西	82	1	0	0	1
19	黑龙江	80	4	1	1	3
20	贵州	75	1	0	0	1
21	重庆	68	2	1	1	1
22	吉林	64	3	1	1	2
23	上海	63	10	4	4	10
24	天津	56	4	2	2	3
25	新疆	56	2	0	1	1
26	内蒙古	54	1	0	0	1
27	甘肃	50	1	1	1	0
28	海南	21	1	0	0	1
29	宁夏	20	1	0	0	1
30	青海	12	1	0	0	1
31	西藏	7	1	0	0	1
合计	31	2740	116	39	42	98

第二，高水平高校比较少。近30年来，我国高等教育先后实施了"211工程""985工程"和"双一流"建设战略行动，入选者都是全国高水平高校，从入选者所在省份的分布可以看出地区之间的差距。如表13-1所示，全国入选"211工程"的高校共116所，东南部地区有82所，占70.69%；西北部地区有34所，占29.31%。39所"985工程"高校的分布也证明了两大地区之间的差距，东南部地区有30所，西北部地区有9所，占比分别为76.92%和23.08%。在三大战略工程中，"双一流"高校入选者最多，且包含了一流学科建设指向，它们的分布可以更全面地反映优质高等教育资源分布的差异。首轮"双一流"建设计划入选高校共140所，其中，入选一流大学建设高校42所，入选一流学科建设高校98所。从地区分布看，东南部地区入选"双一流"高校103所，其中，入选一流大学建设

高校31所，入选一流学科建设高校73所，分别占总数的73.57%、73.81%和74.49%；西北部地区入选高校数分别为37所、11所、26所，占比分别为26.43%、26.19%和25.51%。总体上看，西北部地区高水平高校数量少，优质高等教育资源远不及东南部地区。

第三，高等教育规模比较小。我国高等教育主要由普通高等教育和成人高等教育组成，而普通高等教育是主体部分，主要由普通本专科教育和研究生教育组成。与东南部地区相比，西北部地区的普通本专科教育和研究生教育整体规模偏小。据统计，2019年全国普通高校本专科在校生总人数为3700.08万人，其中，东南部地区高校共有2348.34万人，西北部地区共有1351.74万人，分别占总人数的63.47%和36.53%。如果单纯从高校数和在校学生总人数占比看，西北部地区的数量与其人口总数占比似乎是相吻合的。但如果将历史积累和现实品质与结构优化结合起来考察，西北部地区高等教育的数量和质量都处于劣势。西北部地区高水平高校少，所以研究生教育的差距更大。全国研究生在校生总人数为286.37万人，其中，东南部地区共有204.21万人，西北部地区共有82.15万人，两地区研究生占全国研究生总人数的比例分别为71.31%与28.69%，西北部地区研究生人数仅为东南部地区的40.23%。[①]

第四，每10万人口中的高等教育人口数比较少。高等教育发展水平既体现在高等教育系统本身的发达程度上，又表现在高等教育与社会人口之间的比例关系上。每10万人口中的高等教育人口数常常被用于反映国家或地区高等教育发达程度，从这个指标看，西北部地区较之东南部地区同样存在着不小的差距。根据第四次（1990年）、第五次（2000年）、第六次（2010年）和第七次（2020年）全国人口普查公报，2020年全国31个省份每10万人口中高等教育人口数都超过了1万人，全国平均数为15467人，这一数字比2010年增加6537人，比2000年增加11856人，比1990年增加14045人。这说明我国高等教育发展整体上取得了巨大成就，社会人口中高等教育人口所占比例显著提高。但与此同时，各省份和地区之间的差别依然显著。如表13-2所示，北京每10万人口中的高等教育人口数最多，为41980人；广西最少，只有10806人，广西仅为北京的25.74%。就地区分布而言，东南部地区各省份每10万人口中的高等教育人口数平均为18531人，西北部地区各省份为14763人，东南部地区比西北部地区平均多3768人，这一差距比2000年全国每10万人口中的高等教育人口数还多157人。这说明西北部地区与东南部地区高等教育发展差距在持续拉大。

在排名前10位的省份中，东南部地区占6席，分别为北京、上海、天津、江苏、辽宁和浙江，西北部地区占4席，分别为内蒙古、陕西、山西和宁夏；在排名前5位的省份中，东南部地区占4席，西北部地区占1席；在排名后5位的省份中，东南部地区占1席，西北部地区占4席。从每10万人口中高等教育人口数分段情况来看，超过平均数的省份有14个，其中，东南部地区占8个，西北部地区占6个。在西北部地区人口总数排名前5位的省

---

① 刘昌亚，李建聪. 中国教育统计年鉴［Z］. 北京：中国统计出版社，2019：190-199.

份中,仅1个排名进入前10,另外4个都处在后10位。从各省份每10万人口中高等教育人口数排名分布、数量差距以及西北部地区人口较大省份的总体排名看,东南部地区占绝对优势,西北部地区则处于绝对劣势。

表13-2　2020年全国各省份每10万人口高等教育人口数

序号	省份	每10万人口高等教育人口数	序号	省份	每10万人口高等教育人口数
1	北京	41980	17	黑龙江	14793
2	上海	33872	18	甘肃	14506
3	天津	26940	19	山东	14384
4	内蒙古	18688	20	福建	14148
5	江苏	18663	21	海南	13919
6	陕西	18397	22	安徽	13280
7	辽宁	18216	23	四川	13267
8	山西	17358	24	河北	12418
9	宁夏	17340	25	湖南	12239
10	浙江	16990	26	江西	11897
11	吉林	16738	27	河南	11744
12	新疆	16536	28	云南	11601
13	广东	15699	29	西藏	11019
14	湖北	15502	30	贵州	10952
15	重庆	15412	31	广西	10806
16	青海	14880			

资料来源:国家统计局,国务院第七次全国人口普查领导小组办公室.第七次全国人口普查公报（第六号）［EB/OL］.（2021-05-11）［2022-02-28］. http://www.stats.gov.cn/tjsj/tjgb/rkpcgb/qgrkpcgb/202106/t20210628_1818825.html.

（二）西北部现象在有关省份的表现

西北部现象不仅存在于全国高等教育发展整体布局上,还存在于诸多省份中;不仅存在于西北部地区的省份中,还存在于东南部地区的各省份中。可以看出,西北部现象表现出既广且深的特点。

因为地理构成的差异,各省份的方位存在显著差别。有的东西、南北距离大体相当,地理方位构成比较均匀;有的东西距离较长,南北距离较短;有的南北距离较长,东西距离较短。各省份因地理构成的差异,在省内不同地区并没有固定的东南西北之称谓。加之很多省会城市并不处于地理上的中部,所以,各省份不同地区的称呼更显多样。这里仅从各省份自然地理构成的方位，考察其高等教育的分布情况。

在西北部地区各省份，高等教育分布表现出多样化的特点，其中，最突出的还是西北部现象，即在西北部地区各省份的西部和北部，也存在高等教育发展滞后现象。在我国西部和北部地区，高校主要集中在各省会城市。新疆的高校主要集中在乌鲁木齐，其他地区高校较少；西藏7所高校中有5所的办学地点在拉萨，1所在林芝，1所在陕西咸阳，西藏其他地方没有高校；青海12所高校中除1所在海西外，其他11所都集中在西宁；内蒙古54所高校主要分布在呼和浩特及其周边城市，西部和北部地区分布较少且实力较弱；甘肃高校主要集中在兰州，22所本科高校中的17所和30所高职学院中的14所在兰州办学，甘肃西部、南部、东部高校布局少；另外，陕西的北部、山西的北部、黑龙江的东部和北部、吉林的西部和东部、四川的西部和北部、重庆的东北部和东南部、云南的西部和南部、贵州的西部和东部、广西的西部和东部、海南的西部等都存在高校少且层次低的问题。上述各省份高校地区分布问题反映了西北部现象在我国高等教育发展中普遍存在。

非常遗憾的是，西北部现象不只存在于西北部地区，在东南部地区各省份也很明显。东南部地区集中了我国大部分高校，包括大多数高水平大学，但除北京、上海和天津三个直辖市外，其他各省份高校在地域分布上存在明显的不平衡现象。辽宁的西部和东部、河北的北部、山东的西部、江苏的北部、安徽的北部、浙江的西南部、江西的西部和南部、福建的西部、河南的南部和北部、湖北的西部、湖南的西部以及广东的西部和北部等，都是高等教育发展薄弱地区。比如，江苏高校数量全国最多，江苏也是全国高等教育最发达和水平最高的省份之一，但苏南和苏北高等教育发展水平差别很大。江苏全省共有167所高校，其中，苏南五市有99所，占全省高校总数的59.28%；苏北五市有33所，占比仅为19.76%。值得一提的是，苏北高校比较集中地分布在徐州，仅徐州一地便有12所高校，其中本科高校与高职高专院校各6所。湖北是中部地区高等教育比较发达的省份，129所高校主要分布在以武汉为中心的东部各市，西部的恩施、宜昌、十堰、襄阳、荆门和神农架五市一区共有高校21所，仅占全省高校总数的16.28%，位于湖北的7所"双一流"高校全部集中在武汉。福建有89所高校，大部分高校集中分布在东部一线的福州、泉州和厦门，三市拥有高校43所，包括全部高水平高校，占全省高校总数的48.31%；西部的南平、三明和龙岩共有高校10所，占全省高校总数的11.24%；东南部地区各省份高等教育发展存在的西北部现象与全国高等教育西北部现象的"三小一少"表现高度相似。

还有一个现象值得重视，即两大地区的西北部现象并非孤立存在，它具有跨省份连线连片的特点，不同省份的高等教育欠发达地区连线连片，构成了我国高等教育发展的大片洼地，在地理分布上更放大了区域高等教育发展滞后的范围。比如，辽宁西部、吉林西部、黑龙江西部、河北北部和内蒙古东部北部连成一片，构成了东北高等教育欠发达连片区；江苏北部、安徽北部、山东西部、河南东部和河北东部连成一片，构成了东部高等教育欠发达连片区；广东西部和北部、广西东部、贵州东部、湖南西部、湖北西部、重庆东南部和西北部等连成一片，构成了中部高等教育欠发达连片区；云南西部、西藏东部和北部、四川西部和北部、青海西部、甘肃西部、内蒙古西部、新疆东南部和北部连成一片，构成了西部高等教育欠发达连片区。四大跨省份高等教育欠发达连片区成为我国高等教育发展的"软肋"。

二、西北部现象产生的根源及其影响

西北部现象既是一种社会现象，又是一种自然地理现象。它不仅反映了高等教育发展与国家行政布局和经济社会发展水平之间存在密切的关系，还反映了地理位置对高等教育发展的重要影响。这就是说，西北部现象的产生，既不是简单的经济社会文化问题，也不是单纯的地理位置问题，而是一个错综复杂的经济社会文化和自然地理各因素相互作用的问题。它的影响不仅仅表现为对当地经济社会发展支持不足，而且表现为制约了国家高等教育整体的发展水平，影响了高等教育高质量发展、建设高等教育强国目标的实现。

（一）西北部现象产生的根源

不论是国家整体布局上的西北部现象，还是各省份的西北部现象，产生的根源都不是单一的，而是多种因素相互作用的结果。在众多相互关联的因素中，地理位置、历史文化、行政规划和经济发展水平等是主要的，对西北部现象的产生发挥了重要影响。

1. 地理位置的影响

西北部现象的产生与地理位置有密切关系。高校往往选择在地理环境比较优越的地方办学。西北部现象所覆盖地区地理位置的劣势导致高校在这些地方生存不易，发展亦难。就地理特征而言，我国地势整体上由东南部地区向西北部地区不断升高，西北部地区较多丘陵山区地带、高原或荒漠化地带以及贫瘠或曾经水患较多的地带，往往人口稀少，交通不便，比较闭塞，文化基础薄弱。从东南沿海地区到西部和北部地区，地势越来越高，崇山峻岭纵横，荒漠戈壁沙漠广袤。在这些地区如果没有非常之举，要建立发达的高等教育体系是非常困难的。这就是在西北部地区高校主要集中在省会城市的主要原因。省会城市一般都选址在比较平缓的地方，腹地相对比较广阔，交通比较发达，生活比较便利，加上经济、政治、文化等多方面的有利条件，所以，比其他地方更适合发展高等教育。可能正因为如此，除了省会城市以外，其他地区的高等教育很难发展起来，即便有的地方勉力开办了一两所高校，办学也步履维艰，这样也就难免陷入发展滞后或落后的境地。在特殊时期，这些地区也可能成为高校暂时的栖身之所。比如，在抗日战争时期，作为一种权宜之计，很多东南部地区高校被迁往偏远的西北部地区办学，如知名的西南联合大学在昆明等地办学，短期存在的西北联合大学在西安等地办学。抗战结束后，各高校陆续迁回原址办学，当地又复归于缺少高校的境地。

东南部地区各省份也有西北部，这些地区的地理位置对高等教育发展也有着明显的影响。从地理特征看，东南部地区各省份的西部和北部也大多存在地理上的劣势，广东的西部和北部、湖南的西部、湖北的西部、江苏的北部、安徽的北部、山东的西部等，因为地理位置的原因，其高等教育发展水平与省内其他地区相比相对滞后。在特殊情况下，东南部地区各省份的西部和北部也可能聚集一批高校，一时之间高等教育呈现相对发达的境况。比如，在福建，与东部沿海地区相比，西部地区山高林密，长期以来交通不便，高等教育发展深受影响。但在抗日战争时期，为了躲避战火袭扰，国立厦门大学和福建省立农学院等都曾经迁址位于福建西部的龙岩和三明办学，当地第一次有了高等教育机构，当地民众有了与大学校长、教授和大学生"亲密"接触的机会。但从抗战结束到现在，尽管福建西部地区兴办了几所高校，但与东部地区相比，差距似乎更大了。之所以出现这种现象，与地理位置有很大的关系。

2. 历史文化的影响

历史文化对西北部现象的产生具有重要影响。历史文化是高等教育发展的重要基础。高等教育以文化传承为基本目的，历史文化与高等教育之间表现为一种鱼水关系，不可分离。历史文化厚重的地方往往高等教育也比较发达，反之，在历史文化薄弱的地方，高等教育往往难以发达起来。地方历史文化欠发达对高等教育在我国西北部地区落地和发展具有重要影响。历史文化落后，甚至是文化荒漠之地，如果没有外部的非常之举或强力推动，很难成为高等教育兴盛之地。我国和各省份的西北部大都是历史文化欠发达之地，不仅如此，这些地方常常也是现代文化欠发达地区。缺少了文化的滋养，西北部现象不仅长期存在，而且即便有的地方有举办高校的意愿，建设过程往往也非常艰难。

高等教育发展需要积累，高校建设与发展往往需要百年之功。积累本身是文化的演进，与地理环境有密切关系。在西北部地区，地理条件的劣势拖累了文化演进的脚步，也难以引入新文化。在这些地区，教育发展往往不是优先选项，发展高等教育的意愿一般不会很强。值得注意的是，这里所说的历史文化，并非单纯指数百年甚至更久远时期的文化状况，而是指从古至今地方文化的演进状况。一般而言，西北部地区的部分省份，有的省会城市和主要中心城市不仅有比较发达的古代文化，而且在文化的现代化进程中也没有大幅度掉队。但是，就总体而言，西北部地区文化发展水平相对滞后，尤其是在文化现代化进程中与东南部地区的差距没有缩小，甚至在一定程度上还在扩大。历史文化发展水平不但会影响高等教育发展进程，而且会制约发展高等教育的动机。比如，目前，广东、浙江、江苏、山东、上海、北京等东南部地区省份的很多县区通过各种方式发展了在地高等教育，但少有西北部地区的县区有举办高校的积极性。

3. 行政规划的影响

政府是现代高等教育发展的重要推手，在高等教育大众化和普及化发展中，各国政府发挥了重要的积极作用。政府行政规划在整体规划和推动高等教育发展的同时，可能缓解或加剧地区不均衡发展的问题。西北部现象与行政规划有密切关系。如果说地理位置和历史文化对西北部现象形成的影响具有客观性,那么,行政规划的影响则是人为的。1949年前,我国高校主要集中在东部沿海地区和中部比较发达的城市,西北部地区零星举办了几所高校,只有在抗战时期,根据政府迁徙计划,大部分东部和中部地区高校迁往西部地区办学,在贵州、云南、四川、重庆、陕西、甘肃等地汇聚了一批高校坚持办学,但战后真正留在当地继续办学的极少。1949年后,政府为了促进全国经济社会协调发展,在东北、华北、华东、中南、西南和西北六大区布局了一批央属高校,尤其是在省会和各大区中心城市,集中了大部分重点高校,促进了全国高等教育发展总体格局的改善。

我国幅员辽阔,各地区、各省份的地理范围比较广泛,加上高校对地理位置有一定的要求,所以,除了六大区的省会和中心城市外,其他城市如果历史上没有高等教育的积淀,就少有高校的布局。比如,在东北地区,在哈尔滨、长春、沈阳和大连一线,政府布局了大批央属高校和省属高校;在华北地区,高校主要布局在北京、天津和各省会城市;其他地区的高等教育布局也基本如此。在国家高等教育资源不足、优质资源紧缺的情况下,政府对高等教育规划的重点主要放在东部和中部地区。在原教育部属36所高校中,位于西南、西北地区的只有四川大学、重庆大学、西南师范大学、西安交通大学、陕西师范大学和兰州大学六所高校。不论是在西北部地区还是在东南部地区,各省份在规划高等教育布局的时候,采取了以省会城市为主、兼顾经济文化较发达城市的路径,对于其他地方往往只满足最基本的需要,如设立层次较低的培养中小学教师和医疗卫生人员的师范专科学校和医药专科学校。历史地看,新中国成立初期政府实施的院系调整和三线建设,对促进当时西北部地区高等教育发展发挥了积极作用,在一定程度上缓解了高等教育不均衡发展的状况。但后续行政规划的式微和市场化作用的增强非但没有能够进一步解决西北部地区与东南部地区高等教育发展的差距问题,相反,东南部地区经济社会发展水平的迅速提高,更激发了东南部地区发展高等教育的动机,从而使西北部地区与东南部地区高等教育发展水平的差距不是缩小了,而是加大了。由于行政规划的缺位,各省份不同地区之间高等教育发展失衡问题依然存在,差距并没有得到消除。在很多省份,省会城市的集聚效应不仅使很多新建高校扎堆,而且不少在其他地方办学的高校也纷纷向省会迁移,或者将部分办学功能转移至省会,以便借省会城市所具有的优势获得更有利的办学条件。

4.经济发展水平的影响

现代高等教育是工业化和城市化的产物,与现代工业生产和经济发展有着不解之缘,工业生产发达、经济发展水平较高的地区和城市,高等教育往往也比较发达。现代高等教育还是高消费事业,需要有充分的经济条件支持。现代经济发展不但向高等教育提出了大规模培养各行各业高级专门人才的要求,而且为高校办学提供了必要的经济基础。没有经济的发展与繁荣,不可能有现代高等教育的发展,也不可能有高等教育由精英化向大众化和普及化阶段的过渡。就我国的实际情况而言,与东南部地区相比,西北部地区在工业化和城市化方面的发展是落后的。东南部地区经济比较发达、发展水平较高,西北部地区经济欠发达、发展水平较低,两大地区的高等教育整体发展水平与经济发展水平表现出明显的相关关系。在有关省份的不同地区,高等教育与经济发展之间也存在明显的相关关系。据统计,2020年,在全国地区生产总值(GDP)排名前15位的省份中,西北部地区省份只有四川和陕西,其他13个省份都在东南部地区;在人均地区生产总值排名前15位的省份中,西北部地区的省份有重庆、内蒙古、陕西和海南,其他11个省份都在东南部地区,如表13-3所示。就经济总量而言,自1980年到2020年,排名在前15位的东南部地区省份地位稳固,没有一个跌出前15位。这说明东南部地区高等教育发展水平高于西北部地区,有其牢固的经济基础。

表13-3　2020年全国和各省份GDP、常住人口和人均GDP统计

	排名	2020年GDP/亿元	2019年常住人口/万人	人均GDP/元
全国		1015986	140385	72371
北京	1	36103	2154	167640
上海	2	38701	2428	159385
江苏	3	102719	8070	127285
福建	4	43904	3973	110506
浙江	5	64613	5850	110450
广东	6	110761	11521	96138
天津	7	14084	1562	90176
重庆	8	25003	3124	80027
湖北	9	43443	5927	73297
山东	10	73129	10070	72619
内蒙古	11	17360	2540	68357
陕西	12	26182	3876	67545
安徽	13	38681	6366	60763
湖南	14	41781	6918	60391
海南	15	5532	945	58557
四川	16	48599	8375	58029
辽宁	17	25115	4352	57713
河南	18	54997	9640	57051
宁夏	19	3921	695	56445
江西	20	25692	4666	55061
新疆	21	13798	2523	54684

	排名	2020年GDP/亿元	2019年常住人口/万人	人均GDP/元
西藏	22	1903	351	54285
云南	23	24522	4858	50474
青海	24	3006	608	49455
贵州	25	17827	3623	49206
河北	26	36207	7592	47691
山西	27	17652	3729	47334
吉林	28	12311	2691	45753
广西	29	22157	4960	44671
黑龙江	30	13699	3751	36518
甘肃	31	9017	2647	34059

注：数据来源于国家统计局和各省份统计局官方网站公布数据。

各省份内部高等教育发展的失衡现象与经济发展水平有密切关系。在西北部地区，省会城市的经济发展大都走在全省前列。具体来说，省会城市集中了大多数高校，高等教育比较发达；其他城市和地区，除个别例外，要么高校很少、层次较低，要么还没有高校，高等教育处于欠发达状态。比如，地处广西北部的桂林，因其历史文化比较发达，且经济发展水平明显优于除南宁和柳州以外的广西其他地市，所以，建成了10多所高校，形成了比较发达的高等教育体系。东南部地区经济发展总体水平较高，但在各省份内部也存在很不均衡的现象，经济欠发达的西部和北部的高等教育发展往往也处于劣势。以江苏为例，2020年，在全省生产总值排名中，苏南五市中有四个名列前五位，苏北五市中有三个排后五位，且排第13位的宿迁地区生产总值仅占全省排名第一的苏州的16.17%；苏南五市人均地区生产总值均超过10万元，苏北五市均在10万元以下，且排后五位；排第13位的宿迁人均地区生产总值仅占排名第一的无锡的35.20%，如表13-4所示。1978年，苏南地区生产总值占全省的48%，苏北地区占全省的29%。改革开放以来，地区经济总量跃升，但地区间发展差距拉大。[①]2020年，苏南地区生产总值占全省的比重为57.81%，苏北地区占全省的比重为23.21%。40多年里江苏南强北弱的经济发展水平格局没有改变，这一状况与其高等教育地区布局南强北弱的现象高度吻合。尽管我们不能精准地计量什么经济发展水平能够支撑什么水平高等教育的发展，但从苏南地区各市能够在支持央属高校、省属高校发展的同时，还举办了数量不等的市属高校和民办高校的实际情况可知，经济发展水平对高等教育发展的影响绝对不可忽

---

① 江苏省统计局. 区域发展突飞猛进　沧桑巨变共谱华章［EB/OL］.（2019-09-16）［2021-09-18］. http://www.jiangsu.gov.cn/art/2019/9/16/art_75680_8712887.html.

视。另外,在几个高等教育欠发达连片区几乎没有经济发达地区。

表13-4 江苏全省和各市人均GDP统计

	排名	2020年GDP/亿元	2019年常住人口/万人	人均GDP/元
江苏	—	102719	8070	127285
无锡	1	12370	659	187673
苏州	2	20171	1075	187634
南京	3	14818	851	174216
常州	4	7805	474	164808
南通	5	10036	732	137145
扬州	6	6048	455	132960
镇江	7	4220	320	131731
泰州	8	5312	464	114579
徐州	9	7320	883	82938
盐城	10	5953	721	82584
淮安	11	4025	493	81607
连云港	12	3277	451	72646
宿迁	13	3262	494	66068

注:数据来源于江苏省和各市统计局官方网站公布数据。

(二)西北部现象的影响

高等教育是培养人的社会活动,它的发达与否与人的培养和发展紧密相连。所以,高等教育发展的影响首先在人,本质上也在人,离开了人的培养和发展,讨论高等教育的功能和影响几乎是没有意义的。一般而言,高等教育具有人本功能和社会功能,两大功能都指向人的培养和发展。一方面,高等教育能够改善个体的人和整体人民的素质,提高人的文明素养和基本能力;另一方面,它能为社会各行各业培养高层次专门人才,为经济社会发展培养高水平专业化的从业人员,从而促进生产水平的提高,推动社会发展进步。所以,高等教育的人本功能和社会功能密切关联、不可分割,社会功能是人本功能的社会化延伸。高等教育发展不足或滞后可能造成多方面的影响,不仅影响人本身的发展,而且会制约经济社会发展水平。西北部现象是在历史演进中形成的,但它的影响却不只表现在历史进程中,还会影响未来国家整体与地区人民素质的提高,影响经济社会的现代化发展。具体而言,主要表现在两个方面。

第一,西北部现象将拖累国家和地方经济社会发展,包括高等教育的发展。西北部现象表现为高等教育发展滞后、发展水平较低,造成的直接结果是所覆盖地区民众的现代化水平不高,经济社会发展受制于高层次专门人才的短缺。具体来说,一是造成所覆盖地区的人口素质和社会整体文明水平提高缓慢,人口素质提升的任务重、压力大;二是所覆盖地区的经济社会发展缺乏必要的高层次人才支持,并由此影响到我国经济社会现代化的发展进程。高校是地方经济社会现代化的播种机,一般而言,一个地方办起了高校,高等教育发展起来了,只要这所高校存在,它就能在这个地方聚集起一个有一定规模的高层次人才群体。随着高校办学时间的推移,不仅这个群体规模会不断扩大,而且留在这个地方工作的毕业生人数也会不断增加,地方经济和社会发展所需要的人才就能得到较好的保证。没有高校或高校发展水平较低的西北部地区,非但自身的高层次人才培养能力有限,东南部地区、省会城市和中心城市高等教育对这些地区的辐射力也是有限的。人才短缺对西北部地区经济社会发展的影响是全方位的,甚至使得国家对西北部地区发展的倾斜政策、优惠政策和支援扶持政策等难以发挥应有的效力,从而影响了国家整体的经济社会现代化进程。我国正在全面推进社会主义现代化建设,要在2020年全面建成小康社会、实现第一个百年奋斗目标的基础上,在2035年基本实现社会主义现代化,从2035年到21世纪中叶,建成富强民主文明和谐美丽的社会主义现代化强国。仅凭东南部地区的繁荣发达无法完成第二个一百年奋斗目标,不可能建成富强文明民主和谐的社会主义现代化强国;而要实现西北部地区经济社会的繁荣发展,必须优先解决高等教育发展的西北部现象问题。

西北部现象主要是因为我国西北部地区和很多省份的西部、北部缺少发展高等教育事业的条件所致。正因为存在西北部现象,我国西北部地区和很多省份的西部、北部缺乏现代经济管理经营人才和现代科技专门人才,工业产业发展不起来,服务业难以升级换代,惰性和惯性大,经济社会发展缓慢,难以取得突破。在西北部现象所覆盖的地方,因为没有高校,或者因为高校少、水平较低,而缺乏培养高级专门人才的能力。在这些地方,外面的人才难以引进去,即便是周边地区的人才,也往往因为工作条件、工资待遇、生活环境、子女就学等方面的问题而不愿意前往。当一个地方缺乏人才培养能力,或人才培养能力弱,引进人才又遇到困难,周边地区的辐射作用微弱,经济社会发展是难有起色的。尽管现在还很难用数理统计的方法精准计量西北部现象对地方和国家整体经济社会发展所造成的直接和间接影响,但经验表明,这种影响既是严重的,也是全方位的。

第二,西北部现象将成为制约我国高等教育普及化进程及其发展质量的关键因素,至少可能延缓高等教育普及化发展进程。高等教育普及化不只是发达地区的事情,也不只是中心城市和省会城市的事情,而应当是全国各地区共同协调均衡发展。普及化进程可以从数量和质量两个方面来衡量,就数量而言,继续扩大适龄人口升学规模的主要是高中毕业生,包括普通高中毕业生和职业高中毕业生。一般而言,不论是全国范围内的西北部地区还是各省份的西北部,很多都是高等教育发展的洼地,普及化的潜在生源主要在这些地区。全国高考录取率已经达到90%,即使在有的西北部地区省份,其高考录取率也超过了90%。而我国高校的生源主要是普通高中毕业生,由于地区差异、城乡差别和基础教育非均衡发展,西北部现象所覆盖地区的初中毕业生能够上普通高中的比例较低,很多人只能进入职业高中继续求学。普及化的数量增长在很大程度上取决于西北部现象所覆盖地区职业高中毕业生参加高考的人数能够增加到什么程度。就质量而言,普及化发展水平的提高,一方面取决于高校办学水平的提高,另一方面取决于初等教育和中等教育水平的提高,尤其是职业中学教育水平的提高。[①]普及化发展是数量与质量的统一体。只有数量的增加是片面的普及化,数量与质量的协调发展才是健康有效的普及化。普及化的质量既包括存量的质量,又包括增量的质量。不论是存量还是增量,普及化质量的关键都在于西北部现象所覆盖地区高等教育的发展。就存量而言,如上文所述,西北部现象所覆盖地区高校办学条件和能力相对较弱,发展需求和空间大,但自我发展能力不强,外部支援和支持有限。这些地区高等教育发展所面临的困难必然影响到普及化的发展水平。就增量而言,甚至在一定意义上可以说,职业高中毕业生的质量将成为普及化生源质量的调节阀。甚至可以说,新增中等职业学校毕业生质量的高低将决定普及化高等教育质量底线的高低。据统计,2020年我国高中阶段毛入学率达到了91.2%,中等职业学校招生644.66万人,占高中阶段教育招生总数的42.38%。[②]现实地看,这些中等职业学校的学生和未能上高中的学生是普及化深度发展的第一生源群体。这一问题与西北部现象关系密切。在西北部所覆盖地区这一群体人数多,且因为地域、经济、文化等多方面的原因,要提高他们的文化科学基础素质和水平难度很大。西北部现象所覆盖地区基础教育的办学基础比较弱,中等职业教育的生源质量不高,办学条件较差,升学路径窄,毕业生质量难以尽如人意。这部分学生的高等教育需求应当得到保障,他们有追求接受高等教育的权利。要使他们中的多数人成为高等教育普及化的合格生源,毫无疑问,需要付出极大的努力。

三、西北部现象的破解之策

普及化发展必须破解西北部现象。这既是高等教育普及化自身发展的要求,又是推进国家经济社会现代化建设的需要。破解西北部现象的难度很大,主要原因有二:一是因为它面广量大,且区域连线连片,不仅有全国范围内的西北部地区,而且有各省份内部的西北部,还有从东到西跨省份的连片区域;二是因为它不是孤立的,它的存在与国家和地方经济社会发展不充分、不协调相互交织融合,与地理环境和社会文化因素密切相关,单纯的高等教育解决方案难以取得理想的效果。破解西北部现象需要综合治理,要从完善国家经济社会发展战略布局的高度,发挥中央和地方各级政府的作用,调动社会各方面的积极性,并从政策支持和资源配置入手,建立有利于西北部地区高等教育高

① 别敦荣,易梦春.高等教育普及化发展标准、进程预测与路径选择[J].教育研究,2021(2):63-79.

② 教育部.2020年全国教育事业发展统计公报[EB/OL].(2021-08-27)[2021-09-01].http://www.moe.gov.cn/jyb_sjzl/sjzl_fztjgb/202108/t20210827_555004.html.

质量发展的新格局。下面主要从高等教育宏观政策角度阐述西北部现象的破解之策。

（一）更精准地制定、实施西北部地区高等教育发展战略规划

破解西北部现象需要国家的高等教育布局做出战略调整和部署。我国高等教育以公办为主，国家的战略布局对地区高等教育协调发展有着重大影响。传统上，我国的高等教育发展曾经实施过分大区建设布局、分省域建设布局和重点高校建设布局等，几种建设格局相互交织、相互影响。大区建设布局把全国按地理方位划分为六个大区，各大区都布局了央属高校，主要辐射区内各省份。这一布局思路有全国一盘棋、各区协调发展的初心，但明显地存在东南部地区布局多、西北部地区布局少的问题，且没有持续推进协调发展计划。分省域建设布局有利于各省份采取措施，促进各省份内部高等教育协调发展，但省份之间协调发展的努力不够，且主要在省会城市和中心城市布局高等教育，对解决省内西部、北部高等教育发展不足问题缺少主动作为、改变格局的举措。重点高校建设布局本来可以在一定程度上弥补不同地区高等教育资源配置不协调的问题，但它的效率导向和追求短期效果的目标选择更强化了东南部地区部分高校的优势地位。面向未来，推进普及化发展，国家应当制定和实施针对西北部现象的重大战略，从国家经济社会整体协调发展、高质量发展需要出发，进行国家高等教育布局的重大调整，将西北部地区以及连线连片洼地的高等教育发展列入国家规划，建立国家高等教育资源统筹机制，促进不同地区高等教育协调均衡发展。

优化地区高等教育布局，全面振兴发展欠发达地区高等教育，这是普及化的必由之路。《中华人民共和国国民经济和社会发展第十四个五年规划和2035年远景目标纲要》提出，"十四五"时期高等教育毛入学率提高到60%。[1]即便如此，我国高等教育普及化发展仍处于初级阶段，普及化还需要向中高级阶段发展。高等教育资源布局应当有前瞻性和战略性，通盘谋划、系统设计、分布落实，避免传统布局的局限，将高等教育发展的增量主要用于西北部现象所覆盖地区。[2]应从国家整体、跨省域和省域三个层面有计划、有步骤、有组织地解决高等教育欠发达地区资源配置不足问题，为实现国家高等教育事业高质量协调发展奠定基础。

（二）加强各级政府和社会的协同行动

破解西北部现象是一个重大的、复杂的社会工程，需要各级政府和社会协调一致、勠力同心、共同用力。西北部现象表现在高等教育领域，却涉及国家和地方经济社会发展的很多方面，包括经济、政治、地理、人口、文化、科技以及教育等各方面，单纯地依靠中央或地方政府难以完全解决，尤其是全国范围的西北部现象所覆盖地区和连线连片地区，没有中央、地方各级政府和社会的协调行动，很难取得理想的效果。西北部现象所覆盖地区不但高等教育发展滞后，而且地理位置相对不利，经济往往欠发达，产业

① 别敦荣，易梦春.高等教育普及化发展标准、进程预测与路径选择［J］.教育研究，2021（2）：63-79.

② 别敦荣.普及化高等教育的基本逻辑［J］.中国高教研究，2016（3）：31-42.

发展水平较低，教育基础薄弱，民众平均受教育年限低，社会环境比较闭塞，文化发展惰性大。消除西北部现象，绝不能只关注高等教育，应当运用系统思维，将各主要关联因素一并考虑，进行综合治理。在发挥中央和地方各级政府作用的同时，还要调动社会各方面的积极性，建立各级政府与社会协同行动的机制，为破解西北部现象创造更有利的条件。

西北部现象所覆盖的地区大都离省会城市较远，以往这些地方的高等教育发展常常是"三不管"，即中央、省和当地政府都不管。精英化和大众化高等教育主要是在省会城市和部分中心城市发展起来的，发展普及化高等教育不能不重视离省会城市较远的西北部现象所覆盖地区。各级政府和相关社会组织应以国家高等教育发展战略为指导，以促进西北部现象所覆盖地区高等教育与经济社会协调发展为目的，既要发挥各自的优势，又要协同用力。中央政府应将破解西北部现象作为国家高等教育普及化发展战略的重中之重，发挥行政动员、政策引导和资源调配作用，激励各级地方政府施政作为，为地方创新发展高等教育提供可靠保证。中央政府还应发挥政策动员和调控作用，利用我国社会主义制度的优势，动员和协调高等教育发达地区政府和高校积极参与到破解西北部现象的行动中来，为提高西北部地区高等教育发展能力和水平做贡献。各地方政府应当发挥关键主体作用，把高等教育发展"三不管"地区变成中央、省、市各级政府齐抓共管，省、市政府发挥关键作用的地区。省、市政府应当根据西北部现象所覆盖地区高等教育发展需要，制订相关地区高等教育振兴发展计划，在促进现有高校提质升级发展的同时，根据国家经济社会高质量发展的新形势，坚持新发展理念，坚持深化改革开放，坚持系统观念，创新发展思路，采取各种可能的方式方法，推进西北部现象问题的有效解决。社会既是高等教育发展的动力之源，又是高等教育发展的支持力量，还是高等教育发展成果的应用之所。政府应当制定措施激励有关社会组织参与破解西北部现象，使它们积极参与西北部现象所覆盖地区的高等教育发展，从资源投入、人力支持、产教融合、合作办学等方面，促进地方高等教育发展。

（三）建设西北部地区高等教育发展新高地

我国已经发展起了世界上最大规模的高等教育。庞大的高等教育主要分布在各省会城市和部分中心城市，尤其是各大区的核心城市往往集中了数量众多的高校，包括绝大部分高水平高校。北京、上海、南京、武汉、西安、广州、天津、成都等城市均集中了众多高校，部分城市高等教育在学人数甚至数以百万计。毫无疑问，这些地方是全国高等教育发展的高原和高地，而幅员广阔的西北部现象所覆盖地区，除了西安、成都、重庆等地外，其他地方大都是高等教育发展的洼地。要发展西北部地区的高等教育，需要发挥那些高原和高地的辐射作用，但更重要的是，在西北部地区发展在地高等教育，即在这些地区选择合适的城市，建设新的高等教育高地，以一批新高地带动西北部地区高等教育发展。这是西北部地区高等教育"脱贫"的重要"基础设施"。在这方面，四川宜宾发展高等教育的经验可资借鉴。2010年以来，四川宜宾临港经济技术开发区所属临港大学城除了引入本地高校宜宾学院外,还引进了四川轻化工大学、西华大学、成都工业学院、电子科技大学、四川大学、四川外国语大学成都学院、成都理工大学、同济大学、哈尔滨工业大学、西南交通大学建设宜宾校区、园区、研究院等,建成了四川高等教育发展新高地。宜宾很可能因此成为西北部地区高等教育振兴发展的一个新支点。

在西北部地区建设高等教育发展新高地意义重大。在这些地区,有的高校已有数十年甚至近百年的历史,但长期孤零零地办学,形成不了高等教育发展不可缺少的生态环境,长期处于艰难发展状态,对地方经济社会发展贡献有限。经验表明,高等教育发展存在集聚效应,多所高校同处一地办学,形成相互支持、相互影响、相互激励、相互竞争的社会生态环境,是地方高等教育走向发达的重要条件。破解西北部现象,建设高等教育发展新高地,可以双管齐下。一方面,在尚未设立本科高校的省份所辖地、市、州、盟等,至少创办一所本科高校;在经济社会发展需求较大的地、市、州、盟,鼓励新建高校。尽管在西北部地区省会城市以外地区新建在地高校比较困难,可持续发展也面临诸多挑战,但这仍然是破解西北部现象的根本之策。单纯依靠外地高校的辐射作用,不足以为当地经济社会发展和人口水平提高取得实质性突破提供足够的帮助。另一方面,在西北部地区各省会以外城市,选择条件比较适宜、辐射范围比较广的地市,打造高等教育发展新高地,形成高等教育发展的次中心城市。建设在地高等教育发展新高地,可以借鉴国内外一些地方建设大学城和高等教育区的经验,调动地方政府和社会两方面的积极性,充分发挥政策支持、资源保障、对口支援的作用,合力共建高等教育聚集发展态势,构建以新高地为引领、分散布点、相互支持的西北部地区高等教育体系。

(四)全面提高西北部地区高等教育生源质量

破解西北部现象,必须解决西北部地区高等教育生源质量问题。高等教育普及化发展必须有充分的生源保障,高等教育生源来源于基础教育,发达而高质量的基础教育是高等教育高质量生源的根本保证。众所周知,我国基础教育普及化程度很高。与高等教育发展状况一样,西北部地区基础教育存在的问题具有广泛性。截至2020年,全国小学学龄儿童净入学率达99.96%,初中阶段毛入学率更是达到了102.5%,九年义务教育巩固率为95.2%,高中阶段毛入学率达到91.2%。[①]这说明包括西北部地区在内,我国已经建立了比较发达的基础教育体系。比如,四川作为西北部地区人口最多的省份,截至2019年,全省小学、初中、高中毛入学率分别达99.9%、99.6%、92.7%,与全国基础教育发展情况相似。[②]与此同时,应该看到,西北部地区基础教育存在的问题也是比较突出的,比如,教育经费短缺,教育资源紧张,中小学校办学条件比较薄弱,办学环境较差,师资不稳定,师资力量和水平与东南部地区相比差距较大,而且一些骨干教师和学校领

① 教育部. 2020年全国教育事业发展统计公报[EB/OL].(2021-08-27)[2021-09-01]. http://www.moe.gov.cn/jyb_sjzl/sjzl_fztjgb/202108/t20210827_555004.html.
② 杜江茜,谢燃岸,关天舜. 四川现有各级各类学校2.5万所教育规模西部第一[EB/OL].(2019-09-05)[2021-09-01]. https://www.thecover.cn/news/2605632.

导常常是东南部地区中小学校争相引进的人才。总体上看，西北部地区中小学教育水平难以与东南部地区相提并论，教育质量存在不小的差距。西北部地区的中学毕业生学业基础不牢，升学意愿往往比较低。这种状况非常不利于发展普及化高等教育。破解西北部现象，应当遵循教育公平原则，全面加强西北部地区基础教育质量建设，打牢西北部地区中小学生的学业基础和文化素养基础，为西北部地区高等教育的普及化发展打牢生源基础。

在西北部地区，省会城市和极少数几个中心城市基础教育发展水平和质量与东南部地区相比差距较小，但是，在其他地区，差距往往令人难以想象。破解西北部现象，应当根据西北部地区基础教育发展的实际情况，在广大的地、市、州、盟等加大政策倾斜力度，增加投入和资源供给；打通师范生下乡基层之路，为乡村基础教育教师提供足以留住人的工作条件和生活待遇；有计划、有组织地开展西北部地区乡村教师在职培训，为每一位教师制订个性化的专业发展计划，并支持学校和教师付诸实施；加强对西北部地区中小学校的技术援助和对虚拟教学系统建设的支持力度，为中小学生提供充分的线上优质课程资源，尤其是对于西北部地区中小学校所缺乏的课程资源，要予以优先保证；支持西北部地区中小学校开展教学改革研究，鼓励教师有针对性地组织教学，指导学生高质量学习；改善西北部地区中小学校办公条件和师生工作学习条件，缩小与东南部地区中小学校之间的差距；鼓励东南部地区中小学校与西北部地区中小学校结对子、手牵手，建立合作办学、共同发展的工作机制，促进西北部地区中小学办学水平不断提高。

（五）完全放开中等职业学校毕业生参加高考的限制

完全放开中等职业学校毕业生参加高考的限制，是破解西北部现象、促进高等教育普及化发展的关键举措之一。高等教育的直接生源是应届高中毕业生。据统计，2020年，全国共有普通高中1.42万所，在校生人数达2494.45万人；全国共有中等职业教育学校9896所，在校生人数为1663.37万人。[①]长期以来，我国把普通高中教育当作升学教育，把中等职业学校教育看作就业教育。所以，高考对普通高中毕业生完全开放，只要个人愿意参加高考，他们都可以报名。但中等职业学校的学生就没有这么幸运了，虽然政策没有明文限制中等职业学校毕业生参加高考，但过去中等职业学校学生只能以社会青年的身份参加高考，而不能以应届高中毕业生身份参加。近年来，部分中等职业学校的毕业生获得了参加高考的机会，但人数很少，在高考报名人数中占比很低。以云南为例，据统计，2020年，云南高中阶段毛入学率为90.98%。全省高中阶段教育（包括普通高中、中等职业学校、技工学校）共有学校1005所，招生人数68.97万人，在校学生人数达173.10万人。全省有普通高中601所，招生人数为36.00万人，在校生人数97.16万人，分别占高中阶段总数的59.80%、52.20%和56.13%；毕业生人数则为28.37万人。全

---

① 教育部. 2020年全国教育事业发展统计公报［EB/OL］.（2021-08-27）［2021-09-01］. http://www.moe.gov.cn/jyb_sjzl/sjzl_fztjgb/202108/t20210827_555004.html.

省中等职业教育（包括普通中等专业学校、职业高中、技工学校和成人中等专业学校）共有学校404所，招生人数为32.97万人，在校生人数达75.94万人，分别占高中阶段教育总数的40.20%、47.80%和43.87%；毕业生为18.56万人。[①]就统计数据看，中等职业教育与普通高中教育相比，人数略少，不论是招生人数还是在校生人数都处于劣势，但差距并不是很大。但到了高考的时候，两类学校毕业生的"待遇"之不同却令人难以置信。据统计，2019年，云南普通高校招生报名人数为32.61万人，其中，职业高中、中等专业学校、技工学校教育考生（通称"三校生"）仅有2.93万人，占总报名人数的0.900%。2020年，云南普通高校招生报名人数为34.37万人，其中，"三校生"考生报名人数为3.10万人，占总报名人数的0.904%，仅比上一年增加0.004个百分点。中等职业教育毕业生继续深造的通道之狭窄由此可见一斑。一边是高考录取率几乎达到了天花板，另一边是一大批高中毕业生被政策阻挡在高考大门外。因此，打通中等职业学校毕业生参加高考这条通道，对推进高等教育普及化发展具有特别重要的意义，破解西北部现象的成败更系于此。如果不对中考普职比招录政策进行大幅修改，普通高中的生源没有大幅度增加，普通高中毕业生参加高考的人数难有显著增加。要增加高考生源，一是减少职业高中办学规模，扩大普通高中办学规模；二是加强职业高中学生的基础文化素质教育，完全开放职业高中毕业生参加高考。

完全放开中等职业学校毕业生的高考限制是政策问题，不是教育问题。放开政策限制，有助于倒逼中等职业学校加强教育教学工作，提高学生培养质量。限制政策的出台有两个背景：一是认知背景，即职业教育是就业教育；二是实际背景，即当时我国高等教育处于精英化阶段，普通高中毕业生是"千军万马挤独木桥"，完全没有中等职业学校毕业生升学的空间。时移世易，这两个背景都已经改变，职业教育可以是就业教育，也可以是升学教育，决定权应当归还给学生。"千军万马挤独木桥"已然成为历史，在高等教育普及化背景下，普通高中毕业生升学不再是问题，尽管还存在一个接受优质教育的问题，但问题的性质发生了根本性改变。事实上，如果不修改中等职业学校毕业生参加高考的限制政策，高等教育普及化的推进将面临生源枯竭的危机，因为以现有的普通高中教育规模，完全不能满足高等教育普及化向中高级阶段发展的需要。对于破解西北部现象而言，完全放开对中等职业学校毕业生参加高考的政策限制，打通中等职业教校毕业生接受高等教育的通道，将激发西北部地区巨大的高等教育发展潜力，为破解西北部现象其他举措的实施提供最关键的前提条件。

（原载于《高等教育研究》2022年第2期，署名：别敦荣、邢家伟）

---

① 云南省教育厅. 云南省2020/2021学年初全省教育事业发展统计公报［EB/OL］.（2021-03-24）［20021-09-01］. http://jyt.yn.gov.cn/web/ac1f1eb64e6d4e36999869a47598935d/28d7a83ab4be4c3f88874d54ddb8afa7f.html.

第十四章
高等教育普及化背景下行业性高校的发展定位

就办学规模而言,我国高等教育已经步入普及化阶段,高等教育体系日渐成熟,各级各类高校的教育职能定位将逐渐趋于稳定。行业性高校是我国高等教育的重要组成部分,对国家经济社会发展发挥了重要作用。应该看到,近20年来行业性高校发生了大变革,国家经济体制改革和政府行业部门计划管理改革,一方面给行业性高校办学带来了前所未有的挑战,另一方面也为行业性高校发展提供了新的更广阔的空间。很多行业性高校在传承与变革、彷徨与开拓中经历了蜕变,完成了涅槃。2009年底,武汉纺织大学申请更名成功的消息见报后,有报社记者采访笔者,请笔者谈谈对该校发展历程的看法。这所大学的前身是建于1958年的武汉纺织工学院,1999年纺织工业部将其下放给湖北省政府管辖,更名为武汉科技学院,2010年更名为武汉纺织大学。因为对这所大学比较了解,在访谈中笔者谈到武汉纺织学院更名为武汉科技学院,是在高等教育变革大背景下进行的一次大胆的探索;而武汉科技学院更名为武汉纺织大学,则是经过10年左右的探索后学校的理性回归。[1]在近20年行业性高校发展史上,武汉纺织大学不是特例。面向高等教育普及化发展的大趋势,在编制"十四五"发展规划乃至长远发展战略的时候,行业性高校要做好发展定位,必须深刻把握自身的性质和职能,才可能做出理性的战略选择。

一、行业性高校的性质

何谓行业性高校?行业性高校是我国高校的一种特殊类型,是面向行业发展需求提供办学服务的高等教育机构,主要有行业高校和行业特色高校两种基本形态。有时候人们把两类高校同等看待,不做区分。实际上,两类高校的差别是很大的。所谓行业高校,是指由政府行业主管部门设立,以支持行业生产与服务、促进行业发展为目的的高等教育机构。这些高校往往以其所服务的行业命名,例如,石油大学、地质大学、矿

---

① 徐啸寒. 湖北三所学院拟升格为"大学"[N]. 楚天都市报, 2009-12-23 (A30).

业大学、农业大学、电子科技大学、铁道大学、医科大学。这些高校在创建的时候，学科往往比较单一，专业数很少，服务面向非常专一，直接面向某一个行业。例如，为煤炭行业服务的高校，除了矿业大学外，还有煤炭化工学院、煤炭经济管理学院等。所谓行业特色高校，是指在办学的多种服务面向中形成了服务特定行业优势和特色的高等教育机构。这些高校往往是多学科的，除了拥有服务特定行业的学科专业外，还开办了服务其他行业或具有广泛社会适应性的学科专业。它们大多原是行业高校，后来划转为中央政府教育主管部门或地方政府管辖，尽管服务面向拓宽了，但服务特定行业的学科专业不但具有优势，而且还有鲜明的特色。经过高等教育管理体制改革以后，以往的一部分行业高校发展成为行业特色高校。例如，南京信息工程大学的前身为南京气象学院，在气象学院时期，它无疑是行业高校，服务气象行业是其唯一的办学目的；改为现名后，它开办了理、工、管、文、经、法、农、艺、教九个学科门类和数十个学士、硕士和博士学科专业，大大地拓宽了服务面向，在继续服务气象行业的同时，还为社会其他行业提供多方面、多层次的教育和科技服务。①

区分两类行业性高校是必要的。在市场经济体制下，尽管很多行业高校拓展了学科专业领域，扩大了服务面向，实现了转型发展，但也有部分行业高校仍然保持了原初的形态，其办学并没有突破行业范畴。例如，我国还有独立设置的医科院校100多所、中医药院校数十所、艺术院校数十所、公安警察院校数十所，它们大多保持了服务一个行业或部门的特点。不可否认，这些高校的很多毕业生在第一次就业时就跳出了学校办学所面向的行业或部门，不是在特定的行业或部门就业服务。这只能说明市场对行业高校的冲击以及行业高校办学的市场适应性增强了，并不表明行业高校特性的消失。行业特色高校大多脱胎于行业高校，曾经为行业发展做出了重要贡献，并且仍然保持了服务特定行业的办学传统，但一部分行业特色高校的办学已经超出了特定行业范畴。例如，很多师范大学、工业大学、农业大学虽然保留了行业性的校名，但服务行业只是其办学的一小部分目的，面向行业办学越来越只具有办学特色的意义。在近期关于新建高校的动议中，出现了建设新的行业高校的倾向，例如，有关部门正在酝酿建设航空大学、能源大学、康复大学。这是否意味着行业高校办学的一种回归？尽管尚难以做出结论，但这却是值得关注的。

因此，本文采用行业性高校这一概念，将行业高校和行业特色高校包括进来一并进行讨论。因为历史传承的原因，行业性高校是一个数量庞大、覆盖面广的群体，几乎存在于社会各行各业，对国民经济和社会发展具有重大影响。从长远看，它不可能消失，即便在高等教育高度普及化阶段，仍具有不可替代性。概而言之，行业性高校有以下四大特性。

第一，历史性。行业性高校与现代高等教育发展有着不解之缘。早期大学主要是

---

① 别敦荣.行业划转院校改革与发展的形势、任务和战略［J］.阅江学刊，2011（1）：12–18，23.

综合大学，并不为特定行业服务，它们囊括了人类所有文明，看重普通知识和普遍的职能。一些现代高校，例如，18世纪创建的法国大学校、19世纪中期发展起来的美国赠地学院，都可以看作行业性高校的早期形态。很多工业院校、医科院校最初也是行业性高校。

在某种意义上，我国现代高等教育肇始于行业高校。清末建立的洋务学堂，例如，京师同文馆（1861年）、广方言馆（1863年）、福建船政学堂（1866年），都可以看作行业性高校的雏形。稍后，清政府总理各国事务衙门邮传部创办的北洋公学（1895年）、南洋公学（1896年）等则具有行业办学性质。民国时期创建的北京协和医学院（1917年）、中国矿业大学（1909年）等都是早期的行业高校。

20世纪50年代初，我国实现了行业性高校的体系化。在计划经济体制下，政府各行业主管部门建立了与行业经济运行相匹配的教育体系，行业高校是行业教育体系中最高层次的院校，面向行业办学，发展规划、招生计划、事业拨款、专业开办、领导选任、毕业生就业分配等都由行业主管部门决定。20世纪末期，市场经济体制改革不断深化，政府行业部门管理职能转变消解了行业高校的办学基础，与之相适应的高等教育体制改革调整了大多数行业高校的隶属关系，很多行业高校由此开启了转型发展的过程。经过一段时期的探索，一批行业高校在新办学环境下渐成气候，焕发出新的办学活力。

总之，行业性高校是现代高等教育发展的产物。行业性高校在我国现代高等教育发展中扮演了开路先锋的角色，借助政府计划管理体制，成为我国高等教育体系的重要组成部分，在行业发展中发挥了关键作用。市场经济体制改革和政府管理职能转变使行业性高校遭遇了前所未有的挑战，部分行业高校转型成为行业特色高校标志着一段历史的终结、另一段新历史的开始。行业性高校在历史的轮回中寻求新的发展定位，在新的时代发挥新的更大的作用。

第二，经济性。行业性高校与现代经济产业发展有着不解之缘，甚至可以说，现代经济产业发展孵化了行业性高校。早期的行业高校都是在现代经济产业得到一定程度发展后催生出来的，后来建立的行业性高校主要是为了满足某些经济产业大规模发展对高级专门人才的需求。所以，行业性高校的经济性是与生俱来的，它的原生职能主要表现为培养特定行业所需要的高级专门人才，促进经济产业生产和经营管理的专业化，提高生产效率，提高产业发展水平，创造更大的经济财富。

我国行业性高校发展的第一个黄金时期是20世纪50年代。这一时期是我国政府对经济现代化进行全面规划和高速推进的时期，高级专门人才奇缺的短板严重地制约了政府实施雄心勃勃的国民经济和产业发展计划，创建行业高校、加快培养大批高级专门人才成为政府经济和产业发展计划的重要组成部分。计划管理体制为行业高校的建设与发展提供了保障。可以说，我国行业高校因产业和行业经济发展而兴，其办学，包括学科专业、人才培养方案、教育教学要求与方法、毕业生就业等都具有鲜明的经济性。

我国行业性高校发展的第二个黄金时期是改革开放后的20世纪80年代。"文革"结束后，经济产业百废待兴，包括农业、工业、国防和科学技术在内的"四个现代化"是改革开放后国家经济发展的主旋律。当时现代化建设面临的最大困难在于高级专门人才短缺，因此，行业高校的作用再次受到重视，在恢复和发展老的行业高校的同时，一批新的行业高校得以创建，为弥补经济建设的人才缺口发挥了重要作用。

我国行业性高校发展的第三个黄金时期可能是在高等教育步入普及化，国家经济和产业发展步入转型和升级发展的阶段。在这个阶段，经济产业发展对高素质行业人才的需求更加紧迫，行业性高校如果能够捕捉到新经济产业的人才需求信息，在自身学科专业建设和人才培养上持续发力，可能迎来新的发展机遇。

行业性高校的经济性是一种内生于其职能的特性。经济性不仅使行业性高校应运而生，发展成为数量庞大、体系健全、覆盖面广的高等教育体系，而且使行业性高校乘势而兴，办学能力和水平不断提高，在国家经济社会发展中发挥重大作用。

第三，平民性。典型的行业性高校最初是为了适应工业企业的生产需要建立起来的，尤其是科学技术在地质、采矿等行业得到应用后，传统的大学不开办相关学科专业，不培养这些行业的专门人才，行业性高校才得以建立。在传统的大学中，受教育者主要来自上流社会、特权阶层，但这些阶层子弟并不屑于上行业高校学习专门技术，更不愿意去与之相关的工业企业就业。所以，行业高校最初的教育对象主要是平民子弟，实际上，他们也很难有机会迈入传统大学的门槛。

行业性高校的发展为高等教育大众化和普及化打开了通道。随着科学技术在社会生产和生活中的应用越来越广，社会各行各业对科学技术的依赖越来越强，各行各业对高级专门人才的需求越来越大。因此，高等教育需要向平民阶层子弟提供机会，而行业性高校担负了这一重任。而行业性高校提供的高等教育不同于传统的大学，高等教育的应用性与平民接受高等教育的要求是高度吻合的，所以，行业性高校的平民性是由其职能所决定的。

行业性高校的平民性并不因为其办学水平的提高而有所改变。有的行业性高校发展成为全国名校，甚至国外有的行业性高校还建成了世界名校，这是行业性高校发展的必然，也是高等教育发展的必然。但这并不意味着行业性高校的平民性就消解了，行业性高校与平民子弟与生俱来的关系就割裂开了。实际上，这种联系是割不断的，在大众化和普及化高等教育阶段，行业性高校与平民的联系只会越来越紧密，因为大众化和普及化将不断扩大高等教育受众人群，而不断扩大的受众人群的平民性愈益显著。平民接受高等教育的动机相对比较单纯，也就是说获得一份比较稳定的体面工作可能是平民家庭及其子弟接受高等教育的原初动机。行业性高校的受众主要是家庭的第一代大学生，在高等教育普及化进入高级阶段的国家，行业性高校受众的父辈和祖辈曾就读行业性高校的可能性比其他高校大得多。

第四，文化性。行业性高校既是一种实体高等教育机构，又是一种文化存在。作为一种文化存在，它不仅承载了历史的积淀，将办学的历史传统延续至今，而且在实际办学过程中展现出自身特有的精神气质和魅力。高校主要有两种文化：一种是学科文化。没有学科便没有高校，也不可能有人才培养、科学研究和社会服务等职能的发挥，以学科为基础的文化是高校存在之根本。另一种是组织文化。组织文化是高校在创建、办学和发展过程中所积淀下来的精神及其物化表现。高校组织文化有先进或落后之分，也有浓郁或单薄之分，浓郁而先进的组织文化是高校创新发展的力量源泉。[①]行业性高校的文化是学科文化与组织文化融合共生的产物，是学校办学特色的集中体现。

行业性高校所拥有的文化符号长期为社会所认同，成为这类高校不能磨灭的标记。行业性高校的文化与行业血脉相连，不论是学科专业与行业的关联度还是干部教师对行业天然的亲近感，都是其他高校所不具有的。行业对行业性高校的认同度从另一方面印证了行业性高校文化的影响力，这种认同更多地建立在共同的价值观上。为了应对由计划经济向市场经济转变带来的挑战，一些行业性高校曾经努力跳出行业办学，消解行业文化特色。实践证明，拓宽办学方向和领域是合理的，但淡化或弱化行业色彩可能是不明智的。武汉纺织大学的回归便是证明。

二、行业性高校的职能

在高等教育由精英化步入大众化阶段的进程中，高校的职能得到了拓展，在教育之外，研究和服务职能次第得到发展。在高等教育迈向普及化阶段的过程中，高校三大职能越来越显著、越来越完善。有人认为高校还有第四大职能，即文化传承与创新。实际上，任何文化的传承与创新都不是独立进行的，而是附着在教育、科研和服务职能中实现的。从这个意义上说，文化传承与创新确实是高校的职能，但不是与教育、科研和服务同一范畴的活动，而是从属于三大职能，隐含在人才培养、知识发展和服务社会的活动之中。与其他高校一样，行业性高校也具有教育、研究和服务三大职能，这是行业性高校与其他高校同属于高等教育机构的共同之处。就特殊性而言，行业性高校三大职能的内涵具有显著的差异性，这正是行业性高校特殊的价值之所在。

第一，教育职能的行业定向性。不论是在高等教育精英化阶段，还是在大众化和普及化阶段，教育都是高校的第一职能。在高等教育精英化阶段，高校的主要任务是将极少数少不更事的青年培养成为能够担负一定社会责任的公民；到了大众化和普及化阶段，培养大批青年成为负责任的社会公民仍然是高校的主要任务，与此同时，高校还担负了更多的向成年人提供教育的任务，为成年人提供第一次高等教育和持续的继续教育。行业性高校的教育从一开始就具有大众性，这不是从其教育规模上讲的，而是从其教育对象和教育目的上讲的。从规模上讲，行业性高校最初提供的也是精英化教育，但由于其教育对象超越了社会特权阶层，教育目的直接服务于社会生产，所以，行业性高校的教育具有平民性和亲产业性，这也使它从产生开始就受到了普通社会民众的青睐。

---

① 别敦荣.大学组织文化的内涵与建设路径［J］.现代教育管理，2020（1）：1-7.

教育具有个人性和社会性的双重属性。从个人的角度讲，教育的目的在于促进学生的成长，使他们消除愚昧的思想观念，抛弃狭隘偏执的个性，养成爱己爱人的道德品质，拥有豁达包容的胸怀，也就是使他们能够自然地融入社会，成为于社会有益的公民。这是所有高校义不容辞的使命，不论什么类型、什么层次的高校，都担负着立德树人的使命，行业性高校也不例外。但行业性高校在教育的个人性上有特殊的内涵，即行业性高校不可避免地会在学生个人的发展上打上鲜明的行业烙印。行业性高校常常以行业生产知识、技术规范、职业能力和职业伦理道德等为主要教育媒介，使学生养成愿意从事相关行业职业的态度，具备担负相关行业职业责任的技能，拥有驾驭行业职业伦理的素养。行业烙印是行业性高校教育的名片，学生个人素质上行业烙印的深浅与行业性高校办学水平和质量有密切关系。

从社会的角度讲，高校培养的人都要走上社会，融入社会，成为对社会有益的人。不同类型、不同层次高校培养的人在社会各行各业发挥作用，展现各高校教育服务社会的职能。一般来讲，高校培养的人对社会发挥的作用可以从政治、经济、文化、科技和教育等方面来考察。有的高校以培养治国理政人才为己任，有的高校以培养经世致用人才为目的，还有的高校以培养文化科技教育才俊为使命。不同的人才培养目的需要不同的教育，综合性高校往往注重培养社会通用型人才，理工大学更重视造就科技研发人才，行业性高校则直接面向特定行业，为行业发展输送各级各类应用型人才。我国铁道行业各类高级专业技术人才主要由原铁道部所属各相关铁路或交通高校培养；我国石油行业各类高级专业技术人才主要由原石油部所属各石油高校培养；我国煤炭行业各类高级专业技术人才主要由原煤炭工业部所属高校培养；其他重要行业的情况也大致如此。这说明在教育的社会职能上，行业性高校守住了行业阵地，发挥了应有的作用。

在高等教育普及化阶段，行业性高校教育的个人和社会职能面临着新的挑战。就个人而言，学生对全面发展的要求更高了，对可持续发展和终身发展更重视了。在这样的需求面前，行业性高校学科设置的优势可能恰恰是其在新形势下的短板，难以满足新的教育需求，因此，学科设置和学科结构的调整与优化是不可避免的，行业性高校必须在传统的办学优势与人的发展新要求之间建立起新的平衡关系，以适应新时代人的发展趋势。就社会而言，高等教育越来越发达了，社会人才更丰富了，市场对人才流动的调节更有效了，行业企业和部门选择人才的来源更广了，可以选择行业高校培养的人才，也可以选择其他高校培养的人才。如果说，在计划经济体制下，行业的发展主要依靠行业性高校提供的高层次人才，那么，在市场经济体制下，行业的发展可以依靠各类高校培养的人才。事实上，过去很多只有行业性高校开办的学科专业，现在很多其他高校也开办了，过去行业性高校在行业独步天下的局面已经一去不复返了，行业性高校教育的社会职能只能在竞争中实现。这无疑对行业性高校的发展定位和战略具有重要的影响。

第二，研究职能的行业应用性。研究是高校的第二职能，这既是说研究后于教育成为高校的职能，也说明研究在高校的地位排在教育之后。有的高校出于提升自身在一些社会机构排行榜上排位的目的，或为了加强争取一些政府资助项目的能力，重奖研究成果表现突出者，对研究给予了超乎寻常的重视，引发了人们对教育与研究关系的疑惑，甚至导致一些教师轻视教育，这种做法是不恰当的，也不符合高校职能原理。高校的研究大致分为基础研究和应用研究，尽管我国并没有政策限制高校开展研究的类别，但一般来讲，文理基础学科水平较高的高校在基础研究方面比较有优势，其他高校从事基础研究的条件并不优越，它们的研究工作主要是应用性的。行业性高校的学科专业办学直接面向行业对各方面、各层面人才和技术的需求，应用性特征明显，其研究工作也主要是应用性的。

与基础研究不同，应用研究的范畴比较广，从新技术、新工艺、新产品的研发到生产过程中的技术更新或新技术应用，以及机械设备使用或维护服务供给工作的完善等都属于应用研究的范畴。很显然，从应用的角度讲，技术存在上、中、下游之分，相关研究也有水平差别。在应用研究中，不同的高校有不同的优势领域，行业性高校曾经是各行各业对口的技术支持单位，行业性高校的应用研究是行业生产与发展的技术和智力基础，各行业的核心或主要技术都依靠行业性高校，其他高校难以染指行业主要的生产和服务技术。可以说，行业性高校的研究与行业发展水平休戚相关，行业性高校研究能力强，行业发展水平就高；行业性高校研究能力弱，行业发展水平就低。例如，在较长一个时期，我国民航业主要依靠购买国外厂家生产的飞机，我国的民航飞机研发和生产滞后，与之相对应，我国民航高校的研究工作主要集中在民航业的下游技术和服务，民航高校在民航业的上中游技术方面少有优势。在我国决定开展大飞机项目研制后，民航高校的研究工作必须向中上游转移，只有这样，民航高校发展才能跟上行业发展的大趋势。另一个让人印象深刻的案例是铁路交通行业性高校，在传统的铁路交通向高速铁路交通过渡的过程中，部分铁路交通行业性高校积极跟进，不断加强研发团队建设，创新学科发展领域，解决了高铁技术应用的很多难题，使我国高速列车在各种恶劣的气候条件下、在各种复杂的地质环境中都能保证安全高速运行，为高铁事业发展做出了重大贡献。

行业性高校的研究主要是针对行业发展需要进行的，与其他高校的应用研究存在较大差异。在行业高校时期，其研究与行业企业几乎是无缝对接的；体制改革以后，行业性高校参与行业企业研究的深度和广度也是其他高校所不可比拟的。特别是那些具有垄断性的行业研究，比如，石油高校面向油田开展的科研工作，医学高校与医院共同开展的医学研究工作，航空航天航海高校为航空航天航海事业发展所承担的科研工作，其他高校常常很难参与进去。即便那些有一定通用性的行业研究工作，其他高校的参与也难以达到行业性高校的深度和广度。例如，化工行业企业规模大、分布广，很多综合性高校的化学和化工学科实力强大，也参与一些化工企业生产技术和装备技术的研究，但参与的深度和持续性远远不如化工行业高校。当然，它们在化学和化工基础研究方面的优势又是化工行业性高校所不可比的。

第三，服务职能的行业对应性。服务是高校的第三职能，是高校办学具有应用性和大众性以后发展出来的新职能。毫无疑问，教育和研究都具有社会服务性，但教育和研究的服务具有间接性，例如，教育服务社会是通过所培养的人在社会中发挥作用来体现的，研究服务社会则需要将研究成果转化为技术、工艺和流程等，而服务职能指的是高校直接服务社会，也就是师生走出去或请进来，直接为民众或生产企业提供知识和智力服务，解决民众或生产企业的现实问题。服务职能在高校的常规化得益于行业性高校的兴起。19世纪中期，美国一批赠地学院的建立，使高校直接服务社会的职能常态化、建制化，从而使高校在教育和研究之外，获得了第三职能。第三职能的确立和发展为高校发挥更大的社会作用打开了通道，为高等教育的大众化和普及化发展开拓了空间。

20世纪中期以前，我国行业性高校数量很少，覆盖行业非常有限，主要是面向教育行业的师范学院、面向医疗卫生行业的医学院、面向煤炭行业的矿业（冶）学院等。20世纪50年代以后，我国行业现代化发展进程加快，计划经济体制为行业性高校的建立提供了保障，行业性高校体系逐渐完善，它们对社会的作用也达到了前所未有的程度。尽管如此，除个别行业和少数行业性高校外，大多数行业性高校的职能还主要是教育，即为行业培养专业化的高级人才，研究和服务虽然不能说没有，但高校还没有研究和服务的自觉，行业企业和机构因少有变革的需求或变革缓慢而对高校的研究与服务并不强烈。20世纪后期，高新科技在行业企业的应用加快了其变革步伐，市场经济的发展也使行业企业面临前所未有的竞争压力，行业企业对行业性高校研究和服务的需求被激发出来，二者之间的联系不再是比较单纯的教育联系，而变成了教育、研究和服务相互交织的、休戚相关的复杂联系。

计划体制为行业性高校的服务职能定了位，即为行业服务。由于行业性高校和行业企业都隶属于政府部门，所以，服务范围、内容和要求往往被纳入政府部门，由政府部门直接下达给高校。这种服务具有指令性，比如，为行业职工开展继续教育和培训，为行业企业提供技术指导。行业性高校接受政府部门指令后，根据任务要求组织开展服务活动，有的在校园进行，有的在企业进行。政府扮演了行业性高校与行业企业之间中介的角色，只是这个中介对其所协调的双方而言都具有权威性和约束性。体制改革后，行业性高校与行业企业之间的天然联系被割断了，政府部门也不再扮演传统的中介角色，一般也不可能对双方发出有关服务的权威指令，双方之间的关系越来越市场化，市场成为行业性高校服务职能发挥作用的杠杆。尽管如此，行业性高校的服务仍然表现出强烈的行业性：其一，服务内容和范围主要还是在行业内。有的行业性高校力图拓宽服务范围，但在市场竞争中优势不明显，成效也非常有限。其二，行业企业对行业性高校的认可度更高，对行业性高校的依赖性更强。这一方面可能是因为行业性高校能够为行业企业提供配套化、体系化的服务，这是其他高校一个团队、一个学科、一个系或一个学院所不能比拟的；另一方面可能还有社会人际关系方面的原因，长期的合作交流使行业性高校与行业企业之间建立了相互信任关系,人际交流更顺畅,服务更易于展开。所以,尽管行业的服务需求越来越市场化,也确实出现了多种类型高校参与市场竞争的局面,但行业性高校凭借其全校性学科资源优势和历史形成的社会心理优势,在为行业提供服务的市场竞争中往往处于比较有利的地位。

三、行业性高校的发展定位

高等教育普及化的内涵丰富多样。它不仅意味着越来越多的适龄人口能够获得接受高等教育的机会,而且意味着越来越多的在职人口能够获得形式多样的继续教育。不论是扩大的适龄人口还是增长的在职人口,他们的教育需求都与职业发展直接关联:有的是为了满足就业需要,解决生计出路;有的是为了提高技术水平和能力,获得更好的职业发展,提高工作和生活质量。不管是哪一类需求,行业性高校都能满足。从这个意义上讲,在高等教育普及化背景下,行业性高校发展前景广阔。实际上,普及化高等教育发展的目的主要是满足平民阶层的教育需求,以使高等教育能够覆盖全体民众,在这一点上,行业性高校与普及化高等教育有异曲同工之妙。

发展定位是高校基于历史的积累和现实的发展状况,从国家和地区经济社会发展需要出发,在对充分普及化后的高等教育体系进行预测后,面向未来、面对具有挑战性的发展要求,对学校发展愿景和未来发展轨迹进行的科学谋划和设计。这是一种前瞻性的发展定位。有的高校以现实办学条件和能力为基础,确定自身在地方和国家高等教育体系中的位置。这一定位可以称为现实定位,不能称为发展定位,因为这样的话,高校不需要发展就到位了!很多高校都希望对自身予以明确定位,有的提出要建设世界一流大学,有的提出建设世界知名大学,还有的提出建设国内一流或地区一流大学,也有的提出建设有特色高水平大学,等等。尽管不能说这些定位没有道理,但若仔细考察,就会发现很多高校所谓的发展定位就是口号,空洞无物,既没有蓝图设计,也没有路线图规划,更不可能有近期发展施工图。这样的定位除了在高校的各种报告中可以写上一笔外,对学校发展不可能发挥实际的指导作用。高校都有自己的生命周期,根据生命周期进行前瞻性的定位,方能校准学校前行的方向。[①]确定发展定位是一件科学工作,前瞻性定位是一种科学定位。行业性高校应当对自身发展进行科学定位,准确规划前行的方向和路径。诚然,具体高校的发展定位都是个性化的,相互之间差异显著,但就某一类高校而言,发展定位是有很多共同课题需要面对的。在经历了前一个时期的大变革之后,行业性高校对自身的发展定位应当有更清晰的认识和更准确的把握,尤其是在编制新的五年规划的时候,要把发展定位弄清楚,这对实现高质量可持续健康发展大有裨益。

① 别敦荣.高校发展战略规划的理论与实践[J].现代教育管理,2015(5):1-9.

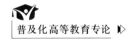

（一）重塑与行业的关系

与行业的关系是行业性高校发展定位绕不开的问题。处理好这个关系，就解决了发展定位的一个前提。如上所述，有很大一部分行业性高校原是行业高校，在计划管理体制下，行业高校是行业经济的重要构成要素，它的办学目的非常简单明了，就是为行业生产和经营培养高级专门人才，提供知识、技术和智力服务。行业高校不具有独立性，它与行业是一体的，是行业的一个组成部分。在高等教育普及化阶段，行业性高校与行业的关系不可能回到过去的一体化关系，要探索建立联合办学关系，与行业围绕共同的需求建立起紧密关联的合作办学关系。这是行业性高校找准发展定位的关键之一。

重塑与行业的关系，要不断完善联合办学的新体制、新机制。在计划体制改革后，市场成为调节行业性高校与行业关系的主要杠杆，行业性高校与行业企业都是市场主体，是平等的利益攸关方，行业性高校要善于利用市场这个杠杆，主动出击，加强与行业企业的合作，建立健全联合办学的体制机制，在合作中密切与行业的关系，做好服务行业这篇大文章。

重塑与行业的关系，要不断强化服务行业的办学特色。在计划体制下，服务行业是行业高校与生俱来的使命；在市场体制下，行业性高校应当避免去行业化的陷阱，主动调整办学定位，再构办学格局，继承和弘扬服务行业的优秀传统，发挥与行业生产和经营相关的学科专业办学优势，继续培植行业办学特色，使服务行业成为一张的亮丽名片。服务行业的办学特色可以体现在全方位、深层次服务行业的办学活动上，包括为行业培养多层次、多类型的高级专门人才，向行业提供科技成果，深度参与技术研发和产品开发，以及为行业企业转型升级发展、提质增效和提高经营管理水平提供各种直接的服务。

重塑与行业的关系，要不断提高服务行业的能力。在市场体制下，行业企业可以向所有有关高校寻求合作，通过市场得到所需要的人才、技术和服务，行业性高校不再是皇帝的女儿不愁嫁，与行业企业合作需要参与市场竞争，并在竞争中胜出，不然，连合作的机会都没有。如果没有竞争优势，非但难以建立持久的合作关系，甚至可能连传统的信任关系都会失守。行业性高校必须不断提高办学实力，从行业发展需要出发，做好前瞻性的布局和谋划，切实增强综合办学实力，尤其是要加强服务行业的能力，为培育服务行业的办学特色打下牢固的基础。

（二）在社会与高等教育的坐标中找到自身的位置

行业性高校是一个庞大的非常复杂的群体，主要有三大类：一是以前中央政府部门直属的高校；二是以前地方政府部门所属的高校；三是新建的行业性高校。除第三类外，前两类都是历史发展的产物。以前中央政府部门直属的高校在体制改革中进行了很大的调整，有的划归教育部主管，例如，中国矿业大学、中国地质大学、中国石油大学、华北电力大学；有的下放地方政府主管，例如，武汉科技大学下放湖北省政府，辽宁科技大学下放辽宁省政府，石家庄铁道大学下放河北省政府，华东交通大学下放江西省政府；还有的与其他高校合并成为新组建高校的一部分，由教育部或省政府举办，例如，原武汉工业大学、武汉汽车工业大学和武汉交通科技大学合并组建武汉理工大学，归教育部主管；原集美航海学院、厦门水产学院、福建体育学院和集美高等师范专科学校合并组建集美大学，划归福建省政府主管；原山东纺织工学院、青岛医学院、青岛大学和青岛师范专科学校合并组建新青岛大学，划归山东省政府主管。尽管这些新组建高校的性质与原来的高校有很大的差别，但原高校的行业性大都得到了保留。以前地方政府部门所属行业高校大多划转省、市、区教育厅（委）管理。

体制改革后，行业性高校的服务面向、社会作用等都发生了很大的变化，办学不仅要面向行业，而且要更多地面向行业以外的社会需求。行业性高校不仅要在行业内发挥作用，还要在国家和地方经济社会发展中发挥作用。我国经济社会发展仍处于上升期，不论是国家还是地方，经济社会都在借助高新科技实现转型升级发展，行业性高校发挥作用的空间很大。例如，制造业的各行业，包括矿冶、化工、机械、电气、电子、信息、交通、能源等都将大规模发展，机器人可能取代部分技术人才，但不可能全部取代。地方经济社会尤其需要行业性高校利用人才和科技优势，发挥龙头作用，牵引地方经济社会现代化。这就需要行业性高校从包括行业需要在内的更广泛的社会需要出发，谋划自身的办学与发展，明确自身发挥作用的范围，确立自身的社会地位。

进入普及化阶段并不意味着我国高等教育已经得到了充分的发展。根据研究，当毛入学率达到70%左右的时候，我国高等教育才能进入比较充分的发展阶段，能够满足经济社会发展达到较高水平后民众对高等教育的需求。到那个时候，我国高等教育体系才能达到比较成熟的水平，各级各类高校在高等教育体系中的位置才可能逐步稳定下来。根据我国高等教育发展进程，有预测表明，到2035年左右，我国高等教育毛入学率可能达到70%左右。[①]这意味着未来15年左右是我国各级各类高校逐步归位的战略机遇期，行业性高校要改变长期以来所形成的社会心理的刻板印象，抓住归位的战略机遇期，在整个高等教育体系中找到自己的位置。

我国社会发展与高等教育发展基本上是相向同频共进的，行业性高校应当在社会发展与高等教育发展的坐标中，前瞻性地设计自身的发展定位，描绘自身发展的美好蓝图，以便在由数千所各级各类高校所构成的高等教育体系中占据适当而有利的地位，在国家和地方经济社会发展中发挥应有的重大作用。

（三）以培养全面发展的人为出发点建构学科专业结构

教育是行业性高校的第一职能，是很多原行业高校创办之后唯一的职能。在20世纪，就规模而言，我国高等教育还处于精英化阶段，行业性高校在国家高等教育体系中占据非常重要的地位，其教育以培养满足行业需要的高级专门人才为目的。为此，其学

---

① 别敦荣，易梦春. 普及化趋势与世界高等教育发展格局——基于联合国教科文组织统计研究所相关数据的分析［J］. 教育研究，2018（4）：135-143.

科专业结构非常简单，且数量非常少，就是开办与行业生产和服务紧密相关的应用性学科专业。体制改革后，行业性高校的服务面向变宽了，不仅要为行业培养高级专门人才，而且要为社会其他行业和部门培养高级专门人才；不仅要训练学生的专业技术和能力，而且要为学生的综合素质养成和可持续发展服务，为他们提供相应的教育。也就是说，行业性高校教育职能的内涵和外延都发生了重要改变，行业性高校应当顺应时代变革要求，完善学科专业结构，培养全面发展的人，以满足行业、社会和学生个人三位一体的新发展要求。

近年来，行业性高校在学科专业结构方面大都进行了较大幅度的改造和建设，以往单纯为行业服务的学科专业结构已经为多学科专业结构所取代。但是，一个不能回避的事实是，在新学科、新专业开办的时候，多数行业性高校主要是从有利于扩大办学规模、满足社会多样化的人才需求考虑的，并不是基于对学校应当培养什么样的人进行顶层设计而采取的学科专业建设举措。这是一种"摊大饼"的做法，是在原有学科专业数量基础上，采取做简单加法的方式，增加学科和专业数量。其结果就是：学科专业结构虽然改变了，但教育的基本形态和所培养人才的基本素质能力并没有发生改变。[1] 很显然，这不符合行业性高校教育职能发展的要求。

要培养全面发展的人，行业性高校必须进一步完善学科专业结构，建立相互支持融合的学科专业结构。学科专业建设首先是为教育服务的，满足了教育的需求，在研究和服务方面，办出特色就有了保障。培养什么样的人，是行业性高校调整和完善学科专业结构必须首先明确的问题。如果把计划体制下单纯培养为行业服务的人称为1.0版教育的话，那么，行业性高校2.0版教育培养的人至少应当满足三个方面的需求：一是技术能力和水平高；二是社会适应素质和能力强；三是个人修为与可持续发展能力好。要想同时满足三方面的要求，行业性高校必须建立与之相匹配的学科专业结构，几个学科几十个专业之间不能是相互隔绝的关系，各学科专业办学不能单打独斗，不同学科、不同专业在教育上应自然地交叉融合，为学生全面发展服务。

（四）建立协调可持续发展的办学体系

行业性高校确立发展定位，必须考虑持久办学、永恒存在的需要。历史上，我国高校曾经有过多次大规模调整，很多高校被拆分或整并，每次调整都有一批高校的名字消失。这是一件很可惜的事情，因为这些调整都发生在我国高等教育很不发达的时期。在一部分高校消失的同时，另一部分高校顽强地维系了自己的存在，甚至有一批高校曾经多次被酝酿整并，但最后都无疾而终，究其原因，是这些高校建立了可持续发展的办学体系。行业性高校应当在转型发展的同时，建立协调可持续发展的办学体系，加快发展使自身进入成熟状态，在高等教育系统中发挥不可替代的功能。这是学校持久办学、永恒存在的关键之所在。

---

① 别敦荣.论大学学科概念［J］.中国高教研究，2019（9）：1-6.

　　行业性高校建立协调可持续发展的办学体系，应当做好四个方面的工作：一是建立高水平的办学功能体系。高水平的办学功能体系是一所高校屹立于世的基础，行业性高校要在教育、研究和服务等功能上加强协同，不断提质增效，以高水平的社会作用能力赢得社会的尊敬。二是建立协调有效的运行体系。行业性高校应当不断深化组织机构改革，不断完善规章制度，加强教职员工素质和能力建设，以先进的办学理念支撑发展，建立内部关系和谐、工作协调有效的运行体系。三是建立紧密务实的社会合作办学支持体系。行业性高校应当拓宽合作办学渠道，在加强与行业企业合作办学的同时，发展与各级政府和其他部门之间联合办学的关系，建立行业、政府、社会参与的紧密性合作办学体系，筑牢办学的外部支持基础。四是建立辐射广泛的国际化办学体系。行业性高校办学要有国际视野，要将自身的办学和贡献与人类命运相联系，积极参与解决人类发展面临的共同挑战，不断扩大国际影响力，使自身的办学具有永恒的价值。

　　　　　　　　　　　（原载于《中国高教研究》2020年第10期，署名：别敦荣）

第十五章
行业性高校转型发展的愿景

　　行业性高校是我国高等教育系统中比较特殊的一个类别，历史上它们曾经拥有比较优越的办学生态环境。世纪之交的高等教育管理体制改革改变了它们的办学生态环境，为了建构新的办学环境，它们备尝艰辛，表现各异：有的无所适从；有的信马由缰，漫无目标；还有的对原来所依靠的行业依恋有加，非但不愿融入新的环境中，而且试图回归行业办学，个别高校甚至提出了以服务行业企业的全产业链构建办学体系，所有学科专业都必须围绕行业企业需要办学。当然，也有的行业性高校奋力开拓，意图在保持服务行业发展办学优势的同时，建立具有更广泛适应性的办学生态环境。归结起来，面对办学生态环境变化的问题，行业性高校面临着回归还是超越的双重选择：是继续执着地以行业建设和发展需要为导向构建办学体系，还是一方面保持原有的办学优势，另一方面适应新的社会环境需要，开拓发展新的办学空间，培育新的办学生态，实现面向行业办学与面向社会办学的有机结合，达到人、社会、职业的和谐统一。回归还是超越，不是一个简单的二选一游戏，行业性高校必须在办学理念和办学实践上做出抉择。何去何从，不是行业性高校单方面的自我选择，更不是学校领导的意志所能左右的，而是行业性高校与新的办学环境有机互动的结果。

一、行业性高校转型发展迈出了重要一步

　　行业性高校与行业有着不解之缘。正因为如此，人们对这类高校的称谓有多种不同的表述，比如，"行业高校""行业特色高校""行业型高校""行业特色型高校"，有的在这些称谓之前加上代表办学水平的"高水平""一流""顶尖"等词语，有的则加上代表行业的"机械""电力""电子科技""交通""农林""医药""海事""石油"等词语，还有的加上代表行业部门层次的"中央""地方"等词语。总之，这类高校几乎覆盖了我国社会各行业，各行业都开办了不同层次水平的高校，其中，以各工业行业开办的高校最多，农业、医疗卫生行业也由中央和地方开办了一批高校。应该说，在较长时

期内,它们都可以归入"行业高校",它们建立了与行业联系紧密的封闭运行的办学模式。直到改革开放后它们开始转型发展,其办学属性才增添了一些新内涵。至于"行业特色高校""行业型高校""行业特色型高校"等概念,笔者认为只要约定成俗,大家能理解其含义,都可以使用。不过,从严谨的角度讲,笔者更愿意采用"行业性高校"这一概念,它意在表明传统的行业高校在转型发展中,由原初完全服务行业转变为以服务行业为其属性之一的性征。这样就避免了概念使用中易出现的"特色""类型"之争。值得注意的是,受行业办学影响,一些不具行业性的社会事业部门,比如,财经、政法、体育、艺术、语言、劳动保障等事业主管部门也举办了"属于自己"的高校。有人统计,除教育部门外,举办高校的其他政府部门有30多个。很多研究者把这30多个部门举办的高校都纳入行业性高校范畴,显然,这是混淆了行业与事业的界限,逾越了行业的边界,扩大了行业范畴。不过,就这些非行业部门举办高校的办学模式而言,它们与行业性高校几无二致。这可能也是人们将两类高校"混为一谈"的原因。

考察行业性高校发展历史可以发现,在办学的社会环境没有发生重要变化前,它们保持了"原生态"办学模式,不论是学科发展还是专业设置,数十年几乎没有任何引人注意的变化。在社会环境发生改变后,行业性高校开始探索新的办学空间,在改革开放以后40多年的办学实践中,迈出了转型发展的重要步伐。

(一)行业性高校的产生

行业性高校是在国家现代化进程中发展起来的。我国的现代化进程始于清朝末年,在清末和民国初期,以西方大学制度为蓝本的现代高校得以创办,其中,一类与现代生产和社会生活密切相关的行业性高校发展起来了。现代矿冶业和现代医疗业是我国较早得到发展的现代行业,与之相适应,现代矿冶类和医学类高校也被较早地创办,它们主要服务于矿冶企业生产和医院医疗服务的需要,同时也主要依托相关企业和医院办学。比如,1898年,英国企业福公司与我国豫丰公司议定在河南开矿制铁以及转运各种矿产,取得在焦作专办煤矿的特权。1902年他们在焦作购地打钻,1904年开始凿井,1908年正式出煤。为了满足煤矿开采需要,1909年福公司创办焦作路矿学堂。[①]该学堂曾先后更名为福中矿务学校、福中矿务专门学校、福中矿务大学、私立焦作工学院、国立西北工学院(合组)、国立焦作工学院、焦作矿业学院、中国矿业学院、北京矿业学院、四川矿业学院和中国矿业大学。[②]再如,1861年,北京第一家西医医院——北京施医院开办。[③]1906年,英、美两国的6家教会医疗机构共同创建协和医学堂,后来该学堂先后采用协和医学校、北京协和医学院、北京协和医科大学、私立北平协和医学院、中国协和医学院、中国医科大学、中国首都医科大学和中国协和医科大学等校名,

① 《河南理工大学史》编委会. 河南理工大学史(1909—2009)[M]. 北京:中华书局,2009:3-4.

② 中国矿业大学历史沿革[EB/OL]. [2021-07-31]. http://www.cumt.edu.cn/19835/list.htm.

③ 方宇东,郭子纯. 老北京的"洋诊所"[N]. 北京晚报,2020-03-04(18).

2006年恢复北京协和医学院校名。①不过，总体上看，当时我国行业生产和社会现代化发展水平较低，对高等教育的需求不旺，因此，创办的行业性高校不多。

我国行业性高校体系是在20世纪50年代初期建立来的。新中国成立后，为了适应国民经济恢复和建设发展需要，满足大规模现代化经济建设对高级专门人才的需要，政府大刀阔斧地实施了院系调整，对当时我国高等教育系统的构成主体——综合型大学进行了外科手术式改革。在编制院系调整方案的时候，时任教育部顾问、苏联专家福民介绍了苏联的经验："基本原则是按照生产部门的业务，将之前庞大而复杂的高等院校的某些系科划分出来成立若干专门学院。大学一般只保留自然科学和人文科学的相关系科，把其余的医科等系科划分出来，成立独立的医学院、法学院、财经学院等单科性学院……苏联在高等院校调整后，大学仅有33所，多科性工学院有20所左右，其余大多数都是按生产部门而设立的单科性学院。"②根据苏联的经验，院系调整时，在保证综合型大学文理基础学科基本稳定的情况下，政府运用行政指令手段，将应用性学科专业剥离出来，或独立建院，或重组建院，建立了一大批专门学院。毫无疑问，专门学院并不都是行业性高校。据统计，1949年，全国有高校205所，在校生11.7万人，其中，直接服务国家工业化生产的工科院校只有28所，占总数的13.7%。经过院系调整，到1953年10月，全国高校总数下降到181所，38所工业院校除4所由教育部管辖外，其余34所隶属于各工业部门，此外，还有农林院校29所、医药院校29所。从工业、农业和医药类院校的数量看，我国行业性高校体系初步建立起来了，它们构成了我国高等教育体系的主干部分。行业性高校的兴起是新中国成立之初特定国情下的战略选择，由此为我国高等教育抹上了一层浓厚的行业底色。

此后，随着计划经济体制不断完善，行业越来越成了一个自我循环的经济、科技和教育体系，行业举办的科技研发机构和教育机构的唯一使命就是服务于行业经济发展。为了促进行业经济发展，政府行业部门往往建立自身的教育体系，包括各级各类教育机构。在高等教育阶段，很多政府行业部门建立了普通本专科高校和成人高校。到20世纪80年代，为了满足国民经济恢复发展和改革开放所需的高级专门人才，政府行业部门举办了一批新的行业性高校，行业性高校体系因此更加完备。行业性高校的基本特点是与行业生产和经营管理息息相关，完全服务于行业发展的需要，是行业高级专门人才的主要培养机构。行业性高校往往封闭运行，根据政府行业部门的指令办学，与政府行业部门和行业企业结成了牢固的利益"同盟"，其对社会其他方面的需要往往"视而不见"。在计划经济体制下，因为行业经济具有垄断性，政府行业部门的经济效益往往比较好，所以，行业性高校办学所需的资金基本能得到保障。

---

① 北京协和医学院［EB/OL］.［2021-07-06］. https://baike.baidu.com/item/%E5%8C%97%E4%BA%AC%E5%8D%8F%E5%92%8C%E5%8C%BB%E5%AD%A6%E9%99%A2/8542060?fr=aladdin.

② 福民. 苏联高等教育改革［J］. 人民教育，1952（9）：10-11.

（二）行业性高校的转型发展

在政府行业部门主管下，行业性高校建立了非常独特的办学体系。很多行业性高校办学数十年，只有几个专业，有的甚至一直坚持一两个专业办学，不但没有增设专业的积极性，而且除了教学外，很少开展科研和社会服务工作。这种状况在改革开放以后开始发生变化。改革开放以后，行业性高校的变革未曾停止。就办学型态而言，概括来说，行业性高校主要有四次比较集中的转型发展。

第一次比较集中的转型发展是在改革开放初期。受经济社会变革的影响，行业企业对经济管理人才、计算机人才等的需求非常强烈，部分较早建立的行业性高校开始开办经济管理类和计算机方面的专业。

第二次比较集中的转型发展是在20世纪90年代初期。随着商品经济和社会主义市场经济的发展，高等教育发展的社会环境日益宽松，适应经济社会发展新形势、开办新专业成为全国高校拓宽服务面向、加强社会适应性的重要措施。行业性高校在这一轮高等教育发展中没有缺位，开办新专业的积极性提高，很多行业性高校开办了新专业，而且所开办的新专业既有与行业有关的，又有关系不太密切的。

第三次比较集中的转型发展出现在世纪之交。20世纪末启动的高等教育大扩招为行业性高校开办新专业注入了新动力，高等教育管理体制改革的全面开展更使行业性高校不得不重新确立自身的办学定位，建构新的办学体系。高等教育管理体制改革取缔了行业部门的办学权，一批中央部委属行业高校更换了"东家"，不论是划转教育部还是下放地方，它们都积极开办与行业生产和管理联系不紧密的学科专业。受国家高等教育办学和管理体制改革影响，地方政府行业办学和管理体制也进行了相应的改革，地方行业性高校或划转教育行政部门管理，或与其他教育行政部门管理的高校合并。管理体制转变后，行业性高校办学的服务面向发生了重大改变。为了适应这一变化，扩大服务面向，增强服务地方经济社会发展的能力，行业性高校普遍新增了学科专业门类和数量。这一次增设新学科专业的力度之大、数量之多，超过了前两次，对行业性高校办学的影响更大、更深远。

第四次比较集中的转型发展出现在2010年后。21世纪头10年是我国高等教育大扩招的时期；在第二个10年，行业性高校转型发展进入了比较理性的阶段，是行业性高校转型发展的调整期。受"双一流"建设政策发布和第四轮学科评估结果公布的影响，加上对前一阶段发展的反思，行业性高校转型发展出现了分化趋向。有的行业性高校保持了前一阶段的发展势头，继续推进转型发展；有的则进行了学科专业的整并，甚至裁撤了部分新设学科专业；有的还提出了回归行业的办学导向。与前三次转型发展的总体取向大体相同相比，这一次行业性高校的转型发展出现了不同的走势，不同高校之间存在的差异反映了它们在办学中的矛盾心态。

（三）行业性高校转型发展面临的矛盾

在高等教育大扩招之前，行业性高校长期在我国高等教育系统中居于骨干地位，它们数量较多、地位特殊、办学水平较高，因为与行业保持着同呼吸共命运的联系，所以，对我国国民经济各行业的发展发挥了重要的支撑作用。几次比较集中的转型发展使行业性高校的地位和作用受到了一定的影响，特别是近年来行业性高校发展出现了回归与超越的矛盾，何去何从已经影响到行业性高校的办学与发展。

回归与超越是行业性高校转型发展不可避免的文化和现实矛盾。长期以来，行业性高校面向行业办学，依靠行业生存，与行业水乳交融、血脉相连，曾经被人们认为它们之间的关系不可割裂。在几次比较集中的转型发展阶段，行业性高校都保持了与行业的有机联系，即便是在大量新增学科专业的背景下，行业性高校都未曾中断与行业的密切关系。这就不难理解在高等教育管理体制改革后，为什么部分行业性高校在面临办学和发展方向的抉择时，还提出回归行业办学，以行业需求为导向，服务行业发展，构建与行业全产业链相适应的学科专业办学体系了。实际上，现在行业性高校面临的矛盾是：超越不易，回归亦难。从理论上讲，超越既是行业性高校适应新的办学环境条件变化的需要，又是它们在高新科技发展的新形势下，变革办学模式，升级和提高办学品质和水平的要求。改变单纯地服务行业办学，建立面向社会的办学体系，参与高等教育市场竞争，有利于拓宽行业性高校的办学范畴，增加其服务的社会领域，增强其社会适应性，使其能在更广泛的社会领域和行业发挥办学功能。同时，开办更多的学科专业，有利于行业性高校利用多学科专业的教学科研资源，开展跨学科专业人才培养和科学研究，由此进一步放大自身的办学功能。但实际上，超越不仅需要时间，短时期难以达到转型发展的目的，而且需要在超越进程中多头并进，既要保住传统学科专业的优势，又要增强新建学科专业的实力，打造新建学科专业的办学特色。不仅如此，还要在各种政府部门评估考核和社会排名中不掉队。实际的办学过程不如理论上的那么美好，也没有那么容易取得理想的成就。既然超越难，行业性高校是不是可以回归行业，重建与行业之间亲密无间、相互促进的办学模式呢？这个问题几乎没有正解。在20世纪90年代的政府管理体制改革中，很多政府行业主管部门被整并，行业举办和管理职能得到调整，行业企业面向市场自主发展，这样一来，行业性高校既不可能回归政府的行业主管部门，也不可能发展与行业之间传统的办学关系。行业不再是封闭的，而是向所有高校和科研院所开放，行业所需要的人才和科技服务不再定向由行业性高校提供，而是面向市场通过竞争获得。这不仅有利于行业获得更高水平的人才和科技服务，也有利于行业与提供教育科技服务的高校和科研院所建立更富有活力的多元合作关系。尽管有些行业性高校与行业之间还保留了一定的人脉关系，对相互合作有一定的促进作用，但办学实力和水平越来越成为它们相互合作的基础。所以，行业性高校面临的处境真可谓是进退两难。

改革开放以后，行业性高校转型发展就是要破解进退两难的困境，建立面向行业和面向社会的办学新体系。"两个面向"已经成为行业性高校办学的出发点，这个发展趋势不可逆转，因为回归的社会环境条件已经不复存在了。行业性高校即便要回归行业办学,也不是简单地回归历史,而应在拓宽社会服务面向的同时,加强与行业相关学科专业的建设,提升服务行业的能力,在这个意义上与历史相守,与初心相伴。超越是历史的必然,超越并不意味着行业性高校要割断与行业的血脉联系,而是要在更好地服务行业的同时,面向未来、面向社会开放办学,实现转型发展,开创新的办学格局,在全国高等教育体系中找到新的定位,在国家和地方经济社会发展中发挥新的重大作用。[①]

二、行业性高校转型发展的关键问题没有得到解决

行业性高校是我国高等教育系统中一个特殊的类别。它既是高等教育特定历史发展阶段的产物,又是特定的国家经济体制和高等教育管理体制的结果。行业性高校转型发展是一个系统工程,不可能一蹴而就,更由于高等教育运行发展的历史惯性影响以及行业对行业性高校办学的信任与期待,行业性高校转型发展必须解决一系列纷繁复杂的问题,这里既有文化认识问题,又有政策问题,还有办学实践问题。改革开放40多年来,行业性高校转型发展取得了重大进展,但不可否认,两大关键问题,即理念和型态问题还没有得到很好的解决,它们仍然制约着行业性高校的办学与发展。

(一)理念创新问题

每一所高校都是一个独特的个体,但不同高校可以有相同或相似的办学理念,尤其是相同类型的高校,办学理念的共性更多。[②]经过40多年的转型发展,行业性高校的办学格局发生了重要变化。表面上看,转型发展主要表现为办学型态上的一些改变,比如,学科门类增加,所开办的学科范围超出了服务行业的需要;专业数量增加,新增专业与行业发展需要联系不紧密;功能得到了拓宽,不仅为行业服务,而且向更广泛的社会部门和其他行业提供服务。实际上,即便是这些型态的转变也要践行和坚持新的办学理念。

总体上看,行业性高校转型发展缺少新理念指导,几次比较集中的转型发展主要是因外部社会环境变化而采取的举措,并非基于发展愿景,缺少明确的发展目标。客观上,早期的转型发展更多地带有摸着石头过河的意味,有的是为了扩大招生的需要,有的更是"随大流"而采取了一些行动。即便到现在,很多行业性高校仍然没有确立适切的转型发展理念,对过去的面向行业办学和转型发展较少总结,对现实的发展格局缺少定力,对未来继续转型发展没有明确的愿景和方向。总之,行业性高校转型发展中出现的犹豫不定、反复折腾、自我否定等问题都与理念不清晰、不坚定有关。

诚然,行业性高校转型发展非一日之功,必须树立坚定的新办学理念。这就需要行业性高校在总结自身发展的经验教训的基础上,遵循高等教育规律,深刻认识到转型发展的必要性,看清转型发展的方向,坚定转型发展的信念,实现理念创新,并牢固树立新办学理念。

---

① 别敦荣.高等教育普及化背景下行业性高校发展定位[J].中国高教研究,2020(10):1-8.

② 别敦荣,张征.教育理念与世界一流大学的形成[J].高等教育研究,2010(7):7-14.

办学理念主要是对要办一所什么样的高校的认识。高校的根本任务是培养人,所以,办学理念的核心在于培养什么样的人和为谁培养人。除了对人才培养的一般素质要求外,具体而言,办学理念还包括毕业生应当具备什么样的职业素质,主要是去哪里就业,在就业部门和单位应发挥什么样的作用,如何实现人才培养目标。对这些问题的认识是高校办学与发展的基本理念。在早期办学过程中,行业性高校受行业限制,学科专业结构单一,师资力量和办学资源主要由行业主管部门根据行业需要配备,因此,能够给予学生的教育主要是单一的学科专业教育,相应地,学生的能力和素质往往比较单一,以满足行业工作需要为目的。由此可以反推行业性高校早期的办学目的主要是为行业服务,把学生培养成能够胜任行业工作需要的人。早期的办学理念是一种为行业服务的理念。

毫无疑问,行业性高校早期办学理念的影响是深远的,即便是经历了四次转型发展以后,学校学科专业结构已经发生了重要改变,但基本办学理念仍没有得到更新。尽管学科门类多了,专业数量增加了,但各学科专业仍孤立办学,学生仍然按照学科专业招生和培养;在培养方案中,学科专业交叉融合培养非常有限,每年招收的新生还是按照学科专业被分配到某一个专业中,即便属于同一个学科门类,不同专业也较少共享课程和相关教育资源,更不要说跨学科专业之间的培养了。①打个比方,这样的办学更像是拼盘式办学,即早期只有一个盘子,办学局限于这个盘子,后来盘子增加了,但办学还是局限于各盘子内,各盘子只是并排摆放着,相互之间没有串联起来,没有融合交流,虽然办学规模扩大了,但学科专业之间少有交叉融合,没有发挥多盘子的整体功能,学生的素质和能力还是比较单一,学生缺少多学科、跨学科专业的修养,全校各学科专业毕业生的适应性没有发生结构性的变化。尽管这个问题不完全是服务行业理念的结果,但无疑与其有密切关联。

没有明确理念的指导,办学就没有方向。行业性高校转型发展必须实现办学理念的创新。理念不创新,无论增设和开办多少学科专业,都只是增加“盘子”而已,行业性高校转型发展不可能真正取得成功。转型发展必须重新回答培养什么样的人的问题,在回答这个问题的时候,必须将人置于今天和未来的时空背景下予以考虑,在全面审视人、社会和职业的关系后,提出大学生必备的素养和能力。显然,服务行业的素质和能力是行业性高校传统学科专业教育不能不高度重视的,但它不再是这些学科专业教育的全部目的。行业性高校在服务行业需要的同时,还要为大学生的个人生活、社会生活和终身职业生涯发展服务,使他们具有更广泛、更充分的适应力。这就需要行业性高校在转型发展过程中,正确看待面向行业办学的历史传统,有效地处理服务行业、社会和人的关系,造就全面发展的高素质时代新人。

---

① 别敦荣.超越过度专业教育——70年高等教育教学嬗变［J］.北京教育（高教）,2019（10）:9-16.

理念创新为行业性高校的转型发展提供指引。归根结底，行业性高校转型发展的目的在于建立有助于实现新功能的办学体系，即在人才培养和科学研究等功能活动中建构多学科专业交叉融合的办学体系。就人才培养而言，行业性高校应科学地协调传统学科专业与新增学科专业之间的关系，改革以往以服务行业需要为导向的高度专业化的人才培养模式，大力推进各学科专业交叉融合办学，使拼盘式的学科专业关系转变为一体化融合的学科专业关系，各学科专业在人才培养上建立你中有我、我中有你、不可分割的有机联系。在科学研究中，建立跨学科专业的科研平台，组建跨学科专业研究团结队，开展跨学科专业科学研究，以解决行业和社会发展中的各种复杂问题。

（二）型态转换问题

行业性高校的转型发展最终要落实到办学行为上，也就是要在办学中改变单纯地为行业服务开办学科专业的局面，开办新的学科专业，拓展新的办学功能，在服务行业发展需要的同时，拓宽服务面向，在更广泛的领域服务社会。这既是新发展阶段社会发展的需要，也是行业性高校自身发展的需要。正是在这种内外需要的促进下，改革开放40多年来，行业性高校未曾停下转型发展的脚步。

理念创新是先导，新理念只有落实到办学行动上才能发挥作用。行业性高校的转型发展必须实现办学型态的转换，表现出与早期办学不一样的特点。具体而言，主要包括两个方面：一是学科专业静态结构的改变；二是办学体系的动态变革。静态结构的改变相对比较容易实现，早期的行业性高校往往是单一的学科专业类型，转型发展以后，其大都开设了理、文、经、管、法、艺等学科专业门类，静态结构有了很大的改变。很多行业性高校在宣传材料中宣称实现了多学科协调发展，指的就是改变了学科专业的静态结构，其实就是多了几个并排办学的"盘子"。办学体系的动态变革是行业性高校转型发展的关键，实现难度很大。动态变革是指行业性高校遵循新理念、新要求，改革传统的学科专业孤立办学模式，在多学科办学资源的基础上，以造就新型人才、产出新的研究成果为目的，重构人才培养体系和科研组织模式，建立多学科交叉融合发展的生态，实现办学功能的转型升级。可以说，行业性高校学科专业静态结构的改变只是形式上的转型，而办学体系的动态变革才是实质上的转型，后者才能真正带来行业性高校功能的升级和升华。就转型前后行业性高校的办学型态而言，新旧型态的关系常常有多种表现，可以是替代关系，也可以是并行共存关系，还可以是交叉互促关系。新旧型态关系不以任何个人的意志为转移，而是高校基于发展战略愿景和目标定位，通过一定时期的办学实践建构起来的。

从学科结构看，高校办学型态一般分为单科型、多科型和综合型等。[①]行业性高校早期的型态主要表现为单科型。从理论上讲，行业性高校的转型发展可以有两种趋向：一为多科型，一为综合型。从办学实践看，行业性高校转型发展的主要趋向是多科型，

---

① 别敦荣.论大学学科概念［J］.中国高教研究，2019（9）：1-6.

尽管有的学校声称要发展成综合型大学,但从其学科专业静态结构和动态体系看,离综合型大学的办学要求还有相当的距离。

在转型发展之前,行业性高校都是纯粹的单科型高校,即所开办的学科专业具有单一性,往往局限于一个学科门类和少数几个专业,办学与行业发展一体化,以服务单一行业生产经营管理为主,一切办学活动以行业的需要为转移。在隶属关系上,它们由中央和地方的行业部门举办,服从于行业部门的领导。具体来讲,它们是行业计划体制和办学体制的产物。转型发展往往首先表现为增设新的学科门类,开办新的学科专业。在转型发展之前,行业性高校主要是工、农、医、经管、政法、艺术等学科高校,以工科门类的行业性高校居多。转型发展之后,原工业背景的行业性高校大多增设了经、管、法、文、教、艺、理等学科专业。增设学科门类的多少各校之间差别显著,增设学科专业的数量既取决于行业性高校转型发展的动机强烈与否,又取决于政策宽松的程度。

形式上的转型发展相对比较容易,实质性的转型发展才是目的之所在。只有实现了实质性的转型,行业性高校才真正践行了新的办学理念,发挥了新的功能。功能的变化主要体现在人才培养上,既表现为培养更多学科专业门类的高级专门人才,也表现为实现了从培养具有单一学科素养的高级专门人才向培养具有多学科、跨专业素养的高级专门人才的转变,人才培养的全面性和社会适应性得到了显著增强。在科学研究和社会服务方面,也表现出多学科交叉融合的特点。

由于多方面的原因,到目前为止,行业性高校转型发展主要还停留在形式的变化上,实质性的转变还任重道远。经过40多年的努力,行业性高校拓展学科专业门类和数量的工作基本完成了,建立了比较合理的学科专业静态结构。客观地讲,这种发展主要是拼盘式发展,面向未来,发展的主要任务是实现向融合式发展过渡,建构多学科专业交叉融合办学的动态体系。

三、行业性高校应坚定不移地继续走转型发展之路

不论过去、现在还是未来,行业性高校都是我国高等教育的骨干力量。这一判断不会因时间的变化而改变,因为高校是社会文化教育组织,行业性高校的属性和类型会发生改变,但它们在社会行业中分布的广泛性及其深厚的文化积淀注定了其在经济社会发展中能够发挥无与伦比的作用,整体上看,文化组织的社会遗传性决定了其社会地位的恒久性。

行业性高校转型发展是历史的必然。行业性高校不能再犹豫不定,指望回归过去,以"一招鲜吃遍天"的心态谋划学校未来是不合时宜的。在新发展阶段,行业性高校应当坚定信念,主动求变,转变办学理念,改革人才培养模式和科学研究组织体系,一改单一学科专业办学的劣势,实现由"半个人"的教育转变为全人教育和全面发展教育,使人、社会和职业和谐统一发展;变单一学科专业的科技研发和社会服务体系为多学科专业基础上的科技研发和社会服务体系,以解决科技进步、行业和社会发展面临的

各种复杂课题。

（一）明确转型发展的远景目标

行业性高校应当确立远景发展目标，为转型发展树立航标。如上所述，行业性高校转型发展的远景目标主要有成为多科型或综合型高校，选择哪一个可以根据自身原有学科专业的特点以及相关的发展约束条件而定。选择多科型还是综合型，要看是否开设基础学科，包括基础文科和基础理科，即是否开办文、史、哲、政、经、艺和数、理、化、天、地、生等等学科专业，是否可能办好这些学科专业。毋庸讳言，行业性高校最初启动转型发展，突破单一学科专业办学的基础主要是原有的公共课师资，即利用原有的语文、数学、思想政治教育、外语等学科师资，开办新闻、秘书、计算机科学与技术、管理、商贸、法学、社会学等学科专业，实现了学科专业结构的多样化。后来，在大扩招的刺激下，行业性高校开设新学科专业的积极性高涨，又一批新的学科专业得到了开办。可以确定的是，少有行业性高校在转型发展之初即有明确的远景发展目标，走一步看一步是它们共有的心态。很少有行业性高校是在理性支配下，制定相关规划或计划，指导新学科专业的开办、建设与发展。这就不可避免地出现了开办随意、建设随机以及发展随性的问题。甚至没有人知道、可能也没有人考虑过，行业性高校转型发展的终极目标是什么。

行业性高校必须做出合理的选择。毫无疑问，对绝大多数行业性高校而言，选择转型为多科型高校，即发展与自身传统优势学科具有较大联系的学科专业，建构多学科专业交叉融合协调发展的办学体系，可能是比较适宜的。对于选择转型为综合型的高校，则应发展并建设优势明显的文理基础学科，强化培养人才的基础学科素养为主要办学特色。不论是选择多科型还是选择综合型，行业性高校都不可能在短时期内完成转型任务，需要经过长期的建设和积累，这个过程可能还需要二三十年，也可能需要更长时间。

行业性高校转型发展不仅需要有耐心，还需要对远景目标进行科学设计，以为办学所遵循。在远景目标设计上，行业性高校首先需要把握我国高等教育发展大势，遵循高校办学的基本逻辑，合理定位自身在我国高等教育体系和经济社会发展中的地位；其次，参考国内外成功高校发展的经验教训，根据高校的社会属性、自身传统和经济社会发展的现实要求，提出学校发展愿景，阐明学校远景目标的主要内涵与要求；再次，运用高校发展生命周期理论，确定学校发展的阶段，明确阶段性发展目标以及应当采取的主要发展举措，把现实办学与远景目标紧密关联起来，放眼长远，脚踏实地，扎实推进转型发展。①

（二）不断优化、协调发展的学科专业结构

学科专业结构是高校功能的原生地。结构决定功能，有什么样的学科专业结构，就

---

① 别敦荣.大学战略规划的若干基本问题［J］.河北师范大学学报，2020（1）：1–11.

有什么样的办学功能。行业性高校的转型发展必须深刻地变革学科专业结构，以新的学科专业结构衍生新的办学功能，包括赋予服务行业以新的功能内涵。学科专业结构变革不可能一蹴而就，建立一个与学校办学定位和远景目标相适应的学科专业结构，常常需要较长时间的不懈努力。经过几次比较集中的增设学科专业后，行业性高校基本建立了相对优化的学科专业静态结构。就量变而言，行业性高校通过持续地开办新的学科专业，已经由过去比较单一的学科专业办学，发展成为多学科专业办学，学科门类一般达到5个以上，专业数量也都超过了20个，有的甚至达到40个以上。尽管有的行业性高校存在个别学科只有一两个专业的所谓孤岛学科现象，但学科专业的整体分布状况是良好的。

行业性高校转型发展的重点在于建立新的动态的学科专业办学体系，改革传统的学科专业孤立办学模式，加强各学科专业之间的交流与融合，包括新设学科专业与原有学科专业之间、新设学科专业之间的相互交流、交叉融合，形成资源共享、学科互补、专业互通的办学体系。显然，新设学科专业的办学水平要达到与原有学科专业办学水平相匹配的程度，必须加强建设，要有行之有效的政策措施。不管不问，任其自我发展，是不可能达到与老学科专业相匹配的程度的，也无助于新老学科专业之间的交叉融合办学。在资源不足的情况下，一些行业性高校在发展战略上面临抉择的困境：是支持传统的优势学科专业更上层楼，彰显学校短期内的发展成就，还是重视新办学科专业的崛起，使它们达到与传统学科专业相匹配的办学水平，为各学科专业交叉融合发展创造条件，追求更具长远意义的发展。不论怎么选择，都可能有得有失。

行业性高校转型发展必须采取更有效的发展战略，走出畸重畸轻的窠臼，实现各学科专业之间的协调发展。首先，应当制定学科专业建设与发展的长期战略，有目的、有计划、分阶段建设和发展新老学科专业。在充分认识到学科专业建设的艰巨性和长期性的同时，将整体发展与重点发展的需要有机结合起来，从学校学科专业整体发展需要出发，谋划学科专业结构优化目标和策略，不放弃任何一个学科专业，不延误任何一个学科专业的发展；从学科专业重点发展需要出发，准确分析各学科专业的发展程度和要求，针对各学科专业的发展特点，采取差异化发展策略，促进各学科专业的有效发展。其次，根据学校长远发展目标和办学定位，不断优化学科专业结构。建立关系协调的学科专业结构，这是行业性高校转型发展的基础工程。不同的学科专业在学校办学中的地位和作用是不同的，行业性高校转型发展必须明确应当发展什么学科专业以及如何协调各学科专业之间的关系，并以此为基础对学科专业结构进行动态调整。在以往新增学科专业的时候，有的行业性高校出现了一些非理性行为，导致学科专业结构失衡。现在大多数行业性高校学科专业布局基本就位，可以考虑根据学校办学定位和长远目标，建构学科专业结构的理想模型，并以此指导学科专业建设，促进转型发展。再次，重视学科专业人才队伍建设，以学科专业带头人引进和培养为重点，建设一支数量充足、结构合理、实力雄厚的人才队伍。学科专业发展的关键在人才，行业性高校应当根据学科专业发展的整体战略，以各学科专业团队和带头人培养为重点，解决制约学科专业发展的瓶颈问题。

（三）着力建构功能升级的动态办学体系

完善的学科专业结构是高校优化功能的基础。行业性高校转型发展的根本目的在于超越单科型高校的功能，实现人才培养和科学研究等功能的转型和升级。改革开放以来，行业性高校在转型发展的道路上进行了持续的探索，取得了显著的成就，但离目的地还很远，不能停下前进的脚步。

行业性高校增设学科专业的任务已经基本完成，改革传统的办学模式，建立新的办学体系，实现由1.0版向3.0版办学体系的功能升级，是未来一个时期的主要任务。行业性高校1.0版办学体系的基础是其原初的办学模式，典型特点在于人才培养、科学研究和社会服务等都是在单一学科专业基础上开展的。改革开放以前，行业性高校基本上只开办了与行业相关的学科专业，学校往往只能在比较单一的学科专业办学中发挥自身的功能，表现出鲜明的行业性和学科专业的单一性。行业性高校2.0版办学体系是改革开放以后历经多次比较集中的转型发展后建立起来的，基础是在转型发展前后发展起来的新老学科专业，但沿袭了其原初模式，典型特点是学校突破了原来的行业办学，功能范围得到了扩大，但却保持了各学科专业相对独立办学的模式，实质上是一种大拼盘式办学模式。行业性高校3.0版办学体系是2.0版体系的升级版，表现为一种融合式办学模式，基础是学校新老各学科专业交叉融合办学，功能内涵实现了实质性的升级。

行业性高校只有实现了功能升级才真正完成了转型发展。行业性高校过去赖以生存的行业办学体制已经不复存在，办学的社会环境已然发生了重大改变，经过多年的发展已经建立了多学科专业的静态结构，在很大程度上可以自主选择服务面向。因此，可以说，行业性高校具备了实现由拼盘式办学向融合式办学转变，从而达到功能升级发展的基本条件。

建立融合式办学模式需要行业性高校改革现行的办学体系，包括改革人才培养模式、创新科研组织方式以及加强综合服务能力建设等。实际上，改革开放以后，我国高校在这几个方面都进行了持续不断的改革探索，但一直收效不大，行业性高校面临的困难似乎更大，因为它们还受到传统的行业办学文化的羁绊，很多干部教师和校友对传统的办学模式有深厚的感情，对建立新的办学体系常常抱有一种复杂的矛盾心态。尽管行业性高校有这种心态是可以理解的，但建构功能升级的动态办学体系的改革探索却不能停下来，行业性高校只能更坚定地前行。改革人才培养模式，就是要改变以往单纯地只考虑服务学生职业发展要求的传统，将学生的职业生涯、人格养成、社会生活、终身发展等纳入人才培养目标，以多学科专业交叉融合办学为基础，融理论教学与社会实践于一体，实施全人教育和全面发展教育，建立面向未来、服务终身的高级专业人才培养体系。创新科研组织方式，就是要建立多学科专业、跨学科专业和超学科专业的科研平台和组织机制，将不同学科专业的师资力量组织起来，推进多学科专业联合攻关，产出原创性科研成果，开发解决复杂的经济社会发展问题的尖端高科技产业技术，发挥引领文化科技发展方向的作用。加强综合服务能力，就是要利用不同学科专业的师资力量，直接为经济社会发展服务，尤其是注重经济社会发展的技术、经济、环境、法律和人文伦理等方面的问题，促进社会文明进步。

（四）创新发展与行业之间的办学关系

行业性高校转型发展绕不开与行业的关系。行业曾经是行业性高校赖以生存和发展的基础。行业性高校兴起于行业、成长于行业、服务于行业、建功于行业，与行业之间建立了一种相互依存的办学关系，同时又在办学历史进程中积淀了一种历史文化关系。行业性高校转型发展必须创新发展与行业之间的关系，没有与行业之间关系的创新与调整，不可能有真正意义上的转型发展，也不可能有行业性高校发展的新愿景。

行业性高校不论选择多科型还是综合型远景目标，都需要突破传统的唯行业办学导向，将服务行业与服务社会有机结合起来，建构新的更具适应性的办学体系。创新发展与行业的关系，行业性高校必须适应社会主义市场经济体制，以合作、互利、共赢为基本原则，将传统的依赖关系发展成为战略伙伴关系，在与行业的融合互动中建构产教融合、校企合作办学的新机制、新体系，成为支持行业发展的众多力量中的中坚力量。市场化的行业经济对高校的需求是多方面的，行业经济的运行和循环更是开放的，行业性高校应当适应行业经济运行发展多方面的需要，积极主动参与行业经济运行和循环，建立面向行业办学的新体系，发挥自身传统学科专业的特色和多学科专业办学的新优势，增强服务行业的实力和竞争力。这一新体系与早期的行业办学体系不同，它由行业性高校自主建构，具有市场竞争优势，能够将学校原初整体的办学情形转变为办学特色，以满足行业经济运行和发展的需要。

行业性高校的转型发展需要有多方面社会关系的支持。行业性高校不能将其发展完全定位在服务行业人才培养和解决技术问题上[①]，除了要保持与行业之间的办学关系外，行业性高校必须发展广泛而紧密的其他社会关系，与其他行业和社会组织建立互动合作办学的伙伴关系。这既是行业性高校在新的办学环境中生存与发展的需要，也是它们在新发展阶段面向社会，发挥更大社会功能的要求。行业性高校应当敏锐地捕捉社会各方面的需要，不断开拓新的办学空间，与社会各方面建立牢固的良性互动合作关系，利用自身的人才和智力优势，做好服务社会这篇大文章，使自身早日成为社会发展进步的策源地和动力源。

（原载于《高等教育研究》2021年第8期，署名：别敦荣）

---

① 陈治亚, 郝跃. 行业特色型高校建设"双一流"的思考 [N]. 中国科学报, 2016-02-18（7）.

第十六章
高等教育普及化背景下高职院校的发展前景与战略选择

　　高职院校向何处去？这个问题看似简单，其实涉及很多实践和理论问题。一类高校的出现不是偶然的，也不是由哪个人或哪些人的主观意志所决定的，而是由社会需要决定的。高职院校是培养社会生产所需要的高级职业技术人才的高等教育组织，可以说，高职院校的产生和发展既是社会生产真正走向现代化的产物，也是社会生产现代化升级换代的推进器。我国高职院校的发展曲折坎坷，直到1998年政府提出和实施发展"新高职"政策，才迎来了发展的春天。据统计，到2021年，我国共有普通本科院校1238所、本科层次职业学校32所、高职（专科）院校1486所；全国普通、职业本科共招生1001.32万人，其中，普通本科招生444.60万人、职业本科招生4.14万人、高职（专科）招生552.58万人。全国普通、职业本专科共有在校生3496.13万人，其中，有普通本科在校生1893.10万人、职业本科在校生12.93万人、高职（专科）在校生1590.10万人。[①]除了在校生规模外，在其他指标上，高职院校都超过普通本科院校，这说明高职院校在我国高等教育发展中的地位具有不可替代性。高职院校的未来之路怎么走？高职院校领导和师生关心，社会公众也关心。这里将围绕高职院校的未来发展展开讨论，以期对厘清上述问题的认识有所裨益。

一、高职院校发展的形势

　　高职院校的发展前景与形势密切相关。前不久，教育部、财政部、国家发展改革委印发了《关于深入推进世界一流大学和一流学科建设的若干意见》。这表明，"双一流"建设是我国高等教育政策的焦点，新一轮"双一流"建设将成为我国高等教育改革和建设的热点。很多地方政府也将跟进，制定当地新一轮"双一流"建设方案，大力

　　[①] 2021年全国教育事业统计主要结果［EB/OL］.（2022-03-01）［2022-04-03］. http://www.moe.gov.cn/jyb_xwfb/gzdt_gzdt/s5987/202203/t20220301_603262.html.

推进相关建设工作。不论是中央还是地方,"双一流"建设工作都只涉及少部分高校,高职院校与这一焦点和热点还有较大距离。怎么看待高职院校发展的形势,这是明确其发展前景的关键。分析高职院校发展形势可以有很多角度,这里主要分析三个密切相关的因素。

（一）庞大的适龄人口群

高校办学需要有充足的生源,有生源,学校才有未来。近年来,随着我国高等教育毛入学率不断提高,办学规模不断扩大,再加上新出生人口数出现下降趋势,人们对于未来高等教育适龄人口数量的担心越来越明显。有人甚至认为,如果我国高等教育办学规模进一步扩大,很可能出现生源不足问题。还有的人以我国高考录取率达到90%左右为依据,预测高等教育将陷入生源短缺的境地。如果真的出现生源问题,高职院校将首当其冲受到冲击,因为新增生源的主要去向是高职院校。那么,究竟应当如何看待生源问题,上述看法有没有道理呢?

应该说,我国高等教育办学规模确实增长很快,新出生人口数量确实出现了下降趋势,一些地区确实面临着高等教育生源不足问题,我国高考录取率确实居高不下,但这些并不意味着我国高等教育必然出现生源不足问题。统计表明,我国高等教育已经进入了普及化初级阶段,2021年毛入学率达到57.8%。[①]单就毛入学率而言,我国高等教育普及化已经为多数适龄人口提供了受教育机会,未来随着适龄人口逐步减少,普及化发展的任务将不如以往艰巨,国家高等教育发展政策和战略应当做出适应性调整。但实际情况比数字要复杂得多。众所周知,普及化以高等教育适龄人口为基本统计单元,它所反映的是适龄人口受教育机会满足的程度。适龄人口在国际上是一个没有统一标准的概念,我国教育部对适龄人口的定义是18～22周岁年龄段的人口。而在学人口的统计范围则超出了适龄人口,它所反映的是在截至统计时间所有正在接受高等教育的人数。因此,毛入学率并不能完全准确地反映适龄人口接受高等教育的状况。从理论上讲,净入学率更准确。[②]但我们在各类统计公报和年鉴中都查不到高等教育净入学率的具体数字。根据我们的测算,我国高等教育净入学率应在40%左右。也就是说,我国还有约60%的高等教育适龄人口未能获得受教育机会。显然,这是一个规模庞大的群体,这也意味着我国高等教育发展空间还很大,任务还很艰巨。研究表明,根据毛入学率的不同,高等教育普及化分为三个阶段,即初级阶段（50%～65%）、中级阶段（65%～80%）和高级阶段（80%以上）。据统计,世界上已有76个国家（地区）的高等教育处于普及化阶段,其中,21个国家（地区）处于初级阶段,29个国家（地区）处于中级阶段,26个国家（地区）处于高级阶段。我国高等教育发展还处于普及化初级阶段,未来发展之路还很长。除了满足适龄人口的需求外,还有数量庞大的潜在的高等

① 2021年全国教育事业统计主要结果［EB/OL］.（2022-03-01）［2022-04-03］. http://www.moe.gov.cn/jyb_xwfb/gzdt_gzdt/s5987/202203/t20220301_603262.html.

② 别敦荣. 普及化高等教育的基本逻辑［J］. 中国高教研究,2016（3）：31-42.

教育人口,即没有接受高等教育的在职人员,他们是高等教育的非传统生源。当高等教育普及化向中级和高级阶段发展的时候,将有数以百万计的适龄人口和非传统生源获得接受教育的机会,其中,大多数人将进入高职院校,接受高等职业技术教育。由此,可以推断,高职院校将出现生源危机不是一个真命题。

(二)战略机遇窗口期

普及化是未来我国高等教育发展的核心主题。毛入学率是衡量普及化发展程度的重要指标之一,根据马丁·特罗的高等教育发展理论,除了毛入学率以外,在普及化阶段,高等教育还将在结构、教学、学习、治理等诸多方面发生深刻的变革。[①]所以,高等教育普及化是量变与质变的统一。我国高职院校发展也存在量与质的统一问题。

研究表明,未来10年左右是我国高等教育发展的战略机遇窗口期。根据国家人口统计预测,按现行的人口政策和生育规模持续下去,如果以后不再出现人口强烈反弹的现象,2033年我国高等教育适龄人口增长将达到最高峰,此后将出现一段缓慢减少期,直到21世纪中叶。以我国高等教育发展趋势预测,到高等教育适龄人口峰值到来时,高等教育毛入学率将达到普及化中级阶段水平,在学总规模将增加1000万人左右。此后高等教育将进入平稳发展阶段,整体办学格局基本稳定下来,高等教育体系发展将进入成熟阶段。从另一个角度看,未来10年左右将是各级各类高校在高等教育体系中找到自身理想位置的关键时期,也就是所谓的发展定位的定型阶段。

总体而言,我国高职院校的办学历史都不长,由于各高职院校并不是一次成型建设的,分步规划、分步建设是绝大多数高职院校发展的基本路径,20年左右的办学积累还不足以使其找到理想位置。再有10年左右的倾力建设,高职院校发展将可能达到更高的水平。这个水平能有多高,既取决于高职院校发展愿景的高度,又取决于高职院校发展战略实施的成就。10年以后高职院校还可以有大的发展吗?毫无疑问,答案是肯定的。但是,同样没有疑问的是,发展难度将成倍增加,发展代价也将成倍增加。从这个意义上讲,未来10年左右是高职院校发展的重要战略机遇期,这一时期的发展结果将直接决定远期学校在整个高等教育体系中的定位,包括学校形式、结构、规模、层次、水平以及地位和影响等,都将达到一个比较稳态的境况。实际上,这段时期不只是高职院校的战略机遇期,我国所有高校都可以利用这个难得的机会发展自己。从这个意义上讲,竞争发展是高职院校面临的挑战,尤其是与其他历史更久、条件更好、实力更强的高校之间的竞争,是高职院校必须在战略谋划中加以重视的。

(三)长远发展空间

建设高职院校不是权宜之计。高等职业教育发展是历史的必然,是国家经济社会现代化发展到一定程度后的必然要求,而且是现代经济社会发展不可或缺的支撑力

---

① Trow M. Problems in the Transition from Elite to Mass Higher Education [C]. Conference on Future Structure of Post-Secondary Education. Paris: OECD, 1973: 55-101.

量。根据国家战略规划，到21世纪中叶，将实现建成高等教育强国的发展目标。高等教育强国不会是一个完全同质化的系统，多样性仍将是其主要特征，多样化的高等教育必然包含高职教育，因此，高职院校仍将是高等教育强国不可缺少的组成部分。

我国现行高等教育的计划性很强，高考之后考生进入普通高等院校还是进入高等职业院校，不是由考生的兴趣、爱好和个性决定的，而是由高考分数决定的。高考分数较高者获得上普通高等院校的机会，分数较低者只能上高职院校。这种分数决定教育类型的制度，一方面体现了分数面前人人平等，另一方面也反映了普通高等院校和高职院校之间在办学条件与水平方面的差别。但在高职院校办学条件和水平得到显著提高，高职教育的类型特征日益鲜明之后，仍然坚持以高考分数为依据决定两类院校生源就显得很不合时宜了。高职教育的目的在于培养满足各行各业需要的高级专业技术人员。高级专业技术人员是一个数量庞大、适应面广、能够各行各业需要的群体。这类人才主要由高职院校培养，而且随着办学条件不断改善、办学水平不断提高、人才培养模式不断优化和成熟，高职院校所培养人才的社会适应能力会越来越强，学生的个性发展越来越全面，高职院校将成为社会各行各业生产水平提高的推进器。

上高职院校接受高职教育不应是对高考分数较低者的惩罚，而应是民众根据自身个性特点和兴趣爱好对不同类型高等教育做出选择的结果。换句话说，接受什么类型的高等教育、上什么高校，是受教育者的自我选择，是对教育类型的公平对待，是不同类型高校得其人、不同类型高等教育发挥其功能的实际体现。这就是说，高职院校不是可有可无的，也不是居于附属或补充地位的，更不是低质量、低水平的，而是为社会大多数职业培养高级专门技术人才的高等教育机构，是大批民众实现自我、成就未来的加油站。只要社会生产有现代技术的应用，就需要有高职院校为其培养高级专门技术人才。从这个意义上说，高职院校的发展需求和空间是永恒的。

二、高职院校发展前景

有人说，普通高等院校发展看"双一流"建设，高职院校发展看"双高计划"。很多人了解"双一流"建设，因为舆论媒体报道得多，而很少有人了解"双高计划"。"双高计划"是教育部、财政部于2019年提出的中国特色高水平高职学校和专业建设计划，共立项建设197个单位，分为四类，其中，第一类为10个高水平学校建设单位（A档）；第二类为20个高水平学校建设单位（B档）；第三类为26个高水平学校建设单位（C档）、26个高水平专业群建设单位（A档）、59个高水平专业群建设单位（B档）；第四类为56个高水平专业群建设单位（C档）。不论是"双一流"建设的147所普通高等院校还是"双高计划"的197个单位，都只是我国普通高等院校和高职院校中的一小部分。它们固然能够反映两类高校发展的某些特点，但如果只盯着它们，就可能只见树木不见森林，考察高职院校的发展前景还应当有更多的角度。

（一）国外高职院校的发展经验

高职院校不是中国特产，而是现代高等教育机构的重要组成部分。我国高职院校虽然起步较晚，但发展很快，不仅在国家高等教育体系中确立了不可或缺的地位，在国家经济社会发展中发挥了不可替代的作用，而且建立了比较完备的办学体制机制。应该说，高职院校已经基本完成了创业期的建设任务，即将迈入注重内涵发展的兴业期。它山之石可以攻玉，借鉴与吸收发达国家和地区的经验，对于清晰把握高职院校发展前景具有重要意义。

德国高职教育是世界上高职教育发展的典范，其高职院校办学模式为世界很多国家所借鉴。我国高职院校与德国有很多交流合作，很多高职院校领导和教师到德国高职院校参观考察和学习。德国高职院校发展得比较成熟，其办学体制机制与初创时期相比已经发生了很大改变。据统计，许多高职教育发展得好的国家，包括我国在内，都学习效仿德国。2022年，德国高等院校大致划分为三类：第一类是综合大学，含普通综合大学和工业大学，共108所；第二类是专门学院，其中，艺术类高校有52所，管理类高校有30所；第三类是应用科技大学，共210所。综合大学代表了德国高等教育的高原和高峰，专门学院是培养艺术和管理英才的摇篮，应用科技大学在促进经济产业发展方面发挥了重要作用。在德国经济社会发展中，三类高等院校都不可缺少，各有自己的优长。应用科技大学最初主要进行职业资格证书教育，后来才纳入国民教育系列，20世纪后期，应用科技大学逐步获得了学士学位授予权，一部分获得了硕士学位授予权，有的还取得了培养博士的权利。德国的应用科技大学有别于其他两类高等院校，"双元制"模式是其人才培养取胜的关键。德国的应用科技大学是通过多次转型升级发展才达到了现在的水平。比如，创建于1971年的亚琛应用科技大学（Fachhochschule Aachen）是同类大学中的佼佼者，开办了100多个学位教育学科专业，设10个学院，在校生超过15000人，每年毕业生近2000人，拥有约240名教授和900名雇员。①

英国的高职教育发展有别于德国，其高职院校没有与综合大学并驾齐驱，而是走上了综合大学的办学之路。英国多科技术学院产生于1965年，曾经有过一段辉煌的发展历史，为英国经济社会发展培养了大批专业技术人才，创造了英国高职教育的典型经验。1988年，英国政府通过《教育改革法》改革多科技术学院管理体制，将这些院校从地方政府管辖下剥离出来，赋予其与大学同等的独立办学地位。1992年，多科技术学院升格为综合大学，结束了其高职教育发展史。尽管如此，这些大学大多保留了与工商业界的紧密联系，在地方经济社会发展中发挥着重大影响。比如，1992年，利兹多科技术学院（Leeds Polytechnic）经皇家特许取得大学资格，得名利兹都市大学（Leeds Metropolitan University），2014年又更名为利兹贝克特大学（Leeds Beckett

---

① Short Profile FH Aachen University of Applied Sciences［EB/OL］.［2022-04-06］. https://www.fh-aachen.de/en/topnavi/press/short-profile.

University）。该校开办了包含学士、硕士和博士学位层次的教育学科专业，声称是一所立足利兹的现代化的专业大学，是英国西约克郡工商业发展的重要支撑力量。学校拥有来自40多个国家的28000名在校学生，约2800名教职工。①

澳大利亚高职教育不仅有着独特的体制，而且在该国高等教育（第三级教育）中有着特殊的地位，其教育规模占全国高等教育总规模的70%左右。20世纪后期，澳大利亚高职院校（TAFE）发展迅速，形成了以学徒制为基础的人才培养模式，彰显了高职教育的办学特色。TAFE院校是一个职业教育的复合体，覆盖了中等职业教育到高等职业教育，高等职业教育包括了职业资格证书教育、学士和硕士学位教育等各层次和类别。比如，霍姆斯格林学院（Holmesglen College of TAFE）于1982年建校，是澳大利亚最大的公立综合性职业院校，可开展资格证书教育、毕业证书教育、学位证书教育，开办了建筑、工商管理、护理、时尚设计、会计等专业的学士和硕士学位教育计划。②

综上，德、英、澳三国的高职院校都是在社会经济现代化快速发展中兴盛起来的，在高等教育大众化和普及化进程中完成了转型升级。总结它们的经验，大致可以发现：第一，高职院校是经济社会现代化发展不可缺少的推进力量，经济社会现代化为高职院校发展注入了强大动力；第二，高职院校在高等教育大众化和普及化发展进程中实现了办学层次和内涵的升华，形成了四个结合的办学模式：资格证书教育与学位教育的结合、校园教育与企业实践的结合、职业教育与通识教育的结合、赓续传统与创新发展的结合；第三，高职院校的办学类型走向多样化，与初创时期办学类型比较单一相比，到了高等教育普及化阶段，各国高职院校的办学类型走上了差异化发展之路。

（二）我国高职院校发展过程

职业教育受歧视，不仅受到社会歧视，而且在教育内部也存在歧视现象，这是一个世界性问题。因为歧视，我国高职院校发展经历了一个比较曲折的发展过程。当然，高职院校发展受到多种因素的制约，包括经济社会发展水平、政府政策、民众意愿等，与发达国家相比，我国高职院校发展相对滞后，真正形成规模、发展成为国家高等教育的重要组成部分，还是21世纪以来的事情。

历史地看，我国高职院校发展的初创期和孕育期比较长。在我国现代高等教育肇基之时，清朝末期洋务运动中建立起来的洋务学堂以培养职业人才为目的，所实施的教育具有高职教育性质。比如，福建有一所很著名的洋务学堂，叫马尾船政学堂，其实施的教育有中等教育的内容，也有高等职业教育的成分。其毕业生大多数在南洋水师、北洋水师做水手和士兵。在清末一些现代产业发展中，一些职业型院校的建立满足了特定行业，包括矿冶产业、现代医疗卫生行业等对技术人才的需要。比如，最初的煤炭学校、医学堂等可能属于中职院校，但后来升格发展，成为医学院、矿业学院等，就成为

① We Are Beckett［EB/OL］.［2022-04-07］. https://www.leedsbeckett.ac.uk/our-university/.
② Higher Education Courses［EB/OL］.［2022-04-08］. https://holmesglen.edu.au/Courses/.

高职院校。新中国建立前，我国高职院校发展缓慢，比较出名的非常少见。新中国建立后，我国主要重视中职教育，建立了大批中专学校（中专）、技术学校（技校），各行各业都建立了自己的中职院校。这些中职院校培养了当时社会所需要的各行各业技术人才，为新中国经济社会发展做出了重大贡献。比如，中等师范学校（中师、幼师）培养了小学和幼儿园所需要的教师和保育人员。

　　"文革"结束以后，国民经济和社会秩序逐步恢复正常，各行各业对于高级专门人才的需求增大，但是，普通高等教育的培养能力不足。为此，一些省会和中心城市开始创办职业大学，采用新机制培养高级技术人才。职业大学的学制为三年，采取收费、走读、不包分配等措施，开始了我国高职教育发展的新尝试。到20世纪80年代末，全国已新建120多所职业大学。由于社会对职业教育的接受度不高，这些职业大学从建校开始就不太安心，有些职业大学准备了两块校牌，平时在学校大门上悬挂的是不带"职业"两字的牌子，但若遇到上级部门来校检查工作，则换上带"职业"两字的牌子。这就是为什么当时人们对厦门的鹭江大学（鹭江职业大学）、福州的闽江大学（闽江职业大学）等耳熟能详的原因。

　　世纪之交，为了适应高等教育大众化的需要，发展"新高职"被提上日程。广义的"新高职"是针对前一时期举办职业大学的经验教训提出的高职教育发展新思路，它主要由以下机构实施：短期职业大学、职业技术学院、具有高等学历资格的民办高校、普通高等专科学校、本科院校内设立的高等职业教育机构（二级学院）、经教育部批准的极少数国家级重点中等专业学校、办学条件达到国家规定合格标准的成人高校，等等。这些机构，特别是民办高校、中专学校和成人高校的加入，为高职院校发展建设提供了新思路。现在的1400多所高职（专科）院校主要是由这三类院校转型、升级、改制而来，它们成为高职教育的主力军。

　　21世纪以来，我国高等教育完成了从精英化向大众化和普及化的跨越式发展，高职院校功不可没。尽管如此，一个不可忽视的事实是，对绝大多数高职院校而言，它们的办学历史偏短。发展历史不长，但它们从来没有停止对多样化发展路径的探索。在20余年的发展中，高职院校有一个前扬后抑的问题，主要表现为"新高职"发展的前10年左右呈现出蓬勃旺盛的势头，而后10年左右则表现出疲态之势。之所会出现这一问题，原因可能是多方面的，既是高职院校自身从创业期外延式发展到中兴期内涵式发展的阵痛使然，又有相关政策和管理机制变化带来的冲击，包括教育行政管理部门对高职院校管理职能调整带来的不适。办学历史不长，就意味着办学条件和体系建设短板明显，学校文化积累薄弱；政策和管理机制调整带来的是政策的间歇性摇摆；从创业期向中兴期的过渡则意味着高职院校应对自身办学定位有明确而清晰的认识，并能对自身发展愿景与战略进行设计和规划。近年来，在"双高计划"的刺激下，高职院校似乎在迷茫中看到了发展的光明前景，政策的杠杆作用对高职院校发展的影响十分明显。

（三）向各级学位教育拓展

"文革"结束后，我国恢复实行学位制度，逐步建立了学位教育体系。最初的学位教育只是针对普通高等教育的，在高等职业教育发展还不为人所看好的情况下，高职院校与学位教育之间存在一道深深的鸿沟。20世纪90年代初期，在政府开展的专业学位教育试点工作中，普通高校扮演了双重角色——既是学术学位的教育和授予机构，又是专业学位的教育和授予机构。近些年，为了建设现代职教体系，政府调整了高职院校升本政策，一批职业技术大学发展起来，职教本科专业教育得到了探索，职教本科学士学位将成为一个新的学士学位类别。据统计，全国已经建立了32所职业技术大学，另有3所普通高校开办了职业教育本科专业，全国已有职业本科在校生12.93万人。根据中共中央办公厅、国务院办公厅印发的《关于推动现代职业教育高质量发展的意见》，到2025年，职业本科教育招生规模不低于高等职业教育招生规模的10%，即要达到50万人以上。这表明高职教育将形成专科教育和本科教育共同发展的新格局，这也预示着职业技术大学将成为高职院校升级发展的重要形式。

不仅如此，根据其他国家的经验，高职教育不可能止步于本科学位教育，专业学位研究生教育将成为未来高职院校的新职能。我国已经建立了比较完备的专业学位教育体系，专业硕士和博士学位类别多样。根据国务院学位委员会办公室公布的信息，全国高校共设置了46种专业学位，很多专业学位又开办了诸多专门领域，比如，教育专业学位分硕士和博士，教育专业硕士又分教育管理、学科教学（思政）、学科教学（语文）、学科教学（数学）、学科教学（物理）、学科教学（化学）、学科教学（生物）、学科教学（英语）、学科教学（历史）、学科教学（地理）、学科教学（音乐）、学科教学（体育）、学科教学（美术）、现代教育技术、小学教育、心理健康教育、科学与技术教育、学前教育、特殊教育、职业技术教育等领域；教育专业博士又分学校课程与教学、学生发展与教育、教育领导与管理、汉语国际教育等领域。就高职院校举办的专业情况看，很多专业学位及其领域都适合开办。高职院校虽然现在还没有获得举办硕士和博士学位教育的资格，但从发展趋势看，这应该是水到渠成的事情。开展专业学位研究生教育，在很大程度上取决于高职院校办学实力的增强和办学水平的提高，在一批高职院校的办学实力和水平达到了开展研究生教育要求的时候，举办专业学位研究生教育将是必然的。政府的政策从来是从实际出发的，我们对此要有信心。

三、高职院校的发展战略

我国高职院校虽然经历了一个曲折坎坷的发展过程，且到目前为止，办学条件和教育质量还有很大的改善空间，但其发展前景是光明的，发展愿景也是清晰的。高职院校的干部教师应坚定信念，积极面向未来制定长远的发展战略，解决学校发展的重大方向性问题。这里主要就高职院校发展中几个具有重要意义的问题予以阐述。

（一）重视学科建设

长期以来，我国高职院校中流行一个观点，即学科建设是本科院校的事情，高职院校只需抓专业建设就好。直到现在，在高职院校领导中，仍然只有极少数人有学科建设意识，高职院校中真正重视学科建设的人少之又少。不重视学科建设，高职院校将难见光明的发展前景。

众所周知，现代高等教育的典型特征是专业教育，专业是各级各类高等院校教育的基本单位，学生按专业培养，教学资源按专业配置，教师也按专业聘用，离开了专业，高等院校将无以立足，普通院校如此，高职院校也是如此。但如果高校办学时眼里只有专业，没有学科，其教育水平可以达到合格质量，但若要达到高质量，则是绝无可能的。高校专业是根据社会职业分工对特定职业人才的需要而开办的，要办好专业，主要应在培养方案、课程设置、教师配备、实习实训条件建设、校企合作等环节和要素上下功夫。

所有高校都应重视学科建设，高职院校也不例外，尤其是在基本完成原始积累，实现了创业阶段的主要任务后，只有在学科建设上下功夫，才有发展后劲，才能真正实现内涵式发展，办出优势和特色。也就是说，高职院校的优势和特色是建立在学科基础上的，没有雄厚的学科支撑的优势和特色都难言是有内涵的，而且很可能外强中干。知识是高校教育的媒介，知识水平越高、知识构成越复杂、知识更新速度越快，提高高校教育水平和质量的基础越扎实。相反，如果高校没有学科建设，教育教学所依据的知识将难以更新换代，而且因为没有学科建设的任务，教师知识固化和形成思维惰性后，对新知识还会排斥。而这种情况在高职院校中具有普遍性，对高职院校的影响无疑是致命的。高职院校不能故步自封，不能画地为牢，要发扬自强不息、止于至善的精神，积极主动地开展学科建设，培育与自身办学定位和发展愿景相吻合的优势特色学科，建立与时俱进的办学模式，发掘自身的发展潜力。

（二）探索学困生培养之道

我国高校招生录取是以高考分数线来决定考生上普通院校还是高职院校的，高职院校处于招生录取的末端，其录取的考生自然是分数较低的群体。这个学生群体在学习上有一些共性的特点，比如，学习基础较弱、学习兴趣不浓、学习方法不当，把这些学困生培养成才，不仅需要相应的教育教学理论，还需要有相应的教育教学体系和方式方法。高职院校应当探索建立与自身教育对象相适应的人才培养模式，这是其核心竞争力之所在。

随着高等教育普及化向中高级阶段推进，未来将有更多低分数段的高考考生获得接受高等教育的机会，他们最可能去的就是高职院校。近年来，高职教育在扩招的时候，政府提出要给退伍军人、农村剩余劳动力以及转岗的企业职工等六类人群提供接受高职教育的机会。不管是高考分数较低的适龄青年，还是政府关心的六类人群，他们都面临一个共同的问题，即学习基础弱。高职院校必须学会解决学生不爱学习的问题。很多学生上课提不起精神，如果学校没有实行严格的考勤制度，不安排辅导员去宿舍清场锁门,很多课程的到课率是很低的。高职院校的教师应当掌握教育这类学生的理论与方法,应使课堂教学和其他教育活动能吸引学生,让学生感兴趣、愿学习、爱学习,能把学生培养成为胜任社会职业的专业技术人员,成为自食其力的社会建设者。

在学生的培养上,高职院校不能敷衍了事,要以高度负责的态度,践行教育信念和精神,筑牢高等教育普及化发展的根基。只有遵循教育规律,不断提高教育水平和质量,高职院校才可能形成更强的办学实力和更高的办学水平,提高办学层次才能有更牢固的基础。

(三)建构内涵式办学模式

我国大部分高职院校创建于高等教育大众化发展阶段,经历了外延式扩张发展,1468所高职(专科)院校的在校生达到1590.10万人。从这一组数据看,校均在校生人数超过了10000人,校均年招生人数超过3000人,表明高职院校办学体系基本健全,专业门类比较完备,办学条件和办学能力有了显著提高。普及化高等教育发展还有不小的空间,据推算,未来10年左右,我国高等教育总规模将净增1000万人左右[①],其中,大部分新增大学生将进入高职院校。这样看来,高职院校发展面临两方面的任务:一方面,办好规模不小的存量高等教育,提高水平和质量;另一方面,接纳一定的增量高等教育,为普及化发展做贡献。两大任务都不可小觑,但比较而言,提高水平和质量是主要的,存量的水平和质量提高了,高职院校才有更大的发展潜力。

高职教育与普通教育不同,高职教育更看重实习、实践和实训,有很多专业还需要进行职业资格培训,取得职业资格证书。一般的校内实习还好办,到企业实习实训教学往往令高职院校颇感困难。没有稳定、持续、高质量的校企合作,高职院校教育难言是高水平的。有的高职院校由于不能找到足够多的企业开展合作办学,学生在企业的实习实训难以保证,只好在学生完成两年的理论课程和校内实习教学后,让他们自谋出路,自己找实习实训单位,结束后带回来一纸实习鉴定书就可以了。这种"偷工减料"的办学方式是不负责任的,与高职教育应有的办学模式相去甚远。

高职院校应当高度重视构建内涵式办学模式,特别注重人才培养过程的内涵,对人才培养过程各环节、各要素进行精心设计,将立德树人的精神要义注入各环节、各要素,以精益求精的质量标准衡量学生素质和能力发展,构建卓越技术人才培养体系。内涵式办学模式的建立是高职院校发展进入中兴期的标志,也是高职院校转型升级办学的基础。

(四)建立创新性校园文化

高职教育是富于创新性的。在高新科技日新月异的时代,企业生产不能不追求创新,新技术、新工艺、新装备的应用是企业适应高新科技发展要求的必由之路。高职教

---

① 别敦荣,易梦春.高等教育普及化发展标准、进程预测与路径选择[J].教育研究,2021
(2):63-79.

育培养企业生产一线技术人员，只有对企业生产技术的变化有高度的敏感性，在培养过程中及时融入企业应用的新技术、新工艺、新装备，才能与企业同频共振，满足企业生产对人才的需要，实现自身的社会价值。

高职院校是高职教育组织，担负着培养企业生产一线技术人员的职责。是主动适应企业生产需要还是被动适应，既是高职院校办学模式问题，又是校园文化问题。校园文化是影响办学模式的主要因素之一。所以，建立什么样的校园文化，在很大程度上，决定了办一所什么样的高职院校。高职院校在办学过程中往往自觉不自觉地模仿普通院校，参考它们的办学模式和要求，久而久之，就形成了与普通院校类似的校园文化。有些高职院校不安心于高职教育，寄希望于或早或迟升本，转变成普通高校。可以想见，这些高职院校是难以建立有自身特色的校园文化的。

校园文化既是一所高校发展的文化烙印，又是一所高校富有生机活力的无形动力。高职院校应当从自身职责出发，建立创新性校园文化，与企业生产的创新性保持内在联系。有的高职院校在与企业的深度交流合作中，受到企业追求功利的价值观影响，在制度建设、教育教学等各方面渗入功利价值理念，使师生养成功利的人生信念和态度，这是不恰当的。在与企业的交流合作中，高职院校应当汲取企业追求创新的精神内核，将创新理念、创新模式、创新成果引入校园，以创新精神统领校园文化发展。唯其如此，高职院校才能形成创新品格，紧跟时代创新步伐，在高等教育普及化进程中发挥应有的作用，也为自身的升级发展做好必要的准备。

（原载于《广东技术师范大学学报》2022年第2期，署名：别敦荣）

第十七章
我国经济的"双循环"与高等教育普及化发展

　　"双循环"已经成为中国经济社会发展的新走势。2020年5月,中共中央政治局常委会会议提出,深化供给侧结构性改革,充分发挥我国超大规模市场优势和内需潜力,构建国内国际"双循环"相互促进的新发展格局。"双循环"发展格局不是只涉及中国经济领域,而是涉及包括高等教育在内的中国社会各行各业。在"双循环"背景下,中国高等教育将受到什么影响,又将如何影响"双循环",是高等教育研究值得探讨的课题。在全球高等教育发展统计中,多年来,中国一直保持了两个"第一":国内高等教育规模第一和出国留学人数第一。显然,两个"第一"都不单是中国国内的事情,而是与世界高等教育发展,乃至世界经济社会发展密切相关的事情,因为世界上1/5的大学生在中国,而且中国经济是全球经济大循环的重要环节,中国是世界经济发展的最大贡献者。新冠疫情暴发以来,中国与世界共命运,中国经济和高等教育发展为世界经济和高等教育发展走出低谷发挥了先导作用。中国已经启动"十四五"时期经济社会发展的大幕,且编制了面向2035年的发展蓝图。可以预料,推进普及化深度发展将是未来中国高等教育发展的主旋律。从"双循环"角度看,普及化发展不仅对我国具有重要意义,而且具有重要的国际意义。

一、中国高等教育普及化进程及其主要任务

　　普及化是21世纪世界高等教育发展的主要趋势。据统计,2000年以前,全球高等教育毛入学率超过50%的国家只有20个,经过了短短20年的发展,这一数字变成了76。如果根据高等教育规模的大小,将普及化水平划分为三个阶段:初级阶段,毛入学率超过50%,但未达到65%;中级阶段,毛入学率达到65%,但未达到80%;高级阶段,毛入学率达到80%及以上。[①]那么,中国高等教育发展还处在普及化的初级阶段,普及化发展的任务仍很艰巨,普及化的脚步将继续前行。

---

　　① 别敦荣,易梦春.高等教育普及化发展标准、进程预测与路径选择［J］.教育研究,2021（2）:63-79.

（一）中国高等教育普及化的进程

普及化是一个复杂概念，内涵十分丰富。根据马丁·特罗的高等教育发展阶段理论，普及化发展空间很大，它不仅有毛入学率50%以上的数量空间，还有包括制度、结构等在内的质量空间。[①]就数量而言，根据联合国教科文组织公布的数据，截至目前，全球高等教育毛入学率超过50%的76个国家（地区）中，处于初级阶段的有21个，进入中级阶段的有29个，达到高级阶段的有26个。较早进入普及化阶段国家的高等教育发展进程大致有三种典型模式：一是高速推进模式，即进入普及化阶段后，高等教育毛入学率年均增量达到2个百分点以上，比如，土耳其、希腊、智利等国家；二是中速推进模式，即进入普及化阶段后，高等教育毛入学率年均增量在1~2个百分点，比如，美国、俄罗斯、西班牙等国家；三是低速推进模式，即进入普及化阶段后，高等教育毛入学率年均增量在1个百分点以下，比如，英国、意大利、日本等国家。[②]由此可见，不同国家之间高等教育普及化进程差别很大，有比较快速推进的，也有保持稳步推进的，不能一概而论。

2000年以前，中国高等教育发展一直相对滞后，不论是总规模还是毛入学率，都维持在较低水平。直到1999年实行高等教育大扩招，总规模和毛入学率才实现了快速增长，2002年高等教育毛入学率突破15%，此后，保持了高速增长势头，只用了17年，到2019年毛入学率就超过了50%。据统计，2020年中国高等教育毛入学率达到了54.4%，总规模继续大幅增加，达到了4183万人。[③]尽管如此，不论是从国际经验看，还是从中国民众和经济社会发展需要看，中国高等教育都不会停下普及化的脚步。中国会以什么样的速度推进普及化发展，这是一个值得进行科学论证的问题。

可以肯定的是，中国高等教育发展不会止步于现有的水平，也不会回落或衰退，但以什么样的速度推进普及化，是选择高速推进、中速推进还是低速推进，取决于多种因素，包括未获得高等教育入学机会适龄人口的就学意愿、经济社会发展需要、高校的接纳能力、社会支持程度以及政府战略与政策导向等。有研究表明，综合考虑各方面因素的影响，中国不宜选择低速推进模式，在没有特殊刺激因素的情况下，也不宜选择高速推进模式，比较可取的战略是采取稳健的中速推进模式。据预测，未来10~15年是中国高等教育普及化发展的关键时期，到2030年左右，普及化将进入中级阶段，在学人数将在现有总规模的基础上增加1000万人以上，到2035年左右，中国高等教育普及化发展将进入高级阶段，在学人数总规模将再增加1000万人左右。[④]

---

① Trow M. Problems in the Translation from Elite to Mass Higher Education [C]. Conference on Future Structure of Post-Secondary Education. Paris: OECD, 1973: 55-101.

② 别敦荣，易梦春.高等教育普及化发展标准、进程预测与路径选择 [J].教育研究，2021（2）：63-79.

③ 杨飒.2020年全国教育事业统计主要结果发布 [N].光明日报，2021-03-02（4）.

④ 别敦荣，易梦春.高等教育普及化发展标准、进程预测与路径选择 [J].教育研究，2021（2）：63-79.

中速推进高等教育普及化能够避免高速推进或低速推进可能出现的问题。高速推进不仅可能存在扩招所需要的新生源不足的困难，而且可能出现高校办学条件不能支撑持续健康发展，从而导致高等教育质量滑坡的结果。中国高等教育之所以能有今天的发展局面，得益于1999年以来持续的扩招发展。2011年以来，中国高校招生考试报名人数总体上是增加的，高考录取率不断攀升，2011年超过70%以后，2018年更是达到81.13%。如果不能保证平均每年增加100万人以上合格的新生源，要高速推进普及化进程是难以为继的。实际上，多年来，由于高等教育持续扩招，合格生源不足的问题已经影响了高等教育的发展，不少高校为此深感进退维谷。近年来，中国高校实施了内涵式发展政策，不少高校或保持招生人数稳定不变，或调减扩招人数，以改善办学条件。如果实施高速推进政策，前些年高校开展的办学条件建设给高等教育发展带来的红利可能很快就会耗尽，高校办学条件可能再度陷入全面紧张的局面。

如果选择低速推进，则可能出现高等教育发展不仅不能满足更多民众日益增长的受教育需求，而且不能满足经济社会提质增效转型升级、高质量发展的新需要。尽管中国高等教育毛入学率跨过了50%大关，但净入学率还较低。据统计，2020年中国普通本专科教育在校生为3285.29万人，在学研究生有313.96万人，成人本专科教育在校生为777.29万人，网络本专科教育在校生为846.45万人。这些在校生都被计入了高等教育在学人口总规模，其中，非适龄人口占研究生、成人本专科学生和网络本专科学生总人数的比例很高。如果扣除这部分非适龄人口，中国高等教育净入学率可能在40%左右。如此看来，大多数适龄人口尚未获得接受高等教育的机会。从国际经验看，在高等教育大众化后期和普及化早期，民众接受高等教育的动机往往会被极大地激发出来，高校和政府不能漠然处之，应当积极应对妥善处理。以研究生招生报名人数为例，继2017年超过200万人之后，2020年更是达到340万人以上。①没有各级各类高等教育规模的适度增长，办人民满意的高等教育将难以真正得到实现。现代高等教育的重要使命是为经济现代化建设培养各行各业所需要的专门人才，尽管中国经济已经走过了持续高速增长阶段，进入了中速增长、转型发展阶段，但经济社会发展对高级专门人才的需求有增无减，且对高等教育培养创新型、应用型人才的需求越来越大。高等教育发展如果不能保持适度的增长速度，可能延缓经济转型升级发展和社会进步的步伐，影响社会的现代化进程。

保持中速发展是中国高等教育普及化的一种理性选择。现实中能否遵循理性选择，取决于很多不可控因素。比如，2019年底爆发的新冠疫情肆虐全球，全球经济社会发展至今仍在遭受前所未见的影响，中国也不例外。为了缓解社会就业压力，中国政府继续较大幅度地扩大各级各类高等教育招生规模，在疫情没有得到完全控制、经济发展

---

① 马海燕. 340余万人今考研　首次突破300万人大关［EB/OL］. （2019-12-21）［2021-03-13］. https://www.chinanews.com/gn/2019/12-21/9039858.shtml.

没有恢复正常之前,这种扩招势头可能还会延续。

（二）中国高等教育普及化发展的主要任务

衡量高等教育普及化发展水平的标准是多样的,除了数量标准外,还有公平、制度和质量等标准。也就是说,普及化发展不只意味着高等教育规模的持续扩大,还意味着高等教育的社会公平性更加显著,制度体系更加完善,与经济社会发展之间的关系更加协调,社会影响和贡献更大。就中国而言,高等教育普及化发展的任务主要表现在四个方面。

第一,培养更多更好的高级专门人才。高等教育的根本目的在于培养人,普及化越发达,培养的人越多、越好。中国人口规模庞大,普及化程度的提高是毛入学率与高等教育规模的同步增长。当高等教育毛入学率超过50%的时候,在学人口总规模超过了4000万人。这不是中国高等教育普及化阶段在学人数的最高值,根据未来高等教育适龄人口总数预测,随着普及化程度提高,高等教育在学人数还将保持适当幅度的增长,直到2035年左右高等教育总规模达到最高值后才会小幅回落。[①]所以,发展普及化高等教育,一方面,要使更多的适龄人口获得接受高等教育的机会,培养更多的高级专门人才;另一方面,不能因为接受高等教育的人数增加而出现质量滑坡或下降的问题,应当使扩招的受教育者接受更好的教育,保持数量扩张与质量提高的有机统一。

第二,建立全纳包容的高等教育体系和运行机制。有什么样的制度,就有什么样的高等教育。普及化高等教育发展总是与制度改革建设不可分割,没有相应的制度改革和建设,普及化难以推进。改革开放以来,中国高等教育制度改革与建设未曾停止,但与普及化的要求相比,仍有很大的改革建设空间,尤其是高等教育体系能够覆盖的人群还不够广,运行机制的包容性还不够大。发展普及化高等教育,必须改革和完善高等教育制度,建立能够完全接纳两类人群的高等教育体系,既能保证他们受教育的机会,又能保证他们接受高质量的教育:一类是尚未获得高等教育机会的适龄人口,另一类是有继续接受高等教育意愿的各行各业在职人员。这两类人群是中国高等教育普及化发展的增量部分。与此同时,中国高等教育的运行机制应进行相应的调整和改革,应当更具有包容性,能够满足更加多样、更加个性化的教育诉求。

第三,建立高等教育与经济社会有机协调发展的关系。普及化高等教育与社会各行各业应当是无缝对接的。在高等教育普及化阶段,传统上对高等教育要求较少甚至没有要求的很多行业,要求越来越全面深入。可以说,普及化发展水平高低的检验标准是高等教育与经济社会关系的紧密程度,普及化水平越高,高等教育与经济社会的联系越紧密;反之,就越疏离,或者只与部分行业联系比较紧密。高等教育发展水平与经济社会发展需要之间的关系不是自然天成的,而是高校、政府和社会产业部门、行业组织

---

① 别敦荣,易梦春.高等教育普及化发展标准、进程与路径选择［J］.教育研究,2021（2）:63-79.

有意识建构的。因此,发展普及化高等教育,高校、政府和社会其他组织应当积极主动地协调关系,建立高等教育与经济社会良性互动、互促共赢的合作协同办学关系,保证普及化高等教育全面服务经济社会发展功能的实现。

第四,建成高等教育强国。发展普及化高等教育并不只是要满足未获得接受高等教育机会民众的需要,还要提高高等教育整体办学水平,在保证高等教育增量质量的同时,提高高等教育存量的质量。世纪之交,中国提出了建设高等教育强国的宏大愿景,毫无疑问,建成高等教育强国是中国发展普及化高等教育的应有之义。为此,应当提高各级各类高等教育质量标准,从整体上改善高等教育办学条件,建设一批具有引领性的世界一流大学和一流学科,充实高等教育内涵,使中国进入世界高等教育强国之林。

二、中国高等教育普及化发展的内循环意义

中国是人类命运共同体的重要成员,但发展普及化高等教育首先是中国自己的事情。发展普及化高等教育既是中国经济社会发展的重要组成部分,又是经济社会发展的支撑条件。可以说,没有高等教育普及化的深度推进,中国经济社会现代化是难以实现的。因此,在中国经济社会发展的"双循环"战略中,发展普及化高等教育有着特别重要的意义。

(一)内循环与高等教育的关系

中国经济已转向高质量发展阶段,正加快构建以国内大循环为主体、国内国际"双循环"相互促进的新发展格局。构建国内大循环,意味着要以扩大国内需求作为战略基点,进一步强化对国内消费市场的开拓力度,着力打通国内生产、分配、流通、消费等各环节,满足消费升级需求,开创经济社会发展的新产业、新业态、新模式。

高等教育是国内大循环不可缺少的重要环节。国内大循环不是生产过程的循环,而是全国经济社会大市场的循环圈。中国高等教育是一个规模庞大的社会事业部门,其自身的消费能力巨大,且具有相当的稳定性。据统计,2020年,全国共有普通高校2738所,其中,本科院校为1270所,高职(专科)院校为1468所。高等教育在学人数总规模为4183万人,高等教育毛入学率为54.4%。根据教育部发布的统计快报,2019年国家财政性教育经费为40049亿元,全国学前教育、义务教育、高中阶段教育、高等教育经费总投入分别为4099亿元、22780亿元、7730亿元、13464亿元。[①]除了财政性经费投入外,还有民办高校办学经费投入和学生的各种学习生活消费投入。比如,据统计,2019年全国有民办高校757所,在校生709.01万人。700多所民办高校的办学经费投入是一个不小的数字。全国高等教育在学人口为4183万人,以人均年消费1.5万元计,就达6000亿元以上。虽然目前还缺少高等教育对国内大循环直接贡献的统计数据,但上述常规

---

① 新华社. 2019年全国教育经费总投入超过5万亿元[EB/OL].[2021-02-13]. http://www.gov.cn/xinwen/2020- 06/16/content_5519670.htm.

办学的投入,再加上高等教育的连带投入和拉动投入,高等教育对于国内大循环发展的意义是不可小觑的,在国内大循环发展中,无视或忽视高等教育都是短视的行为。

国内大循环高质量发展离不开高等教育。国内大循环发展既包括现有生产和消费的维持,也包括现有生产和消费能力的开发与新的生产和消费潜力的拓展,后者有赖于改革和创新驱动。不论是改革还是创新,都与高等教育相关联。高校利用自身拥有的高等教育资源开展改革研究,不仅能为生产、分配、流通、消费等各环节提供释放潜力的解决方案,还能贡献新理念、新思想,促进国内大循环高质量发展。高校通过科学研究和培养创造性人才,推动科技创新在畅通国内大循环中发挥关键作用,为改造传统产业、发展战略性新兴产业、加快发展现代服务业提供源源不断的科技和人力资源服务,达到优化供给结构,改善供给质量,实现建设制造强国、质量强国、网络强国和数字中国的目的。

(二)中国高等教育普及化发展的内循环功能

普及化发展不仅能使中国高等教育自身增值,而且能使经济社会"双循环"增值发展。"双循环"发展的重点在于创新驱动的增值发展,而创新驱动发展的关键在于高等教育普及化水平的提高。普及化发展在使更多人获得接受高等教育机会的同时,还使高等教育功能进一步放大,使高等教育成为各行各业创新驱动发展的主引擎,成为激发内循环发展的动力源泉。

第一,为国内大循环发展培养更多高素质专业人才。国内大循环的发展水平和质量与各行各业从业人员的专业化水平关系密切。培养更多高级专业人才是高等教育普及化的直接成果,普及化程度越高,适龄人口中未接受高等教育的人就越少。尤其是普及化占比扩大所覆盖的人群往往是社会弱势人群,他们接受高等教育的应用性更强,与社会产业和生产的联系更紧密,所以,高等教育普及化程度越高,直接服务各行各业生产与服务的面越宽,整体上促进各行各业发展进步的作用越显著。国内大循环的畅通与发展既要依赖支柱产业和主导产业,又要提升各行各业生产和服务的水平与质量,高等教育普及化的深度推进将培养越来越多的高级专门人才,为各行各业的发展进步提供更多、更充分的高层次人力资源,因此,高等教育普及化发展往往与国内大循环的畅通和发展相携而行、共同促进。

第二,提高劳动年龄人口受教育水平和劳动能力。提高各行各业劳动生产率是优化生产结构、畅通国内大循环、提高供给和需求质量的关键之举。发展普及化高等教育是提高各行各业从业人员素质、提高劳动生产率的根本路径。据报道,2016年中国新增就业人口中接受了高等教育的比例超过了50%,但劳动生产率只相当于发达国家的10%~30%。[①]到2019年,新增劳动力接受过高等教育的比例达到50.9%,平均受教育年

---

① 评论员. 坚持改革创新——四论学习贯彻中央领导关于高等教育重要指示精神[N]. 中国教育报,2016-05-03(1).

限达到13.7年, 劳动年龄人口平均受教育年限达到10.7年。[①] 劳动年龄人口平均受教育水平较低, 必然导致过低的劳动生产率。据统计, 中国学前教育毛入园率为85.2%, 小学学龄儿童净入学率达到99.96%, 初中阶段毛入学率高达102.5%, 九年义务教育巩固率为95.2%, 高中阶段毛入学率为91.2%, 高等教育毛入学率为54.4%。从统计数据看, 提高劳动年龄人口受教育水平, 主要取决于高等教育普及化程度。发展普及化高等教育, 造就数以千万计、数以亿计的高素质劳动者, 不单是民众个人的福祉, 更是提高国内大循环发展质量不可缺少的必要条件。

第三, 为国内大循环创新发展提供科技、人力支持。科技自立自强是中国发展的战略支撑, 国内大循环发展的新动力主要源于科技创新, 科技创新可以提高生产、分配、流通、消费的现代化水平, 促成经济社会转型升级发展。科技创新离不开高校教师和科技人员。高校教师不仅自身参与科技创新, 他们所培养的科技人才更是企业创新发展的生力军。高等教育普及化发展是数量与质量的统一, 在普及化进程中, 数量的增长可以使更多民众接受高等教育的愿望得到满足, 与此同时, 质量观的多元化将使高等教育受众的个性化教育意愿具有了实现的可能。培养创新型人才已经成为中国高等教育改革的主要目的, 创新型人才的主阵地在企业, 他们的使命是提升企业的科技创新能力, 打好关键核心技术攻坚战, 加强源头创新, 发展先进适用技术, 开发战略性新兴产业, 促进新技术产业化、规模化发展, 优化供给结构, 改善供给质量, 提升国内大循环的品质和格局。

第四, 为国内大循环发展奠定必需的文化基础。社会生产的供给与需求都不是单纯的经济活动, 它们都包含了深刻的文化内涵。如果只是从经济角度看待供给与需求, 是浅薄的, 无助于把握经济活动的实质, 也难以实现国内大循环的良性健康发展。生产、分配、流动和消费与文化息息相关, 发达的经济活动需要发达的文化, 贫瘠的文化不可能孕育发达的经济。中国幅员辽阔, 有东部发达的大城市, 也有广袤的中西部地区和乡村, 文化差距很大。据统计, 2019年, 全国低收入组和中间偏下收入组对应的人口为6.1亿人, 年人均收入为11485元, 月人均收入近1000元。其中, 低收入组月人均收入低于1000元, 中间偏下收入组月人均收入高于1000元。[②] 不解决广大中西部地区和乡村文化不发达的问题, 国内大循环的畅通和发达难以全面实现。中国共产党第十九届五中全会提出: 到2035年, 基本实现社会主义现代化远景目标, 经济总量和城乡居民人均收入将再迈上新的大台阶, 基本实现新型工业化、信息化、城镇化、农业现代化, 建成现代化经济体系。[③] 发展普及化高等教育, 可让越来越多的国民接受现代先进文化的洗

---

① 吴金娇. 我国过半数新增劳动力接受过高等教育 [N]. 文汇报, 2020-12-02 (1).

② "6亿人月入1000元", 国家统计局首次解释 [EB/OL]. [2021-02-15]. http://news.youth.cn/gn/202006/t20200615_12369767.htm.

③ 中国共产党第十九届中央委员会第五次全体会议公报 [EB/OL]. [2021-02-13]. http://www.xinhuanet.com/politics/2020-10/29/c_1126674147.htm.

礼,使国民整体文化素质得到提升,为畅通国内大循环,实现现代化发展远景目标创造必不可少的文化条件。

三、中国高等教育普及化发展的外循环意义

外循环是指中国对接全球化大趋势,在发展国内经济社会、服务国民的同时,参与人类命运共同体建设,加强国际依存和联系,共同面对国际秩序和人类生存与安全挑战,实现合作共赢、共同发展,增进人类共同利益。改革开放使中国加入了国际循环,从而激活了国民经济社会发展,提高了经济社会现代化水平。从国内大循环与国内国际"双循环"的关系看,国内循环是基础,两者是统一体。国际市场是国内市场的延伸,国内大循环为国内国际"双循环"提供了坚实基础。[①]在"双循环"战略中,发展普及化高等教育,对于更好地畅通外循环,实施更大范围、更宽领域、更深层次的对外开放,加强中国经济社会发展与世界的联系,发展新型全球发展伙伴关系,具有特别重要的意义。

(一)外循环与高等教育的关系

现代高等教育与经济的关系是内在的。与高等教育相脱离的经济是传统的,高等教育不但通过人才培养将现代经济理念引入经济过程,而且用现代科技及其应用成果更新和改造传统经济,发展现代经济。因此,凡有现代经济的地方,就有高等教育。中国经济社会发展的外循环是建立在现代经济发展基础上的,高等教育与经济社会发展外循环之间的关系是内循环关系的延展,彼此相互支持,一方面提升外循环的质量和畅通性,另一方面扩大高等教育发展空间。

高等教育是经济社会外循环的"推进器"。在中国经济社会的外循环发展中,高等教育不可能置身事外,从来也不曾置身事外。中国与其他国家之间的经济社会互通交流由来已久,丝绸之路是中国经济社会发展外循环的历史见证。改革开放以来,外循环为中国经济社会发展引进了资本和技术,扩大了市场,激发了中国经济社会发展的潜力。但是,由于在以往一个较长时期内,中国高等教育发展滞后,不论是产业部门还是事业部门,高级专门人才短缺直接影响经济社会发展水平和质量。外循环往往以粗加工的低端产品为主,来料加工和订单生产成为经济外循环的主要形式。经济产业外循环的层次和水平不高,与当时国内的生产水平有很大关系。在高等教育扩招之前,各行各业的工人和生产技术人员以中小学毕业生为主,接受了高等教育的职工非常少见。21世纪以来,高等教育持续发展积累的成就为各行各业提高生产和服务水平奠定了基础,科技创新和技术进步使中国经济社会发展提质增效,外循环不再停留于生产和服务链的低端水平,而是向中高端转移,中外经济产业和社会发展的相互依存度更高,中国在全球价值链分工中的参与度和地位持续提高。

---

① 刘鹤. 加快构建以国内大循环为主体、国内国际双循环相互促进的新发展格局 [N]. 人民日报, 2020-11-25(6).

经济社会外循环发展为高等教育开辟了新的发展空间。高等教育与生俱来具有国际性，师生的国际化流动使文化科技在世界各地传播，达到了增强国际理解、造福人类的目的。①20世纪后期，世界贸易组织将高等教育纳入国际贸易范畴，不但为高等教育全球化发展提供了动能，扩大了文化科技的交流合作，促进了高等教育的国际化发展②，更使其成为经济社会发展外循环的重要组成部分，在经济社会全球化进程中扮演了新角色，发挥了新功能。高等教育与经济社会发展外循环的融合，既是经济社会全球化的必然，又是新时代高等教育国际化的新开拓。在中国经济社会发展的外循环中，高等教育扮演了助推和桥梁的双重作用，具体表现为：一方面，推动外循环在更大范围内发展，且发展水平和质量更高；另一方面，在不同国家和地区间增进理解和互信，为建立合作共赢关系提供便利。从外循环角度看，高等教育与经济社会发展外循环的融合有助于高等教育拓展国际办学空间，达到经济活动落脚到哪里，高等教育就延伸到哪里的目的。随着高等教育辐射范围的扩大，它自身又能从新的空间获得人才培养不可缺少的文化资源。

（二）中国高等教育普及化发展的外循环功能

高等教育与经济社会外循环的关系是变化的，在不同的时空背景下，高等教育发展对外循环所发挥的作用是不同的。改革开放以来，中国高等教育和经济社会都发生了深刻的变革，高等教育正向普及化深度发展，经济社会整体发展水平得到了提高，10余年来国民生产总值（GDP）一直居世界第二位，经济社会的外循环处于提质升级阶段。因此，高等教育普及化发展对于经济社会外循环发展具有不同于以往的意义。

第一，提升外循环的品质。高等教育不发达，经济社会发展外循环的品质是不可能提高的。改革开放之初，中国高等教育毛入学率低，劳动人口中接受了高等教育的人占比很小，经济社会发展水平低，缺少高等教育支持的生产和贸易主要是粗放型、资源消耗型和不可持续性的。就经济生产而言，中国利用劳动力低成本优势，积极参与国际分工与国际经济大循环，市场和资源"两头在外、大进大出"，通过产业升级不断提高在全球价值链中的位置，逐步成长为"世界工厂"。③随着高等教育发展水平不断提高，中国经济社会发展步伐不断加快，外循环的质量逐步得到提高。高等教育发展进入普及化阶段后，社会劳动力素质将有显著改善，劳动生产率将得到明显提高，经济社会现代化将加速推进。中国拥有以14亿人口为基础的全球最大、最有潜力的市场，建立了全球最完整、规模最大的工业体系和完善的配套生产服务能力，具有大国经济纵深广阔的优势和规模集聚效应。但总体而言，中国经济社会发展还处于成长阶段，规模、质量、效益都

---

① 别敦荣. 发展中国特色、国际可理解的高等教育研究话语体系［J］. 中国高教研究，2015（7）：9-12.

② 别敦荣，亢蒙. 中国高等教育是如何走向世界的？［J］. 清华大学教育研究，2019（5）：19-31.

③ 刘鹤. 加快构建以国内大循环为主体、国内国际双循环相互促进的新发展格局［N］. 人民日报，2020-11-25（6）.

还有巨大的增长空间。中国经济社会发展的外溢效应是中国和世界共同的需要。据欧盟统计局统计数据,中国已超过美国,成为欧盟第一大贸易伙伴。2020年,欧盟与中国的贸易额达到5860亿欧元,与美国的贸易额为5550亿欧元。^①发展普及化高等教育,将为中国经济社会发展提质增效注入最有效的动能,将使中国在提高经济社会现代化水平的同时,大幅提升经济社会外循环的品质,为全球化发展做出更大、更有效的贡献。

第二,拓展外循环的辐射范围。经济社会发展的外循环有多大、有多远,既取决于产业部门供给与需求关系的发展变化,又取决于民众的教育水平和国际化素养。高等教育在经济社会的外循环发展中具有桥梁作用,在高等教育欠发达阶段,这个桥梁会表现得比较狭窄,也可能比较短小,外循环的拓展往往比较困难,辐射范围也受到限制。高等教育进入比较发达阶段,尤其是进入普及化阶段后,桥梁作用愈益突出,经济社会发展的外循环更畅通、辐射面更广阔。中国高等教育普及化将向深度推进,根据预测,进入中级和高级阶段不需要很长的时间,高等教育普及化发展的成就将助力中国拓展经济社会外循环的辐射范围。商务部数据显示,2019年,中国全行业对外直接投资达8079.5亿元人民币,其中,中国境内投资者对全球167个国家和地区的6535家境外企业进行了非金融类直接投资,累计投资额达到7629.7亿元人民币。^②可以预料,只要世界不出现大规模战争和其他不可预测的全球性灾害,中国高等教育普及化发展对经济社会发展的外循环开拓将发挥更重要的积极作用。因为普及化的深度推进将使中国高等教育更有能力服务国际化和全球化,为中国的全球化发展创造更多机会,使中国企业和相关社会机构具有更大的投送能力,从而加强中国与世界的深度合作,扩大中国的世界影响力。

第三,增进国际社会文化融合。经济活动从来不是单纯地为了经济目的,中国经济社会发展的"双循环"战略,一方面是为了畅通国内外经济社会运行,另一方面是为了推动中国社会现代化的实现,增进人民福祉和国际社会文化融合,从而达到美美与共。不论在什么时候,国际循环都能促进国际理解和社会文化融合,在普及化阶段,发达的高等教育能造就更多掌握了国际交流工具和多元化世界文化的高级专门人才,从而增进国际理解和尊重,提高国际融合的深度和广度,促进国际社会文化创新发展。以国际社会文化融合与创新发展为基础,发达的高等教育将促进国际经济社会循环畅通发展,推动国与国之间、不同民族文化之间的相互交流与学习,实现国际社会文化的共享和融合发展。由此就可能出现费孝通所憧憬的那样,"在欣赏本民族文明的同时,也能欣赏、尊重其他民族的文明,那么,地球上不同文化、不同民族、不同国家之间就达到了

---

① 欧盟统计局:去年中国超越美国成为欧盟最大贸易伙伴［EB/OL］.［2021-02-16］. http://www.chinanews.com/gj/2021/02-16/9412341.shtml.

② 2019年全年中国海外投资概览［EB/OL］.［2021-02-16］. https://www.ey.com/zh_cn/news/2020/02/overview-of-china-outbound-investment-in-2019.

一种和谐,就会出现持久而稳定的'和而不同'"①。逐利是国际循环的第一动力,但在国际循环中,除了资金、技术、设施、资源等生产要素的流动外,还有对不同国家(地区)制度、法律、习俗、语言等文化的接触、理解、认可和遵循,更有人际关系的建构和感情的交融,这样就可能消解或消除不同国家、不同民族和文明之间的矛盾、偏见与冲突,从而营建多元文化和谐共生的国际循环生态环境。

第四,助推利益共同体向命运共同体转变。国际循环始于经济合作与交流,但它并不必然止于利益,相反,在经济活动过程中,国与国之间及其民众之间以利益为纽带,可能建立各种形式的文化融合共同体。在不同国家、民族文化的交流互动中,不同价值观的碰撞还会带来由相互不理解到逐渐相互理解、承认和包容的结果,这是国际循环牢固和持久之根本。只有经济利益而没有文化和价值观的相互交流、承认或包容,也不可能有稳定持久的国际循环。文化和价值观的包容与接纳,能使利益共同体转变为命运共同体。命运共同体是国际循环的最高目的,中国倡导的"一带一路"建设与开发,便是利益共同体与命运共同体的有机融合体。要实现从利益共同体向命运共同体的转变,一方面要有命运共同体意识,准确把握国内和国际"双循环"的有机联系,发挥中国超大规模市场的优势,为世界各国提供更加广阔的市场机会,依托国内大循环吸引全球商品和资源要素,打造国际合作和交流优势,更加紧密地同世界经济联系互动,创造"你中有我、我中有你"的供应链生态,建构更加紧密、稳定的全球经济循环体系,形成广泛的利益共同体;另一方面,推进高等教育普及化进程,在国际化和全球化经济文化环境中,培养大学生放眼世界的眼界和胸怀,让他们了解和理解其他国家和民族的文化,接纳和包容他国、他民族的文化和价值观,具备积极参与国际经济社会文化事务的能力,勇于担负为人类命运而努力奋斗的责任。因此,高等教育普及化是构建命运共同体的基础,推动中国高等教育向普及化中高级阶段发展,不仅将极大地促进中国经济社会的现代化进程,而且将在国内国际经济社会"双循环"中,增进与世界各国的交流互动,促进多元社会文化的融合发展,为构建人类命运共同体奠定坚实的基础。

(原载于《中国高教研究》2021年第5期,署名:别敦荣)

---

① 费孝通."美美与共"和人类文明[J].群言,2005(2):13-16.

后 记

我从2014年开始研究普及化高等教育，当时只是觉得中国高等教育发展最终会走向普及化，但对到底在什么时候实现，完全没有概念。我根据自己对普及化高等教育的初步认识，拟出了一些题目，安排部分团队成员分别展开研究。刚开始做的时候确实很难，主要原因是大家对普及化高等教育没有概念，有关的文献也非常少。我们知道，普及化高等教育是马丁·特罗教授提出来的，但他在高等教育发展理论中，着重谈的是大众化发展，普及化发展只是一笔带过，所以，他的理论又被称为"大众化理论"。没有更多现成的研究成果可以参考，我们就自己努力去拓展和深化。一方面，我们从基本理论方面对普及化高等教育的性质、特点等展开研究；另一方面，从一些已经处于普及化发展阶段国家的高等教育入手，研究探讨国外的经验。在这两方面的研究初步取得一些成果后，我们进一步将研究工作延伸到普及化高等教育发展的其他方面，尤其是对高等教育普及化阶段高校人才培养改革开展了比较深入的研究。因为尽管普及化高等教育的发展表现在方方面面，但人才培养居于核心位置，普及化高等教育的所有发展都会反映到人才培养的变革上来。

研究成果需要与人分享。我要特别感谢中国高等教育学会副秘书长、《中国高教研究》主编王小梅老师。我和部分团队成员最初取得的关于普及化高等教育研究的成果主要刊发在《中国高教研究》上。现在回想起当时的情况，仍是满满的幸运感。如果不是她的慧眼和担当，我们的成果不会那么集中地在较短的时间面世、与同行朋友分享。因为在那个时候，普及化高等教育研究还属于一个冷门领域。《中国高教研究》敢于触碰冷门领域研究成果，而且非常慷慨地给予大量版面支持，足见其对学术责任的担当。

近年来，我的团队在普及化高等教育研究方面做了一些工作，取得了一批学术成果。这本《普及化高等教育专论》就是从近年来所发表的相关研究论文中辑录出来的。本书中的大部分文章是我个人的成果，有几篇是与团队成员共同署名发表的。这里我要感谢易梦春、王严淞、夏颖、齐恬雨、邢家伟等几位团队成员，他们与我一起完成了相关研究工作，撰写了文章初稿，做出了自己的贡献。我对所有共同署名的文章，包括主题、主要思想观点和语言文字等负责。这里我要特别感谢易梦春博士，她是一位很优秀的研究者，在合作中展现了非常难得的学术素养和研究能力，为完成相关研究工作付出了大量心力。

本书还得益于团队成员陈春平博士的帮助。在我完成文章选录和内容结构编排后，他愉快地承担了全书注释、参考文献的转换以及语言文字的校对工作。整理书稿的时候正赶上春节，他将宝贵的假期时间贡献给了本书，使我得以尽快地向出版社交稿。

本书的出版还要感谢中国海洋大学出版社的领导和编辑，没有他们的全力支持，这本书可能不会这么快面世。近20年来，我与中国海洋大学出版社合作出版了不少著作，出版过程和结果都让我非常满意。

我国高等教育普及化发展正在向中级阶段推进，未来的发展任务还很重。令人高兴的是，普及化高等教育研究似乎已经成为一门"显学"，很多学者投身其中，取得的成果越来越多。非常值得期待的是，随着高等教育普及化的不断深化，更多深层次的理论和实践问题将会逐步显现出来，一定会有更多高质量、有分量的研究成果发表和出版。

别敦荣

2022年3月4日